Die Sozialauswahl
im Arbeitsrecht

Schriften zum Arbeitsrecht und Wirtschaftsrecht

Herausgegeben von Abbo Junker

Band 20

PETER LANG
Frankfurt am Main · Berlin · Bern · Bruxelles · New York · Oxford · Wien

Michael Knoll

Die Sozialauswahl im Arbeitsrecht

PETER LANG
Europäischer Verlag der Wissenschaften

Die Deutsche Bibliothek - CIP-Einheitsaufnahme

Knoll, Michael:

Die Sozialauswahl im Arbeitsrecht / Michael Knoll. - Frankfurt am Main ; Berlin ; Bern ; Bruxelles ; New York ; Oxford ; Wien : Lang, 2001
(Schriften zum Arbeitsrecht und Wirtschaftsrecht ; Bd. 20)
Zugl.: Göttingen, Univ., Diss., 2001
ISBN 3-631-38053-4

D 7
ISSN 1433-4666
ISBN 3-631-38053-4

www.peterlang.de

Für Ute und Kira-Marie

Vorwort

Diese Dissertation hat der Juristischen Fakultät der Georg-August-Universität zu Göttingen im Wintersemester 2000/2001 als Dissertation vorgelegen. Rechtsprechung, Literatur und Gesetzgebung sind bis März 2001 berücksichtigt.

Besonders danken möchte ich zunächst Herrn Prof. Dr. Abbo Junker, der diese Arbeit angeregt und betreut sowie mir die Gelegenheit eröffnet hat, als studentische Hilfskraft und später als wissenschaftlicher Mitarbeiter am Institut für Arbeitsrecht beschäftigt zu sein. Die Tätigkeit am Lehrstuhl war nicht nur mit viel Freude verbunden, sondern hat mir auch zahlreiche Impulse gegeben und meine gesamte Ausbildung positiv beeinflußt.

Besonders danken möchte ich darüber hinaus Herrn Prof. Dr. Hansjörg Otto für die in kürzester Zeit vorgenommene Erstellung des Zweitgutachtens.

Dank gilt weiterhin dem gesamten Lehrstuhl von Prof. Dr. Junker – insbesondere Frau Dr. Sudabeh Kamanabrou – für zahlreiche Gespräche und Verbesserungsvorschläge. Ferner möchte ich Herrn Philipp Heuermann und Frau Kerstin Simon für Korrekturarbeiten meinen Dank aussprechen.

Schließlich möchte ich mich bei meinen Eltern bedanken, die mein Studium sowie die Erstellung dieser Arbeit durch ihre Unterstützung überhaupt erst ermöglicht haben.

Braunschweig, 30.4.2001

Inhaltsübersicht

Inhaltsverzeichnis

3. Kapitel: Anwendbarkeit der Grundsätze der Sozialauswahl bei Arbeitgeberkündigungen

4. Kapitel: Anwendbarkeit der Grundsätze der Sozialauswahl bei Einstellungen und Wiedereinstellungsansprüchen

5. Kapitel: Anwendbarkeit der Grundsätze der Sozialauswahl bei Versetzungen

Abkürzungsverzeichnis

A

a.A.	andere(r) Ansicht
a.a.O.	am angegebenen Ort
Abs.	Absatz
AcP	Archiv für die civilistische Praxis (Zeitschrift)
a.F.	alte Fassung
AiB	Arbeitsrecht im Betrieb (Zeitschrift)
allg.	allgemein
Anh.	Anhang
Anm.	Anmerkung
AOG	Gesetz zur Ordnung der nationalen Arbeit
AP	Nachschlagewerk des Bundesarbeitsgericht (seit 1954, vorher: Arbeitsrechtliche Praxis)
ArbG	Arbeitsgericht
ArbGG	Arbeitsgerichtsgesetz
AR-Blattei	Arbeitsrecht-Blattei
ARSt	Arbeitsrecht in Stichworten
Art.	Artikel
Artt.	Artikel (Mehrzahl)
AuA	Arbeit und Arbeitsrecht (Zeitschrift)
AuR	Arbeit und Recht (Zeitschrift)
AZO	Arbeitszeitordnung

B

BAG	Bundesarbeitsgericht
BAGE	Sammlung der Entscheidungen des BAG
BB	Betriebs-Berater (Zeitschrift)
BBiG	Berufsbildungsgesetz
Bd	Band
Beil.	Beilage
BeschFG	Beschäftigungsförderungsgesetz (es)
BetrAVG	Gesetz zur Verbesserung der betrieblichen Altersversorgung
BetrVG	Betriebsverfassungsgesetz
BGB	Bürgerliches Gesetzbuch
BGH	Bundesgerichtshof

BGHZ	Entscheidungen des Bundesgerichtshofs in Zivilsachen
Bl.	Blatt
BReg.	Bundesregierung
BRG	Betriebsrätegesetz vom 4. 2. 1920
Bt-Drs.	Bundestags-Drucksache
BUrlG	Mindesturlaubsgesetz für Arbeitnehmer (Bundesurlaubsgesetz)
BVerfG	Bundesverfassungsgericht
BVerfGE	Sammlung der Entscheidungen des BVerfG
bzw.	beziehungsweise

C

ca.	circa

D

DB	Der Betrieb (Zeitschrift)
DDR	Deutsche Demokratische Republik
DemVO	Demobilmachungsverordnung
ders.	derselbe
dies.	dieselbe
Diss.	Dissertation
d.h.	das heißt

E

Einl.	Einleitung
EinV	Einigungsvertrag
ErfKomm	Erfurter Kommentar zum Arbeitsrecht
Erl.	Erlaß
etc.	et cetera
EWiR	Entscheidungen zum Wirtschaftsrecht (Zeitschrift)
EzA	Entscheidungen zum Arbeitsrecht, hrsg. von Stahlhacke

F

f., ff.	folgend (e)
FA	Fachanwalt für Arbeitsrecht (Zeitschrift)
FAZ	Frankfurter Allgemeine Zeitung

Fn.	Fußnote
FS	Festschrift

G

gem.	gemäß
GG	Grundgesetz
ggf.	gegebenenfalls
GK-BetrVG	Gemeinschaftskommentar zum Betriebsverfassungsgesetz
GS	Großer Senat

H

Hb.	Halbband
HK-KSchG	Heidelberger Kommentar zum Kündigungsschutzgesetz
h.L.	herrschende Literatur
h.M.	herrschende Meinung
hrsg.	herausgegeben
H/S/G	Hess/Schlochauer/Glaubitz

I

i.d.F.	in der Fassung
i.d.R.	in der Regel
i.S.	im Sinne
i.S.d.	im Sinne des
i.V.m.	in Verbindung mit
i.w.S.	im weiteren Sinne

J

JuS	Juristische Schulung (Zeitschrift)

K

Kap.	Kapitel
K/B/K	Knorr/Bichlmeier/Kremhelmer
K/D/Z	Kittner/Däubler/Zwanziger
KO	Konkursordnung

KPK	Kölner Praxis Kommentar
KSchG	Kündigungsschutzgesetz
KR	Gemeinschaftskommentar zum Kündigungsrecht
L	
LAG	Landesarbeitsgericht
LAGE	Entscheidungen der Landesarbeitsgerichte, hrsg. von Stahlhacke
M	
m. Anm.	mit Anmerkung
MünchArbR	Münchener Handbuch zum Arbeitsrecht
MünchKomm	Münchener Kommentar zum Bürgerlichen Gesetzbuch
MuSchG	Gesetz zum Schutz der erwerbstätigen Mutter (Mutterschutzgesetz)
m.w.N.	mit weiteren Nachweisen
N	
n.F.	neue Fassung
NJ	Neue Justiz (Zeitschrift)
NJW	Neue Juristische Wochenschrift (Zeitschrift)
Nr.	Nummer
NZA	Neue Zeitschrift für Arbeitsrecht (Zeitschrift)
NZA-RR	NZA-Rechtsprechungs-Report Arbeitsrecht (Zeitschrift)
P	
PersR	Personalrat (Zeitschrift)
PV	Die Personalvertretung (Zeitschrift)
R	
R.	Rückseite
RArbBL.	Reichsarbeitsblatt
RdA	Recht der Arbeit (Zeitschrift)
RGB1	Reichsgesetzblatt
Rn.	Randnummer

S	
S.	Seite
SAE	Sammlung arbeitsrechtlicher Entscheidungen
SchwbG	Schwerbehindertengesetz
sog.	sogenannt (e)
SPD	Sozialdemokratische Partei Deutschland
T	
TVG	Tarifvertragsgesetz
U	
u.a.	unter anderem
u.U.	unter Umständen
V	
v.	vom
vgl.	vergleiche
W	
WiB	Wirtschaftsberatung (Zeitschrift)
Z	
z.B.	zum Beispiel
ZfA	Zeitschrift für Arbeitsrecht (Zeitschrift)
ZRP	Zeitschrift für Rechtspolitik (Zeitschrift)
ZTR	Zeitschrift für Tarif-, Arbeits- und Sozialrecht des öffentlichen Dienstes (Zeitschrift)

Die Sozialauswahl im Arbeitsrecht

1. Kapitel: Einleitung

§ 1: Das Spannungsverhältnis zwischen Leistungs- und Sozialprinzip

Trotz des zunehmenden Ausbaus der Mitbestimmungsrechte auf Betriebs- und Unternehmensebene im letzten Jahrhundert[1] trifft der Arbeitgeber - vor allem in kleineren Betrieben - die wichtigen Entscheidungen allein. Der Betriebsrat hat auf den zentralen Gebieten des Arbeitsrechts - Einstellung, Versetzung, Kündigung - zwar ein Zustimmungsverweigerungs- (§ 99 I 1 BetrVG) oder Widerspruchsrecht (§ 103 III BetrVG), eine gleichberechtigte Mitentscheidung ist ihm dagegen versagt. Nur in wenigen Bereichen erreicht die Qualität der Beteiligung die eines echten Mitbestimmungsrechts (z. B. § 87 I BetrVG).

Beschließt der Arbeitgeber eine Umstrukturierungsmaßnahme und erfaßt die Umsetzung von vornherein nur einen einzigen Arbeitnehmer, hat der Arbeitgeber keine Auswahl zu treffen. Die Wirksamkeit der Maßnahme richtet sich nach dem einzelnen Arbeitsverhältnis. Gerade in größeren Betrieben stehen zur Umsetzung der Entscheidung aber meist mehrere potentielle Arbeitnehmer zur Verfügung, die gleichermaßen für das Konzept des Arbeitgebers in Betracht kommen. Der Arbeitgeber muß dann die Arbeitnehmer bestimmen, die von der Umsetzung der Maßnahme betroffen werden. Er muß sich Gedanken über die Auswahlkriterien machen und unter den vergleichbaren Arbeitnehmern eine Auswahl treffen.

Bei dieser Auswahl stehen sich diametrale Interessen gegenüber: Ein verständiger Arbeitgeber wird sich an betriebswirtschaftlichen Kriterien orientieren. Die angestrebte Optimierung des Arbeitsablaufs und die Gewinnmaximierung vor Augen, versucht er, die Betriebsstruktur möglichst ökonomisch und flexibel zu gestalten. Leistungsgesichtspunkte und betriebliche Interessen werden zwangsläufig seine Entscheidung beeinflussen. Auf der anderen Seite hoffen die Arbeitnehmer, bei nachteiligen Änderungen ihrer Arbeitsbedingungen von der Umsetzung der arbeitgeberischen Maßnahme verschont zu bleiben; sie versuchen, ihren sozialen Besitzstand zu wahren. Um die Entscheidung ausgewogen und nachvollziehbar zu halten, werden sie zumindest vom Arbeitgeber

---

1 Vgl. *H/S/G*, BetrVG, Einleitung, S. 59 ff.; GK-BetrVG/*Wiese*, Einleitung, Rn. 10 ff.

verlangen, auch soziale Auswirkungen der Umsetzung auf Arbeitnehmerseite zu berücksichtigen. Ein qualifizierter Arbeitnehmer wird um so eher einsehen, von der Maßnahme betroffen zu sein, je sozial ausgewogener die Entscheidung am Ende ausfällt. Bei der Festlegung der Auswahlkriterien prallen Arbeitgeber- und Arbeitnehmerinteressen deutlich aufeinander. Es kommt das Spannungsverhältnis zum Vorschein, welches das gesamte Arbeitsrecht durchzieht: Die Konkurrenz zwischen *Leistungs- und Sozialprinzip.*

§ 1 III KSchG ist bis heute die einzige gesetzliche Vorschrift geblieben, die dem Arbeitgeber Auswahlkriterien vorgibt und das Spannungsverhältnis bei der betriebsbedingten Kündigung - getreu dem Schutzgedanken des Arbeitsrechts - zugunsten der Arbeitnehmerbelange auflöst. Die durch Art. 12 GG geschützte Auswahlfreiheit des Arbeitgebers wird unter Verdrängung des betrieblichen Leistungswettbewerbs unter den Arbeitnehmern „sozial gezähmt“:

> „Ist einem Arbeitnehmer aus dringenden betrieblichen Erfordernissen im Sinne des Absatzes 2 gekündigt worden, so ist die Kündigung trotzdem sozial ungerechtfertigt, wenn der Arbeitgeber bei der Auswahl des Arbeitnehmers soziale Gesichtspunkte nicht oder nicht ausreichend berücksichtigt hat; ... Satz 1 gilt nicht, wenn betriebstechnische, wirtschaftliche oder sonstige berechtigte betriebliche Erfordernisse die Weiterbeschäftigung eines oder mehrerer bestimmter Arbeitnehmer bedingen und damit der Auswahl nach sozialen Gesichtspunkten entgegenstehen.”

§ 2: Gegenstand der Untersuchung

Die Sozialauswahl nach § 1 III KSchG gehört zu den schwierigsten Bereichen des deutschen Kündigungsrechts.[2] Die Rechtsunsicherheit ist wegen der Komplexität der Auswahlentscheidung extrem hoch.[3] Damit nicht genug, gab die Rechtsprechung Anlaß zu weiterer Rechtsunsicherheit: Das BAG formte aus § 1 III KSchG zusammen mit den Generalklauseln der §§ 242, 315 BGB einen allgemeinen Rechtsgedanken und ordnete eine - wenn auch abgeschwächte -

---

2 KR-*Etzel*, § 1 KSchG, Rn. 620; *Stahlhacke/Preis/Vossen*, Kündigungsschutz, Rn. 659.

3 So auch *Stahlhacke/Preis/Vossen*, Kündigungsschutz, Rn. 659.

Sozialauswahl in Bereichen an, die von § 1 III KSchG nicht erfaßt werden.[4] Dadurch wurde die Sozialauswahl mit zwei weiteren Unsicherheitsfaktoren belastet: Einerseits mit den Grenzen der sozialen Auswahl im Arbeitsrecht und andererseits mit dem fehlenden konkreten Maßstab bei der abgeschwächten Sozialauswahl. Die Arbeitgeber waren und sind - beispielsweise bei der Wiedereinstellung von Arbeitnehmern[5] - im unklaren, wann sie bei der Auswahl soziale Aspekte berücksichtigen müssen und, falls sie dazu verpflichtet sind, in welchem Umfang. Die Entscheidungen des BAG brachten keine Klarheit, sondern schufen im Gegenteil noch größere Rechtsunsicherheit. Aufgrund dieser Entwicklung wird befürchtet, daß die Sozialauswahl nach Ansicht des BAG offenbar ein dem Arbeitsrecht immanentes Prinzip darstelle: Es sei nur eine Frage der Zeit, wann das BAG eine Sozialauswahl außerhalb des KSchG im Kleinbetrieb fordere.[6] Es bestehe die Tendenz in der Rechtsprechung, eine deutlich über den Wortlaut des § 1 III KSchG hinausgehende Sozialauswahl zuungunsten der Arbeitgeber herzuleiten.[7]

Die Sozialauswahl nach § 1 III KSchG nimmt in den einschlägigen KSchG-Kommentaren und den Nachschlagewerken der Rechtsprechung des BAG umfangreiche Kapitel in Anspruch und hat mehrere Dissertationen hervorgerufen, die sich mit dem Ablauf und den Problemen der Sozialauswahl beschäftigen.[8] Um diesen zahlreichen Veröffentlichungen nicht eine neue hinzuzufügen, betritt die nachfolgende Untersuchung bisher nur vereinzelt bearbeitetes Terrain: Die vorliegende Arbeit versucht zu klären, ob der Arbeitgeber außerhalb des gesetzlichen Anwendungsbereichs des § 1 III KSchG verpflichtet ist, eine Sozialauswahl durchzuführen. Es werden Auswahlentscheidungen des Arbeitgebers betrachtet, die auf den ersten Blick nicht unter den Wortlaut des § 1 III KSchG subsumiert werden können. Die Arbeit will einen Beitrag liefern, um die bestehende Rechtsunsicherheit auf diesem Gebiet zu beseitigen. Aus diesem Grund werden die einzelnen Fallgestaltungen, in denen eine Sozialauswahl

---

[4] Zur *Versetzung*: BAG v. 15.12.1994 - 2 AZR 320/94 in AP Nr. 66 zu § 1 KSchG 1969 Betriebsbedingte Kündigung [unter B.III.4. der Gründe] = NZA 1995, 413 = BB 1995, 930. Zur *Wiedereinstellung*: BAG v. 4.12.1997 - 2 AZR 140/97 in AP Nr. 4 zu § 1 KSchG 1969 Wiedereinstellungsanspruch [unter B.II.5.c) der Gründe] = BAGE 87, 221 = NZA 1998, 701 = DB 1998, 85. Zur *Bedarfskündigung* nach dem Einigungsvertrag (EinV): BAG v. 19.1.1995 - 8 AZR 914/93 in AP Nr. 12 zu Art. 13 EinV [unter B.III.2.b) der Gründe] = BAGE 79, 128 = NZA 1996, 586 = AuA 1995, 350 mit Anm. *Berkowsky*.

[5] Dazu unten: 4. Kapitel, § 12.

[6] *Nägele* in BB 1998, 1686 (1689).

[7] *Schiefer* in NZA 1995, 662 (664).

[8] *Lammermann*, Aktuelle Probleme der betriebsbedingten Kündigung, S. 193 ff.; *Linck*, Die Sozialauswahl, S. 1 ff.; *Lück*, Probleme der Sozialauswahl, S. 1 ff.

diskutiert wird, daraufhin untersucht, ob die Auswahl nach sozialen Kriterien im Einzelfall auch über den Wortlaut des § 1 III KSchG hinaus angemessen erscheint. Weiterhin wird versucht, in den Fällen, in denen eine Sozialauswahl anerkannt wird, einen konkreten Auswahlmaßstab für die Arbeitgeber zu liefern.

§ 3: Gang der Darstellung

Die Arbeit besteht insgesamt aus sechs Kapiteln. Ausgehend von der einzigen gesetzlichen Vorschrift (§ 1 III KSchG) werden zunächst im *zweiten Kapitel* die allgemeinen Grundsätze herausgearbeitet, die notwendig sind, um die Übertragungsfähigkeit einer gesetzlichen Norm zu beurteilen: Die geschichtliche Entwicklung der Sozialauswahl (§ 4), der Inhalt des § 1 III KSchG (§ 5) und die Rückführung der Sozialauswahl auf die hinter ihr stehenden allgemeinen Rechtsgedanken und Wertungen (§ 6). § 7 soll dabei vorweg klären, ob man die Sozialauswahl tatsächlich als allgemeines Rechtsprinzip des Arbeitsrechts ansehen muß. Gerade die dogmatische Einordnung der Sozialauswahl erlaubt Rückschlüsse auf die Voraussetzungen und Grenzen einer sozialen Auswahl jenseits des § 1 III KSchG und damit auf die Übertragungsfähigkeit des Rechtsgedankens auf andere Fallkonstellationen.

Anschließend werden in den nachfolgenden Kapiteln die einzelnen Fallgestaltungen abgehandelt, in denen Teile der Literatur oder die Rechtsprechung eine Auswahl nach den Kriterien des § 1 III KSchG vertreten. Wegen der Nähe zur betriebsbedingten Kündigung wird zunächst im *dritten Kapitel* der Anwendungsbereich der Sozialauswahl bei Arbeitgeberkündigungen betrachtet. Danach folgen Auswahlentscheidungen des Arbeitgebers bei Einstellungen und Wiedereinstellungen (*viertes Kapitel*) sowie bei Versetzungen (*fünftes Kapitel*). Angesichts der vielfältigen Maßnahmen, die der Arbeitgeber in der Praxis trifft, können im Rahmen dieser Arbeit nicht alle möglichen Fallkonstellationen untersucht werden. Daher wird abschließend im *sechsten Kapitel* eine Schlußbetrachtung vorgenommen, in der die Ergebnisse der vorherigen Kapitel thesenartig zusammengefaßt werden. Diese allgemeingültigen Grundsätze können dann auf andere Auswahlentscheidungen des Arbeitgebers - insbesondere auf solche, die er aufgrund seines Weisungsrechts (§ 315 BGB) trifft - übertragen werden.

2. Kapitel: Allgemeine Grundlagen

Bevor in den nachfolgenden Kapiteln untersucht wird, ob der Grundsatz der Sozialauswahl auf andere Fallgestaltungen übertragen werden kann, müssen zunächst die Grundlagen geschaffen werden, um die Übertragungsfähigkeit einer Norm (§ 1 III KSchG) beurteilen zu können.

§ 4: Historische Entwicklung der Sozialauswahl

Um das in der Einleitung beschriebene Spannungsverhältnis zwischen den Arbeitgeber- und Arbeitnehmerinteressen historisch einordnen zu können, erscheint es angezeigt, einen kurzen Abriß über die geschichtliche Entwicklung der Sozialauswahl in Deutschland zu geben.[9] Die Darstellung beschränkt sich auf die betriebsbedingte Kündigung: Hier hat der Gesetzgeber das erste und bisher einzige Mal vom Arbeitgeber gefordert, soziale Kriterien bei seiner Auswahlentscheidung zu berücksichtigen. Die Zeitspanne, in der anerkanntermaßen eine Sozialauswahl vom Arbeitgeber gefordert wird, könnte einen Gradmesser für ihre Bedeutung darstellen und damit Rückschlüsse auf die Übertragungsfähigkeit des § 1 III KSchG erlauben.

I. Die Zeit bis zum Ende des Ersten Weltkriegs

Der wirtschaftliche Liberalismus beherrschte die Zeit bis zum Ende des Ersten Weltkriegs: Es galt allgemein der Grundsatz der Kündigungsfreiheit.[10] Es entsprach der Freiheit des einzelnen, das Arbeitsverhältnis ohne Angabe von Kündigungsgründen beenden zu können. Der Arbeitgeber war weder an spezielle Kündigungsgründe noch an bestimmte Auswahlkriterien gebunden. Erst im Jahre 1902 gab es eine erste Auswahlregelung im Maurer- und Zimmertarif von Halberstadt: Bei einem Arbeitsmangel war Fremden vor Ortsansässigen zu kündigen.[11] Die Vorschrift schützte erkennbar nur die heimische arbeitende Bevölkerung und differenzierte nicht nach sozialen Kriterien; mit einer Sozial-

---

9 Ausführlich *Göller*, Entwicklung des Kündigungsschutzrechts, S. 8 ff.; *Linck*, Die Sozialauswahl, S. 5 ff.; *Wüllenweber*, Entwicklung des Kündigungsschutzrechts seit dem ersten Weltkrieg, S. 5 ff.

10 *Hueck/v.Hoyningen-Huene*, KSchG, Einl., Rn. 1.

11 *Göller*, Entwicklung des Kündigungsschutzrechts, S. 39; *Linck*, Die Sozialauswahl, S. 5.

auswahl hatte diese Vorschrift nichts gemein. Der Kündigungsschutz - als Ausdruck einer sozialstaatlichen Gesetzgebung - wurde erst relativ spät als Korrektiv zur einseitigen Bestimmungsmacht des Arbeitgebers anerkannt. Der Gedanke eines materiellen Kündigungsschutzes wurde erstmalig in der Novelle zum Allgemeinen Preußischen Berggesetz vom 28.6.1909 im Kohlebergbau eingeführt, wonach dem Arbeitgeber im wesentlichen die willkürliche Kündigung verboten wurde.[12] Weitere Kündigungsbeschränkungen existierten nicht.

II. Die Zeit bis zum Ende des Zweiten Weltkriegs

Erst nach dem Ende des Ersten Weltkriegs setzte sich ein allgemeiner materieller Kündigungsschutz durch. Die Demobilmachungsverordnung (DemVO) vom 12.2.1920[13] enthielt als erste Norm das Gebot, soziale Gesichtspunkte zu berücksichtigen. § 13 S. 2 der Verordnung lautete:

> „Sodann sind das Lebens- und Dienstalter sowie der Familienstand des Arbeitnehmers derart zu berücksichtigen, daß die älteren eingearbeiteten und diejenigen mit unterhaltsbedürftigen Angehörigen möglichst in ihrer Arbeitsstätte zu belassen sind."

Zur richtigen Einordnung der Vorschrift ist zu betonen, daß die DemVO eine Wiedereingliederung der Kriegsteilnehmer in den Arbeitsprozeß sicherstellen sollte und damit primär arbeitsmarktpolitische und wirtschaftliche Zielsetzungen verfolgte.[14] Der einzelne Arbeitnehmer wurde nur reflexartig geschützt. Der Arbeitgeber mußte aber das erste Mal auch soziale Kriterien berücksichtigen, obwohl den betrieblichen Interessen in § 13 S. 1 der DemVO weiterhin eine Vorrangstellung zukam. Die Vorschrift kann als Vorläufer unseres heutigen § 1 III KSchG angesehen werden.[15]

---

12 *Preis*, Prinzipien des Kündigungsrechts, S. 13; *Wüllenweber*, Entwicklung des Kündigungsschutzrechts seit dem ersten Weltkrieg, S. 36.

13 RGBl. I, S. 213. Durch diese Demobilmachungsverordnung wurde die Demobilmachungsverordnung v. 4.1.1919 für Arbeiter (RGBl. I, S.8) und die v. 24.2.1919 für Angestellte (RGBl. I, S. 100) außer Kraft gesetzt, inhaltlich zusammengefaßt und ergänzt.

14 *Wüllenweber*, Entwicklung des Kündigungsschutzrechts seit dem ersten Weltkrieg, S. 40.

15 *Linck*, Die Sozialauswahl, S.6; *Preis*, Prinzipien des Kündigungsrechts, S. 14.

Die Aussicht, die Sozialauswahl dauerhaft in die Gesetzgebung aufzunehmen, wurde durch die schlechte Lage der deutschen Wirtschaft zunichte gemacht. Die Arbeitgeber stellten Forderungen, die Wirtschaft von allen produktionshemmenden sozialen Lasten zu befreien.[16] Ein Standpunkt, auf den sich Gesetzgeber und Arbeitgeber heute noch stellen, um zur Stärkung der Wachstumsdynamik und Investitionen neue Arbeitsplätze zu schaffen.[17]

Die Kündigungsbeschränkungen der DemVO wurden im Jahre 1923 durch die Stillegungsverordnung vom 13.10.1923[18] aufgehoben. Die Sozialauswahl verschwand aber nicht völlig von der Bildfläche: Den allgemeinen Kündigungsschutz gewährte in dieser Zeit das Betriebsrätegesetz (BRG) vom 4.2.1920. § 84 Nr. 4, der die Auswahl des zu Kündigenden betraf, sah einen Einspruch des Arbeitnehmers beim Arbeiterrat vor, wenn sich die Kündigung als eine unbillige, nicht durch das Verhalten des Arbeitnehmers oder die Verhältnisse des Betriebs bedingte Härte darstellte. Um diese Generalklausel zu füllen, griff man auch nach dem Ende der Geltung der DemVO auf § 13 S. 2 zurück[19] und nahm darüber hinaus eine umfassende Bewertung der persönlichen Verhältnisse des Arbeitnehmers vor.[20] Die Auswahl nach sozialen Aspekten überlebte die Aufhebung der DemVO und wurde im Hinblick auf den Umfang der sozialen Kriterien sogar erweitert. Mittlerweile sprach man bei der Sozialauswahl teilweise von einem Grundsatz mit gewohnheitsrechtlicher Bedeutung.[21]

Das BRG wurde am 20.1.1934 durch das Gesetz zur Ordnung der nationalen Arbeit (AOG) abgelöst, wobei die Generalklausel des § 84 Nr. 4 BRG weitgehend übernommen wurde (vgl. § 56 I AOG).[22] Es blieb bei einer umfassenden Gesamtschau der persönlichen Verhältnisse des Arbeitnehmers.[23]

---

16 *Pollmann*, Die Sozialauswahl, S. 6; *Wüllenweber*, Entwicklung des Kündigungsschutzrechts seit dem ersten Weltkrieg, S. 41.

17 Vgl. die Einleitung zur Begründung des arbeitsrechtlichen Beschäftigungsförderungsgesetzes von 1996 in BT-Drs. 13/4612, S. 8 ff.

18 RGBl. S. 945.

19 Vgl. den Bescheid des Reichsarbeitsministers v. 15.11.1924 in RArbBl. 1924, S. 461.

20 *Flatow/Kahn-Freund*, BRG, § 84 Anm. Vd1.

21 *Flatow/Kahn-Freund*, BRG, § 84 Anm. Vd3.

22 *Hueck/v.Hoyningen-Huene*, KSchG, Einl. Rn. 23; *Preis*, Prinzipien des Kündigungsrechts, S. 15.

23 *Hueck/Nipperdey/Dietz*, AOG, § 56, Rn. 12.

III. Die Zeit nach dem Zweiten Weltkrieg

Nach dem Ende des zweiten Weltkriegs und dem Zusammenbruch des Hitlerregimes galt das AOG noch bis zum 1.1.1947 weiter, bis es durch das Kontrollratsgesetz Nr. 40 durch die Militärregierungen außer Kraft gesetzt wurde.[24] Der Kündigungsschutz blieb davon unberührt: Der Bestandsschutz von Arbeitsverhältnissen entsprach mittlerweile den sozialen Überzeugungen der einzelnen Länder, die den Kündigungsschutz unterschiedlich ausgestalteten; es kam zu einer großen Rechtszersplitterung in Deutschland.[25] Die Länder der amerikanischen und französischen Besatzungszone erließen beispielsweise Länderkündigungsschutzgesetze, während man sich in der britischen Zone weitgehend mit den Generalklauseln des BGB (§§ 138, 242) begnügte.

Um die zu kündigenden Arbeitnehmer auszuwählen, wurde noch immer - fast dreißig Jahre nach Aufhebung der DemVO vom 12.2.1920 - auf die Grundsätze des § 13 S. 2 abgestellt.[26] Ein paritätisches Miteinander von betrieblichen und sozialen Belangen setzte sich noch immer nicht durch. Das LAG Frankfurt formulierte in einer Entscheidung aus diesen Tagen, daß „bei der Auswahl der Kündigung *in erster Linie selbstverständlich* die Belange des Betriebs von Bedeutung seien".[27] Nach dem Ende des zweiten Weltkriegs wurden die sozialen Belange noch deutlich hinter die betrieblichen Interessen zurückgestellt.

IV. Das Kündigungsschutzgesetz von 1951

Die Gewerkschaften und Arbeitgeberverbände versuchten, die Rechtszersplitterung und die damit verbundene Rechtsunsicherheit in Deutschland zu beseitigen: Sie schlugen am 13.1.1950 mit dem „Hattenheimer Entwurf" eine einheitliche Regelung des Kündigungsschutzes vor.[28] Dieser Entwurf bildete die Grundlage für das KSchG, das am 14.8.1951 in Kraft trat.[29] Das KSchG enthielt erstmals konkrete Tatbestände, nach denen die Wirksamkeit einer Kündi-

---

24 Amtsblatt Kontrollrat 1946, S. 229; *Hueck/v.Hoyningen-Huene*, KSchG, Einl. Rn. 24.

25 Einen guten Überblick über die verschiedenen Aktivitäten der Länder bietet die Begründung des Kündigungsschutzgesetzes v. 1951 in RdA 1951, S. 61 ff.

26 *Galperin* in BB 1948, 305 (308); *Wüllenweber*, Entwicklung des Kündigungsschutzrechts seit dem ersten Weltkrieg, S. 186.

27 LAG Frankfurt v. 30.11.1949 - II LA 337, 338/49 in ARSt IV, Ziffer 214.

28 *Linck*, Die Sozialauswahl, S. 10; *Pollmann*, Die Sozialauswahl, S. 7.

29 BGBl. I, S. 499.

gung zu beurteilen war. Für die betriebsbedingte Kündigung wurde in § 1 III 1 KSchG ausdrücklich normiert, daß eine Kündigung sozial ungerechtfertigt war, wenn der Arbeitgeber bei der Auswahl der Arbeitnehmer soziale Aspekte nicht ausreichend berücksichtigt hatte. Der Arbeitgeber konnte betriebliche Interessen nur dann vorbringen, wenn die sozialen Kriterien ihre Grenzen in den berechtigten betrieblichen Bedürfnissen fanden (vgl. § 1 III 2 KSchG).[30] Das Sozialprinzip gewann erstmals die Überhand: Das Verhältnis zwischen den sozialen und betrieblichen Belangen wurde umgekehrt. Der Arbeitgeber mußte vorrangig nach sozialen Aspekten auswählen; er konnte betriebliche Belange nur vorbringen, um die Sozialauswahl zu relativieren. § 1 III KSchG blieb jahrzehntelang unverändert und wurde nur durch das erste Arbeitsbereinigungsgesetz vom 14.8.1969 geringfügig ergänzt.[31]

V. Das arbeitsrechtliche Beschäftigungsförderungsgesetz (BeschFG) von 1996

Durch das arbeitsrechtliche BeschFG - in Kraft getreten am 1.10.1996 - erfuhr § 1 III KSchG erhebliche Veränderungen: Zum einen legte der damalige Gesetzgeber die zu berücksichtigenden sozialen Kriterien abschließend fest, um die Sozialauswahl für die Arbeitgeber berechenbarer zu machen.[32] Die frühere Generalklausel in § 1 III KSchG („soziale Gesichtspunkte") wurde durch die Aufzählung der zu berücksichtigenden Kriterien - Dauer der Betriebszugehörigkeit, Lebensalter und Unterhaltspflichten des Arbeitnehmers - ersetzt. Zum anderen wurden, um die Arbeitgeberinteressen zu stärken, die Anforderungen an die einer Sozialauswahl entgegenstehenden betrieblichen Belange gesenkt. Eine Sozialauswahl schied nach der damaligen Fassung des § 1 III 2 KSchG bereits aus, wenn die Weiterbeschäftigung bestimmter Arbeitnehmer wegen ihrer Kenntnisse, Fähigkeiten und Leistungen oder zur Sicherung einer ausgewogenen Personalstruktur des Betriebes im berechtigten betrieblichen Interesse lag.[33] Um mehr Wachstumsdynamik zu ermöglichen und dadurch zusätzliche Arbeitsplätze zu schaffen, sollten die arbeitsrechtlichen Rahmenbedingungen zugunsten der Unternehmen verbessert werden. Das Spannungsverhältnis bei der Sozialauswahl wurde zugunsten der betrieblichen Belange gelockert.[34]

30 Vgl. die Gesetzesbegründung in BT-Drs. 1/2090, S. 12.
31 KR-*Etzel*, § 1 KSchG, Rn. 10; *Hueck/v.Hoyningen-Huene*, KSchG, Einl. Rn. 38.
32 BT-Drs. 13/4612, S. 8.
33 BT-Drs. 13/4612, S. 9.
34 BT-Drs. 13/4612, S. 8 f.

VI. Das Gesetz zur Sicherung der Arbeitnehmerrechte von 1998

Kurz nach Verabschiedung des BeschFG mehrten sich Stimmen in der Literatur, die Kritik an den Neuregelungen übten: Es wurde bezweifelt, daß die Aufzählung der zu berücksichtigenden Kriterien zu mehr Rechtssicherheit führe.[35] Einigen ging die Stärkung der Arbeitgeberinteressen zu weit.[36] Angeregt durch diese Kritik nahm die im Herbst 1998 neu gebildete Regierungskoalition aus SPD und Bündnis 90/Die Grünen die Änderungen des § 1 III KSchG zum 1.1.1999 wieder zurück.[37] § 1 III KSchG wurde auf den Stand vom 30.9.1996 zurückversetzt. Zahlreiche bis dahin zur „neuen Sozialauswahl" erschienene Veröffentlichungen verloren auf einen Schlag an Bedeutung. „Drei berichtigende Worte des Gesetzgebers, und ganze rechtswissenschaftliche Bibliotheken werden zur Maculatur". Treffender als mit diesem älteren Zitat von *v. Kirchmanns*[38] konnte man die damalige Situation nicht beschreiben, wenngleich die Abhandlungen über die damaligen Neuregelungen zur Sozialauswahl nicht ganz obsolet wurden: Die Änderungen galten zumindest für einen Übergangszeitraum für Kündigungen zwischen dem 1.10.1996 und dem 31.12.1998.[39]

VII. Zusammenfassung / Ausblick

Zusammenfassend kann § 13 S. 2 der DemVO vom 12.2.1920 als Vorläufer des § 1 III KSchG verstanden werden. Die Sozialauswahl war durch die unterschiedlichen Epochen hindurch nahezu im gesamten 20. Jahrhundert bei der betriebsbedingten Kündigung anerkannt. Einzig und allein die Gewichtung der sozialen und betrieblichen Aspekte änderte sich schlagartig durch das KSchG von 1951: Während in der ersten Hälfte des 20. Jahrhunderts den betrieblichen Interessen der Vorrang eingeräumt wurde, ist seit 1951 vorrangig nach sozialen Aspekten auszuwählen. Die Sozialauswahl stößt erst an ihre Grenzen, wenn die Weiterbeschäftigung eines Arbeitnehmers aus betrieblichen Gründen erforderlich ist (vgl. § 1 III 2 KSchG).

---

35 *Fischermeier* in NZA 1997, 1089 (1089); *Künzl* in ZTR 1996, 385 (395); *Leinemann* in BB 1996, 1381 (1381); *Preis* in NJW 1996, 3369 (3378).

36 *Kittner* in AuR 1997, 182 (183 f.).

37 Gesetz zur Sicherung der Arbeitnehmerrechte vom 19.12.1998 in BGBl. I, S. 3843.

38 Abgedruckt in *Wieacker*, Privatrechtsgeschichte der Neuzeit, S. 415.

39 Vgl. BAG v. 10.02.1999 - 2 AZR 716/98 in AP Nr. 40 zu § 1 KSchG 1969 Soziale Auswahl (1. Leitsatz) = DB 1999, 908 = AuR 1999, 81 m. Anm. *Buschmann*.

Die Rücknahme der Änderungen des BeschFG durch das Gesetz zur Sicherung der Arbeitnehmerrechte bildet den letzten Stand der Entwicklung. Im Hinblick auf weitere Veränderungen bleibt abzuwarten, wie sich die zukünftigen wirtschaftlichen und vor allem die politischen Verhältnisse in Deutschland entwikkeln. Gerade die Jahre 1996 bis 1999 haben den Zusammenhang der Sozialauswahl bei betriebsbedingten Entlassungen zur Wirtschaftspolitik dokumentiert. Deutlicher als durch die unterschiedlichen Standpunkte der beiden letzten politischen Koalitionen auf Bundesebene läßt sich der Zusammenhang zwischen dem politischen Grundverständnis und der Betonung der Arbeitgeber- oder Arbeitnehmerbelange nicht herausstellen. Das Verhältnis zwischen den betrieblichen und den sozialen Auswahlkriterien hängt maßgebend von der jeweiligen wirtschaftlichen und politischen Lage ab. Ein wirtschaftsliberales Staatsverständnis drängt zu einer Stärkung der betrieblichen Belange, eine Betonung des sozialen Rechtsstaats zu einer Auswahl nach sozialen Aspekten.

Die Geschichte hat den wirtschaftlichen und politischen Sprengstoff zum Vorschein gebracht, der in der Sozialauswahl steckt. Es zeichnet sich bereits ab, daß bei den späteren Fallgruppen mit der erforderlichen Sensibilität vorgegangen werden muß, wenn die Grenzen der Sozialauswahl im Arbeitsrecht abgesteckt werden sollen. Es bedarf - auch angesichts der Auswirkungen der Sozialauswahl auf die Personalstruktur und damit auf die Leistungsfähigkeit der Betriebe - sorgfältiger Prüfung, ob § 1 III KSchG auf andere Arbeitgebermaßnahmen übertragen werden kann. Man sollte nicht vorschnell den Rechtsgedanken des § 1 III KSchG in die Waagschale der Arbeitnehmer werfen, um den Arbeitnehmerschutz im Arbeitsrecht sicherzustellen.

§ 5: Regelungsgehalt des § 1 III KSchG

Um beurteilen zu können, ob sich § 1 III KSchG auf andere Fallgestaltungen übertragen läßt, ist es unerläßlich, sich mit dem Regelungsgehalt der Vorschrift näher auseinanderzusetzen. Nur wer ein genaues Bild von dem Inhalt und der Interessenlage einer Gesetzesnorm gewonnen hat, kann ein sicheres, rechtswissenschaftlich fundiertes Urteil darüber abgeben, ob die Regelung - beispielsweise im Wege der Analogie - auf andere Fallgestaltungen übertragen werden kann. Zum besseren Verständnis wird kurz auf die Voraussetzungen einer betriebsbedingten Kündigung eingegangen.

I. Voraussetzungen einer betriebsbedingten Kündigung, § 1 II KSchG

§ 1 III KSchG fordert eine Sozialauswahl unter mehreren Arbeitnehmern bei einer ordentlichen betriebsbedingten Kündigung.[40] Um wirksam betriebsbedingt zu kündigen, muß der Arbeitgeber dringende betriebliche Erfordernisse darlegen (dazu unter 1.), die einer weiteren Beschäftigung des Arbeitnehmers entgegenstehen (dazu unter 2.).

1. Dringende betriebliche Erfordernisse

Eine Kündigung ist durch dringende betriebliche Erfordernisse bedingt (§ 1 II KSchG), wenn die Durchführung einer unternehmerischen Entscheidung die Anzahl der Beschäftigungsmöglichkeiten im Betrieb verringert.[41] Ursachen für den Wegfall von Arbeitsplätzen können außerbetriebliche Umstände (Auftragsmangel, Absatzschwierigkeiten, Rohstoffknappheit, etc.) oder innerbetriebliche Maßnahmen des Arbeitgebers (Rationalisierungsmaßnahmen, Änderung von Produktionsmethoden, „outsourcing", etc.) sein.[42] Der Arbeitgeber trifft aber nicht nur bei den innerbetrieblichen Maßnahmen eine unternehmerische Entscheidung, auch bei den außerbetrieblichen Gründen muß der Arbeitgeber einen Entschluß fassen, die Anzahl der vorhandenen Beschäftigungsmöglichkeiten den tatsächlich benötigten anzupassen.[43] Eine außerbetriebliche Ursache allein führt nie zu einem Wegfall von Arbeitsplätzen; es bedarf immer einer Reaktion des Arbeitgebers. Die Differenzierung dient daher nur der systematischen Einordnung des betrieblichen Erfordernisses.

Die unternehmerische Entscheidung des Arbeitgebers wird unter Beachtung seiner verfassungsrechtlich geschützten unternehmerischen Entscheidungsfrei-

---

40 KR-*Etzel*, § 1 KSchG, Rn. 623; *Hueck/v.Hoyningen-Huene*, KSchG, § 1, Rn. 433.

41 ErfKomm-*Ascheid*, § 1 KSchG, Rn. 415; *Fischermeier* in NZA 1997, 1089 (1090); *Hueck/v.Hoyningen-Huene*, KSchG, § 1, Rn. 364a.

42 KR-*Etzel*, § 1 KSchG, Rn. 535 ff.; HK-KSchG/*Weller/Dorndorf*, § 1, Rn. 859; BAG v. 7.12.1978 - 2 AZR 155/77 in AP Nr. 6 zu § 1 KSchG 1969 Betriebsbedingte Kündigung [unter II.1.a) der Gründe] = BAGE 31, 157 = BB 1980, 1103.

43 ErfKomm-*Ascheid*, § 1 KSchG, Rn. 418; *Hueck/v.Hoyningen-Huene*, KSchG, § 1, Rn. 369; *K/B/K*, Handbuch, 13. Kap., Rn.7.

heit (Artt. 12, 14, 2 I GG) nur begrenzt gerichtlich überprüft[44]: Nach der ständigen Rechtsprechung des BAG wird die Entscheidung nicht daraufhin bewertet, ob sie sachlich richtig oder zweckmäßig ist, sondern nur, ob sie offenbar unvernünftig oder willkürlich erscheint (sog. Mißbrauchskontrolle).[45] Voll nachgeprüft wird dagegen, ob der Arbeitgeber die behaupteten Entscheidungen tatsächlich durchgeführt hat[46] und ob aufgrund der unternehmerischen Maßnahme tatsächlich Beschäftigungsmöglichkeiten entfallen sind.[47] Dabei ist nicht erforderlich, daß gerade der Arbeitsplatz des gekündigten Arbeitnehmers weggefallen ist; vielmehr reicht es aus, wenn aufgrund der unternehmerischen Entscheidung rein rechnerisch ein Überhang an Arbeitskräften gegeben ist.[48]

Weiter müßten die betrieblichen Erfordernisse „dringend" sein. Wie jede Kündigung unterliegt die betriebsbedingte Kündigung dem Verhältnismäßigkeitsprinzip. Betriebliche Erfordernisse sind dringend, wenn es dem Arbeitgeber nicht möglich ist, den Vorgaben des Unternehmenskonzepts anders als durch Ausspruch einer Kündigung zu entsprechen.[49] Als mildere Maßnahmen kommen der Abbau von Überstunden und Leiharbeitsverhältnissen sowie im Einzelfall die Einführung von Kurzarbeit in Betracht.[50]

---

44 *Hueck/v.Hoyningen-Huene*, KSchG, § 1, Rn. 371a; *Stahlhacke/Preis/Vossen*, Kündigungsschutz, Rn. 626. Für eine weitergehende gerichtliche Kontrolle *Pauly* in ZTR 1997, 113 (115).

45 BAG v. 26.6.1975 - 2 AZR 499/74 in AP Nr. 1 zu § 1 KSchG 1969 Betriebsbedingte Kündigung (2. Leitsatz) = BB 1975, 1305 = RdA 1975, 331; BAG v. 29.3.1990 - 2 AZR 369/89 in AP Nr. 50 zu § 1 KSchG 1969 Betriebsbedingte Kündigung [unter B.II.1. der Gründe] = BAGE 65, 61 = NZA 1991, 181 = SAE 1991, 203 mit Anm. *Pottmeyer*.

46 KR-*Etzel*, § 1 KSchG, Rn. 553.

47 BAG v. 7.12.1978 - 2 AZR 155/77 in AP Nr. 6 zu § 1 KSchG 1969 Betriebsbedingte Kündigung [unter II.1.b) der Gründe] = BAGE 31, 157 = BB 1980, 1103; *Stahlhakke/Preis/Vossen*, Kündigungsschutz, Rn. 627.

48 *Brox/Rüthers*, Arbeitsrecht, Rn. 201; *K/B/K*, Handbuch, 13. Kap., Rn. 6; BAG v. 30.5.1985 - 2 AZR 321/84 in AP Nr. 24 zu § 1 KSchG 1969 Betriebsbedingte Kündigung [unter B.II.1. der Gründe] = BB 1986, 135 = NZA 1986, 155 = SAE 1986, 86.

49 HK-KSchG/*Weller/Dorndorf*, § 1, Rn. 887; KR-*Etzel*, § 1 KSchG, Rn. 545.

50 *Hueck/v.Hoyningen-Huene*, KSchG, § 1, Rn. 383, 384; *K/B/K*, Handbuch, 13. Kap., Rn. 76.

2. Fehlende Weiterbeschäftigungsmöglichkeit

Das Vorliegen dringender betrieblicher Erfordernisse rechtfertigt noch keine betriebsbedingte Kündigung. Es darf für den Arbeitnehmer, und zwar unabhängig von einem Widerspruch des Betriebsrats[51], keine Weiterbeschäftigung in Betracht kommen (§ 1 II 2 Nr. 1 b KSchG). Die Weiterbeschäftigung erstreckt sich dabei auf das gesamte Unternehmen[52] und bezieht sich nur auf vergleichbare freie Arbeitsplätze, d. h. der Arbeitnehmer hat keinen Anspruch auf die Errichtung neuer Arbeitsplätze oder von Beförderungsstellen.[53] Im Einzelfall kann der Arbeitgeber aber verpflichtet sein, für die betroffenen Arbeitnehmer Umschulungs- oder Fortbildungsmaßnahmen durchzuführen (vgl. § 1 II 3 KSchG). Besteht für den Arbeitgeber keine Möglichkeit, den Arbeitnehmer weiterzubeschäftigen, liegen die Voraussetzungen einer betriebsbedingten Kündigung (§ 1 II KSchG) vor.

II. Anforderungen des § 1 III KSchG

Die Kündigung ist trotz dringender betrieblicher Erfordernisse (§ 1 II 1 KSchG) sozial ungerechtfertigt, wenn der Arbeitgeber bei der Auswahl des Arbeitnehmers soziale Gesichtspunkte nicht oder nicht ausreichend berücksichtigt hat (§ 1 III 1 KSchG).

1. Die Auswahl des Arbeitgebers bei der betriebsbedingten Kündigung

Der Arbeitgeber muß nicht nur die Sozialauswahl nach § 1 III KSchG vornehmen; er muß vor Ausspruch einer betriebsbedingten Kündigung u. U. bis zu

---

51 KR-*Etzel*, § 1 KSchG, Rn. 555; BAG v. 22.5.1986 - 2 AZR 612/85 in AP Nr. 4 zu § 1 KSchG 1969 Konzern [unter B.III.3.a) der Gründe] = NZA 1987, 127 = BB 1986, 2270.

52 KR-*Etzel*, § 1 KSchG, Rn. 555; *Hueck/v.Hoyningen-Huene*, KSchG, § 1, Rn. 391; BAG v. 15.12.1994 - 2 AZR 320/94 in AP Nr. 66 zu § 1 KSchG 1969 Betriebsbedingte Kündigung [unter B.III.3. der Gründe] = BAGE 79, 66 = NZA 1995, 413 = BB 1995, 930. Für eine konzernbezogene Weiterbeschäftigungspflicht *Abbrent* in BB 1988, 756 (759 f.).

53 *Hueck/v.Hoyningen-Huene*, KSchG, § 1, Rn. 394, 398; *Stahlhacke/Preis/Vossen*, Kündigungsschutz, Rn. 639; BAG v. 29.3.1990 - 2 AZR 369/89 in AP Nr. 50 zu § 1 KSchG 1969 Betriebsbedingte Kündigung (1. Leitsatz) = BAGE 65, 61 = NZA 1991, 181 = SAE 1991, 203 mit Anm. *Pottmeyer*.

vier Auswahlverfahren durchführen, um die Arbeitnehmer zu bestimmen, die betriebsbedingt entlassen werden können[54]:

- Zunächst muß der Arbeitgeber den Personenkreis festlegen, der von der unternehmerischen Entscheidung betroffen ist, d. h. die Arbeitsplätze bestimmen, deren Anforderungsprofil den weggefallenen Arbeitsplätzen entspricht (sog. „betriebliche Auswahl", dazu unter 3.).

- Existieren freie Arbeitsplätze im Unternehmen (vgl. § 1 II 2 Nr. 1 b KSchG), muß der Arbeitgeber die Arbeitnehmer ermitteln, deren Qualifikationen den Anforderungen an die freien Arbeitsplätze entsprechen.

- Falls für die Weiterbeschäftigung mehr geeignete Arbeitnehmer zur Verfügung stehen als freie Arbeitsplätze vorhanden sind, muß der Arbeitgeber eine Auswahl treffen, welche Arbeitnehmer zu versetzen sind und welche nach wie vor im Kreis der kündigungsbedrohten Arbeitnehmer verbleiben. Die Auswahlkriterien für diese Entscheidung des Arbeitgebers sind in der Rechtsprechung und arbeitsrechtlichen Literatur nach wie vor umstritten und ungeklärt[55]; das KSchG scheint keine Antwort auf die Frage zu geben (dazu unten: 5. Kapitel, § 15).

- Stehen nach der betrieblichen Auswahl abzüglich der weiterzubeschäftigenden Arbeitnehmer mehr Arbeitnehmer zur betriebsbedingten Kündigung an als Arbeitsplätze weggefallen sind, erfolgt unter diesen Betroffenen die Sozialauswahl nach § 1 III KSchG (dazu unter 4./5.).

2. Die Bedeutung der Sozialauswahl

Bei der betriebsbedingten Kündigung ist nicht erforderlich, daß der konkrete Arbeitsplatz eines Arbeitnehmers weggefallen ist. In den meisten Fällen steht der betroffene Arbeitnehmer - anders als bei der personen- und verhaltensbedingten Kündigung - nicht von vornherein fest.[56] Der Arbeitgeber stellt eine quantitative Gruppenbetroffenheit fest, die dadurch gekennzeichnet ist, daß

---

[54] Vgl. *Lammermann*, Aktuelle Probleme der betriebsbedingten Kündigung, S. 97.

[55] Vgl. HK-KSchG/*Dorndorf*, § 1, Rn. 1030; *Stahlhacke/Preis/Vossen*, Kündigungsschutz, Rn. 661.

[56] *Wolter*, Der Schutz des Arbeitnehmers vor betriebsbedingter Kündigung, S. 55.

eine bestimmte Anzahl von Arbeitsplätzen mit besonderem Anforderungsprofil wegfallen.[57] Es muß noch eine direkte Beziehung zwischen dem Kündigungsgrund - der Unternehmerentscheidung - und dem zu kündigenden Arbeitnehmer hergestellt werden. Der Arbeitnehmer wird durch die Auswahlentscheidung bestimmt: Die erste Aufgabe des § 1 III KSchG **(Auswahlfunktion).** Die Sozialauswahl verknüpft die Unternehmerentscheidung mit dem Wegfall der Arbeitsplätze.[58]

Der Arbeitgeber kann diese Beziehung nicht nach freiem Ermessen herstellen und die leistungsstärksten Arbeitnehmer im Betrieb belassen. Der Gesetzgeber hat sich für eine Sozialauswahl entschieden. Dem Arbeitgeber ist es aus betrieblichen Gründen unmöglich geworden, seine geschuldete Leistung - die Bereitstellung eines geeigneten Arbeitsplatzes - zu erbringen. Der Kündigungsgrund stammt aus der Sphäre des Arbeitgebers.[59] Daher ist es sachgerecht, die Arbeitnehmer - quasi als Ausgleich - vorrangig nach sozialen Kriterien auszuwählen.[60] Das BAG sieht den Sinn und Zweck der Sozialauswahl darin, den Arbeitnehmer zu bestimmen, den die Kündigung am wenigsten trifft.[61] Die negativen sozialen Folgen der Unternehmerentscheidung sollen durch die Auswahl der sozial bessergestellten Arbeitnehmer minimiert werden **(Ausgleichsfunktion).**[62]

§ 1 III KSchG hat zwei Hauptfunktionen: Eine Auswahl- und daneben eine nicht zu unterschätzende Ausgleichsfunktion. Zusätzlich gewährt die soziale Auswahl einen gewissen Bestandsschutz, da die sozial schutzbedürftigen Arbeitnehmer von Gesetzes wegen vor einer betriebsbedingten Kündigung geschützt werden.[63] Dieser letzte Aspekt ist gerade angesichts der nur beschränkten gerichtlichen Kontrolle der unternehmerischen Entscheidung nicht zu vernachlässigen.

---

57 *Berkowsky*, Die betriebsbedingte Kündigung, § 8, Rn. 3.

58 *Lammermann*, Aktuelle Probleme der betriebsbedingten Kündigung, S. 94.

59 *Berkowsky*, Die betriebsbedingte Kündigung, § 8, Rn. 7.

60 *Lück*, Probleme der Sozialauswahl, S. 3; *Wolter*, Der Schutz des Arbeitnehmers vor betriebsbedingter Kündigung, S. 55.

61 BAG v. 20.1.1961 - 2 AZR 495/59 in AP Nr. 7 zu § 1 KSchG 1951 Betriebsbedingte Kündigung [unter 2. der Gründe] mit Anm. *A. Hueck* = BAGE 10, 323 = SAE 1961, 188 mit Anm. *Herschel*; BAG v. 26.6.1964 - 2 AZR 373/63 in AP Nr. 15 zu § 1 KSchG 1951 Betriebsbedingte Kündigung [unter 1.b) der Gründe] mit Anm. *Herschel* = BAGE 16, 149.

62 *Wolter*, Der Schutz des Arbeitnehmers vor betriebsbedingter Kündigung, S. 55.

63 *Berkowsky*, Die betriebsbedingte Kündigung, § 8, Rn. 7; *Wolter*, Der Schutz des Arbeitnehmers vor betriebsbedingter Kündigung, S. 56.

3. Die betriebliche Auswahl

Bei der betrieblichen Auswahl geht es um die Frage, welche Arbeitnehmer potentiell zu einer betriebsbedingten Kündigung anstehen. Dabei unterscheidet man zwei Komponenten: eine quantitative [dazu unter a)] und eine qualitative [dazu unter b)].

a) Betriebsbezogene Sozialauswahl

Die Sozialauswahl ist weder konzern- noch unternehmensbezogen: Sie findet nur im Betrieb statt.[64] Der Arbeitgeber ist zum einen nicht verpflichtet, in einem anderen Betrieb seines Unternehmens oder Konzerns Arbeitsplätze für einen sozial schwachen Arbeitnehmer frei zu kündigen (sog. unzulässige Austauschkündigung)[65], zum anderen bedeutet die Betriebsbezogenheit, daß der Arbeitgeber bei der Ermittlung des auswahlrelevanten Personenkreises nicht auf den Betriebsteil oder die Betriebsabteilung beschränkt ist, in der seine Unternehmerentscheidung zu einem rechnerischen Überhang an Arbeitskräften geführt hat.[66] Dies entspricht dem Willen des Gesetzgebers: Anknüpfungspunkt für die „dringenden Erfordernisse" nach § 1 II 1 KSchG ist der gesamte Betrieb. Die Sozialwidrigkeit der Kündigung - und damit die Sozialauswahl - ist betriebsbezogen ausgestaltet.[67] Der Arbeitgeber muß in seinem ganzen Betrieb die Arbeitnehmer für die Sozialauswahl ermitteln.

---

64 *Ascheid*, Kündigungsschutzrecht, Rn. 325; *Linck* in AR-Blattei SD, 1020.1.2, Rn. 11; BAG v. 15.6.1989 - 2 AZR 580/88 in AP Nr. 18 zu § 1 KSchG 1969 Soziale Auswahl [unter B.II.2.d) der Gründe] = BAGE 62, 116 = NZA 1990, 226 = SAE 1990, 208 mit Anm. *Preis*; BAG v. 5.5.1994 - 2 AZR 917/93 in AP Nr. 23 zu § 1 KSchG 1969 Soziale Auswahl [unter II.3.a) der Gründe] mit Anm. *Mummenhoff* = NZA 1994, 1023 = DB 1994, 1027.

65 *Stahlhacke/Preis/Vossen*, Kündigungsschutz, Rn. 661; BAG v. 15.12.1994 - 2 AZR 320/94 in AP Nr. 66 zu § 1 KSchG 1969 Betriebsbedingte Kündigung [unter B.III.3.a) der Gründe] = BAGE 79, 66 = NZA 1995, 413 = BB 1995, 930.

66 HK-KSchG/*Dorndorf*, § 1, Rn. 1023; *Hueck/v.Hoyningen-Huene*, KSchG, § 1, Rn. 434; BAG v. 15.6.1989 - 2 AZR 580/88 in AP Nr. 18 zu § 1 KSchG 1969 Soziale Auswahl [unter B.II.2.d) der Gründe] = BAGE 62, 116 = NZA 1990, 226 = SAE 1990, 208 mit Anm. *Preis*.
Anders *Wank* Anm. zu BAG v. 15.6.1989, AR-Blattei Kündigungsschutz, Entscheidung 304.

67 *Hueck/v.Hoyningen-Huene*, KSchG, § 1, Rn. 434.

b) Qualitative Vergleichbarkeit der Arbeitnehmer

Die betriebsbedingte Kündigung beruht darauf, daß i.d.R. mehrere Arbeitsplätze weggefallen sind. Die von der Kündigung betroffenen Arbeitnehmer werden zunächst über das *Anforderungsprofil* dieser Arbeitsplätze definiert.[68] Benötigt der Arbeitgeber beispielsweise in seinem Betrieb drei Schlosser weniger, müssen zunächst alle Schlosser mit einer betriebsbedingten Kündigung rechnen. Da nicht der konkrete Arbeitsplatz eines Arbeitnehmers weggefallen sein muß, wird der Arbeitnehmerkreis der in die Sozialauswahl einzubeziehenden Arbeitnehmer aber noch erweitert: Die Sozialauswahl erstreckt sich auf alle Arbeitnehmer des Betriebs, die mit den ursprünglich betroffenen Arbeitnehmern vergleichbar sind.[69] Der sozial schutzwürdige Arbeitnehmer, dessen Arbeitsplatz weggefallen ist, kann eine soziale Auswahl verlangen, wenn er in der Lage ist, die Arbeiten des anderen Arbeitnehmers zu übernehmen. Im Ergebnis kann es dazu kommen, daß ein „sozial starker" Arbeitnehmer seinen Arbeitsplatz freimachen muß.[70] Das KSchG schützt nicht den Arbeitsplatzinhaber, sondern den Arbeitnehmer, der im Vergleich zu anderen den höchsten sozialen Schutz benötigt.[71]

aa) Vergleichbarkeitskriterien

Arbeitnehmer sind nach ständiger Rechtsprechung vergleichbar, wenn sie austauschbar sind.[72] Die Austauschbarkeit richtet sich in erster Linie nach arbeitsplatzbezogenen Merkmalen und damit nach der bisher ausgeübten Tä-

---

68 *Berkowsky*, Die betriebsbedingte Kündigung, § 8, Rn. 17.

69 *Ascheid*, Kündigungsschutzrecht, Rn. 325; KR-*Etzel*, § 1 KSchG, Rn. 631; *Schröder* in ZTR 1995, 394 (396); BAG v. 15.6.1989 - 2 AZR 580/88 in AP Nr. 18 zu § 1 KSchG 1969 Soziale Auswahl [unter B.II.2.d) der Gründe] = BAGE 62, 116 = NZA 1990, 226 = SAE 1990, 208 mit Anm. *Preis*.

70 *Lammermann*, Aktuelle Probleme der betriebsbedingten Kündigung, S. 97; *Linck* in AR-Blattei SD, 1020.1.2, Rn. 40.

71 *V.Hoyningen-Huene* in NZA 1994, 1009 (1113).

72 BAG v. 29.3.1990 - 2 AZR 369/89 in AP Nr. 50 zu § 1 KSchG 1969 Betriebsbedingte Kündigung [unter B.III.1. der Gründe] = BAGE 65, 61 = NZA 1991, 181 = SAE 1991, 203 mit Anm. *Pottmeyer*; BAG v. 16.9.1982 - 2 AZR 271/80 in AP Nr. 4 zu § 22 KO [unter B.II.4.a) der Gründe] = BB 1983, 314 = NJW 1983, 1341.

tigkeit (funktionsbezogene Betrachtung).[73] Der Arbeitnehmer muß aufgrund seiner Berufsausbildung und der beruflichen Erfahrung dazu in der Lage sein, die anderweitige Tätigkeit zu übernehmen.[74] Vor allem *Berkowsky* hat zu Recht betont, daß nicht nur zwingend auf den gleichartigen Arbeitsplatz abgestellt werden darf.[75] Es reicht aus, wenn der Arbeitnehmer, dessen Arbeitsplatz weggefallen ist, aufgrund seiner Fähigkeiten und Erfahrungen in der Lage ist, eine *andersartige*, aber *gleichwertige* Tätigkeit auszuüben und diese Tätigkeit im Rahmen seines Arbeitsvertrags liegt.[76]

Beispiel[77]: In einem Großbetrieb ist A als ungelernter Arbeiter eingestellt worden. Kraft seines Direktionsrechts hat der Arbeitgeber ihn bislang als Reinigungskraft eingesetzt. Der Arbeitgeber will nun die Reinigungsarbeiten an eine Fremdfirma ausgliedern.

A wäre im Rahmen einer Sozialauswahl nach § 1 III KSchG nicht nur mit den Reinigungskräften zu vergleichen (funktionale Betrachtung), sondern mit allen ungelernten Arbeitskräften im Betrieb (arbeitsvertragsbezogene Betrachtung). Die funktionale Betrachtung wird durch den betrieblich-funktionellen Einsatzbereich des Arbeitnehmers überlagert, der sich aus seinem jeweiligen Arbeitsvertrag ergibt.[78] Eine Austauschbarkeit von Arbeitnehmern ist anzuerkennen, wenn der Arbeitgeber den Arbeitnehmer einseitig im Wege seines Direktionsrechts auf einen anderen, aber gleichwertigen Arbeitsplatz versetzen kann.[79] Ein weit gefaßter Arbeitsvertrag kann einerseits - was die tägliche Arbeitsleistung

---

[73] BAG v. 29.3.1990 - 2 AZR 369/89 in AP Nr. 50 zu § 1 KSchG 1969 Betriebsbedingte Kündigung [unter B.III.2.a) der Gründe] = BAGE 65, 61 = NZA 1991, 181 = SAE 1991, 203 mit Anm. *Pottmeyer*; HK-KSchG/*Dorndorf*, § 1, Rn. 1040; KR-*Etzel*, § 1 KSchG, Rn. 631.

[74] *Hueck/v.Hoyningen-Huene*, KSchG, § 1, Rn. 451; *Stahlhacke/Preis/Vossen*, Kündigungsschutz, Rn. 664.

[75] *Berkowsky*, Die betriebsbedingte Kündigung, § 8, Rn. 32 ff.

[76] *Berkowsky*, Die betriebsbedingte Kündigung, § 8, Rn. 34. So auch *Ascheid*, Kündigungsschutzrecht, Rn. 325; *Schröder* in ZTR 1995, 394 (397); BAG v. 29.3.1990 - 2 AZR 369/89 in AP Nr. 50 zu § 1 KSchG 1969 Betriebsbedingte Kündigung [unter B.III.2.a) der Gründe] = BAGE 65, 61 = NZA 1991, 181 = SAE 1991, 203 mit Anm. *Pottmeyer*.

[77] Nach *Berkowsky*, Die betriebsbedingte Kündigung, § 8, Rn. 34.

[78] Im Ergebnis BAG v. 15.6.1989 - 2 AZR 580/88 in AP Nr. 18 zu § 1 KSchG 1969 Soziale Auswahl [unter B.II.2. der Gründe] = BAGE 62, 116 = NZA 1990, 226 = SAE 1990, 208 mit Anm. *Preis*.

[79] KR-*Etzel*, § 1 KSchG, Rn. 633; *Stahlhacke/Preis/Vossen*, Kündigungsschutz, Rn. 664; BAG v. 17.2.2000 - 2 AZR 142/99 in NZA 2000, 822 (823) = NJW 2000, 2604 (2605). Einschränkend *Hueck/v.Hoyningen-Huene*, KSchG, § 1, Rn. 434; HK-KSchG/*Dorndorf*, § 1, Rn. 1044.

anbetrifft - für den Arbeitnehmer nachteilig sein, auf der anderen Seite im Falle einer betriebsbedingten Kündigung eine größere Vergleichbarkeit und damit einen besseren Bestandsschutz des Arbeitsverhältnisses gewährleisten.[80]

bb) Horizontale Vergleichbarkeit

Die Vergleichbarkeit besteht nur auf der gleichen Ebene der Betriebshierarchie (sog. horizontale Vergleichbarkeit), d. h. es ist unerheblich, wenn ein sozial schutzbedürftiger Arbeitnehmer erklärt, er wäre auch bereit, zu schlechteren Arbeitsbedingungen weiterzuarbeiten.[81] Zum einen sieht ein Arbeitsvertrag i.d.R. derartige Versetzungsklauseln nicht vor[82], zum anderen fände im Betrieb ein unzulässiger „Verdrängungswettbewerb nach unten" statt.[83] Eine vertikale Vergleichbarkeit wird daher zu Recht abgelehnt.[84]

cc) Generell auszuschließender Personenkreis

Manche Arbeitnehmer scheiden generell aufgrund ihrer Zuordnung zu einer bestimmten Arbeitnehmergruppe aus der Vergleichbarkeit aus: Arbeitnehmer, deren Arbeitsverhältnisse ruhen, die Sonderkündigungsschutz genießen oder bei denen die ordentliche Kündigung arbeits- oder tarifvertraglich ausgeschlossen ist.[85] Im einzelnen ist noch vieles ungeklärt und umstritten. Zur Klärung dieser Frage sei auf die einschlägigen Kommentare verwiesen.

Zusammenfassend zählen alle Arbeitnehmer zum auswahlrelevanten Personenkreis, die aufgrund einer arbeitsvertraglich-funktionalen Betrachtungsweise

---

80 BAG v. 17.2.2000 - 2 AZR 142/99 in NZA 2000, 822 (824) = NJW 2000, 2604 (2605); *Berkowsky*, Die betriebsbedingte Kündigung, § 8, Rn. 34; *ders.* in NJW 1996, 291 (292); *Stahlhacke/Preis/Vossen*, Kündigungsschutz, Rn. 664.

81 BAG v. 29.3.1990 - 2 AZR 369/89 in AP Nr. 50 zu § 1 KSchG 1969 Betriebsbedingte Kündigung [unter B.III.3. der Gründe] = BAGE 65, 61 = NZA 1991, 181 = SAE 1991, 203 mit Anm. *Pottmeyer*.

82 Vgl. *Berkowsky*, Die betriebsbedingte Kündigung, § 8, Rn. 47.

83 *Hueck/v.Hoyningen-Huene*, KSchG, § 1, Rn. 447.

84 Vgl. KR-*Etzel*, § 1 KSchG, Rn. 639.
Teilweise abweichend *Berkowsky*, Die betriebsbedingte Kündigung, § 8, Rn. 47.

85 Vgl. *Berkowsky*, Die betriebsbedingte Kündigung, § 8, Rn. 80 ff.; HK-KSchG/*Dorndorf*, § 1, Rn. 1051 ff.; KR-*Etzel*, § 1 KSchG, Rn. 676 ff.

vergleichbar sind, sich auf der gleichen Betriebshierarchie befinden und im Wege des Direktionsrechts auf die vergleichbaren Arbeitsplätze versetzt werden können. Aus diesem Arbeitnehmerkreis sind - vorbehaltlich der Weiterbeschäftigung (vgl. § 1 II 2 Nr. 1b KSchG) - durch § 1 III KSchG diejenigen Arbeitnehmer zu ermitteln, die betriebsbedingt entlassen werden.

4. Auswahlkriterien der Sozialauswahl (§ 1 III KSchG)

Wie bereits bei der historischen Darstellung erwähnt[86], nahm der Gesetzgeber 1996 erhebliche Veränderungen bei der Sozialauswahl (§ 1 III KSchG) vor. Schon durch das Gesetz zur Sicherung der Arbeitnehmerrechte vom 19.12.1998 kehrte man zur alten Gesetzesfassung und damit zur alten Rechtslage zurück, die vor dem 1.10.1996 galt. Im Rahmen der vorliegenden Arbeit wird auch kurz auf die zwischenzeitliche Rechtslage vom 1.10.1996 bis 31.12.1998 eingegangen. Diese früheren abgeschwächten Regelungen zur Sozialauswahl könnten einen verläßlichen Anhaltspunkt und Vergleichsmaßstab für spätere Fallgruppen geben, in denen die strengen Vorschriften der heutigen Sozialauswahl nicht passen und nicht unmittelbar angewandt werden können.

a) Rechtslage vom 1.10.1996 bis 31.12.1998

Um die Sozialauswahl für den Arbeitgeber berechenbarer zu gestalten, ersetzte der Gesetzgeber durch das BeschFG von 1996 die Generalklausel des § 1 III KSchG („ausreichende Berücksichtigung von sozialen Gesichtspunkten") durch drei - schon nach bisherigem Recht unerläßliche - Grunddaten: Die Dauer der Betriebszugehörigkeit, das Lebensalter und die Unterhaltspflichten des Arbeitnehmers. Nach der überwiegenden Ansicht im Schrifttum gab der Gesetzgeber dabei keine Wertigkeitsskala vor; die Grunddaten standen in alphabetischer Aufzählung gleichberechtigt nebeneinander.[87] Der Gesetzgeber

---

86 Dazu oben: 2. Kapitel, § 4, V.

87 *Bader* in NZA 1996, 1125 (1128); *v.Hoyningen-Huene/Linck* in DB 1997, 41 (42); *Stahlhacke/Preis/Vossen*, Kündigungsschutz, Rn. 667a; *Wlotzke* in BB 1997, 414 (417). Anders *Löwisch* in NZA 1996, 1009 (1010); *Schiefer/Worzalla*, Rn. 48.

ließ angesichts der Neuregelung die Möglichkeit ungenutzt, eine gewisse Wertigkeit der sozialen Kriterien vorzugeben.

Der Gesetzgeber wollte die Auswahl auf diese drei Kriterien begrenzen.[88] Nach vorzugswürdiger Auffassung konnte der Arbeitgeber aber weitere soziale Gesichtspunkte - z. B. eine Schwerbehinderung - freiwillig in die Sozialauswahl einstellen. Er konnte auf sein Stück Rechtssicherheit verzichten.[89] Zu weit ging es aber, den Arbeitgeber mit einer verfassungskonformen Auslegung der drei Kriterien - quasi durch die Hintertür - zu *verpflichten*, weitere früher anerkannte soziale Kriterien zu berücksichtigen.[90] Das widersprach eindeutig dem Willen des damaligen Gesetzgebers.

Der Gesetzgeber erreichte mit dem BeschFG eine der Rechtssicherheit dienende Präzisierung, die allerdings nicht lange Bestand hatte.

b) Rechtslage ab dem 1.1.1999

Mit dem Gesetz zur Sicherung der Arbeitnehmerrechte vom 19.12.1998 vollzog der im Herbst des gleichen Jahres neu gewählte Gesetzgeber eine Rückkehr zur alten Rechtslage.[91] Die drei abschließenden Grunddaten wurden wieder durch die Generalklausel („ausreichende Berücksichtigung von sozialen Gesichtspunkten") ersetzt. Durch die Rückkehr zu der bis zum 30.9.1996 geltenden Fassung erlangten die früheren Abhandlungen zu § 1 III KSchG ihre Bedeutung zurück.[92] Man kann der Aufforderung *Däublers* nur beipflichten, die älteren Auflagen der einschlägigen Kommentare tunlichst aus dem Keller zu holen.[93]

---

88 BT-Drs. 13/4612, S. 9.

89 *V.Hoyningen-Huene/Linck* in DB 1997, 41 (42); *Preis* in NJW 1996, 3369 (3371); *Stahlhacke/Preis/Vossen*, Kündigungsschutz, Rn. 659c; *Wlotzke* in BB 1997, 414 (417)
Für eine abschließende Betrachtung: *Bader* in NZA 1996, 1125 (1127); HK-KSchG/*Dorndorf*, § 1 Anh. 3, Rn. 1088; *Hueck/v.Hoyningen-Huene*, KSchG, § 1, Rn. 475c.

90 Vor allem *Kittner* in AuR 1997, 182 (184); *Klebe* in AiB 1996, 717 (718).

91 Vgl. die amtliche Gesetzesbegründung in BT-Drs. 14/45, S. 16.

92 HK-KSchG/*Dorndorf*, § 1, Rn. 1017; *Stahlhacke/Preis/Vossen*, Kündigungsschutz, Rn. 659b.

93 *Däubler* in NJW 1999, 601 (602).

Dem Gesetz läßt sich nicht mehr entnehmen, was unter „sozialen Gesichtspunkten" zu verstehen ist. Die Rechtsprechung hat diesen unbestimmten, auslegungsbedürftigen Rechtsbegriff aber im Laufe der Jahre konkretisiert: Nach dem BAG sind die drei unerläßlichen Grunddaten (Lebensalter, Betriebszugehörigkeit und Unterhaltsverpflichtungen) vorrangig zu berücksichtigen[94], wobei keinem Kriterium ein absoluter, genereller Vorrang zukommt.[95] Entscheidend ist eine konkrete Einzelfallabwägung: Es reicht weder eine pauschale Gesamtabwägung noch eine schematisierende Betrachtungsweise durch Punktetabellen.[96] Insofern hat sich durch die Rückkehr zur alten Rechtslage nicht viel geändert. Im Unterschied zur temporären Rechtslage durch das BeschFG ist die Kündigung jedoch sozialwidrig, wenn der Arbeitgeber nicht weitere hinzutretende soziale Aspekte bei der Sozialauswahl berücksichtigt.[97] Der Gesetzgeber führt beispielsweise eine Berufskrankheit, einen unverschuldeten Arbeitsunfall, eine Schwerbehinderung oder die Arbeitsmarktchancen des Arbeitnehmers auf.[98]

---

94 BAG v. 24.3.1983 - 2 AZR 21/82 in AP Nr. 12 zu § 1 KSchG 1969 Betriebsbedingte Kündigung [unter B.IV.1. der Gründe] mit Anm. *Meisel* = BAGE 42, 151 = NJW 1984, 78 = SAE 1984, 43 mit Anm. *Lowisch/Schüren*; BAG v. 18.10.1984 - 2 AZR 543/83 in AP Nr. 6 zu § 1 KSchG 1969 Soziale Auswahl [unter B.II.4.a) der Gründe] m. Anm. *Löwisch* = BAGE 47, 80 = NZA 1985, 423 = BB 1985, 1263.
So auch die amtliche Gesetzesbegründung in BT-Drs. 14/45, S. 23 und die herrschende Ansicht im Schrifttum. Vgl. zu letzteren HK-KSchG/*Dorndorf*, § 1, Rn. 1065; KR-*Etzel*, § 1 KSchG, 4. Auflage, Rn. 579, 580; *Linck* in AR-Blattei SD, 1020.1.2, Rn. 73.

95 BAG v. 24.3.1983 - 2 AZR 21/82 in AP Nr. 12 zu § 1 KSchG 1969 Betriebsbedingte Kündigung [unter B.IV.2.b) der Gründe] mit Anm. *Meisel* = BAGE 42, 151 = NJW 1984, 78 = SAE 1984, 43 mit Anm. *Lòwisch/Schüren*; BAG v. 8.8.1985 - 2 AZR 464/84 in AP Nr. 10 zu § 1 KSchG 1969 Soziale Auswahl [unter A.III.2. c) cc) der Gründe] = NZA 1986, 679 = NJW 1986, 3105. Ebenfalls HK-KSchG/*Dorndorf*, § 1, Rn. 1065; *Hueck/v.Hoyningen-Huene*, KSchG, § 1, Rn. 466a; *Linck* in AR-Blattei SD, 1020.1.2, Rn. 74.
Teilweise hat das BAG aus § 10 KSchG gefolgert, daß der Betriebszugehörigkeit Priorität vor dem Lebensalter und schließlich vor den Unterhaltsverpflichtungen einzuräumen sei: BAG v. 18.10.1984 - 2 AZR 543/83 in AP Nr. 6 zu § 1 KSchG 1969 Soziale Auswahl [unter B.II.4.a) der Gründe] m. Anm. *Lowisch* = BAGE 47, 80 = NZA 1985, 423 = BB 1985, 1263; BAG v. 18.1.1990 - 2 AZR 357/89 in AP Nr. 19 zu § 1 KSchG 1969 Soziale Auswahl [unter II.4.a)bb) der Gründe] = BAGE 64, 34 = NZA 1990, 729 = SAE 1991, 118 m. Anm. *v.Hoyningen-Huene*.

96 BAG v. 8.8.1985 - 2 AZR 464/84 in AP Nr. 10 zu § 1 KSchG 1969 Soziale Auswahl [unter A.III.2.c)cc) der Gründe] = NZA 1986, 679 = NJW 1986, 3105; *Stahlhake/Preis/Vossen*, Kündigungsschutz, Rn. 668.

97 HK-KSchG/*Dorndorf*, § 1, Rn. 1078.

98 Vgl. die amtliche Gesetzesbegründung in BT-Drs. 14/45, S. 16.

Zusammenfassend kann man festhalten, daß der Gesetzgeber zugunsten der Einzelfallgerechtigkeit durch die Rückkehr zur alten Rechtslage das Stück Rechtssicherheit wieder nahm, das durch die Beschränkung auf die drei Grunddaten erreicht worden war. Daran ändert auch der Beurteilungsspielraum nichts, der dem Arbeitgeber durch die „ausreichende" Berücksichtigung von sozialen Kriterien zugebilligt wird.[99]

5. Entgegenstehende betriebliche Erfordernisse

Seit dem KSchG von 1951 sind die zu kündigenden Arbeitnehmer vorrangig nach sozialen Kriterien auszuwählen. Die betrieblichen Belange bleiben bei der Auswahlentscheidung jedoch nicht vollkommen unberücksichtigt; dafür streiten die Grundrechte des Arbeitgebers (Artt. 2 I, 12, 14 GG). Gem. § 1 III 2 KSchG gilt Satz 1 nicht, „wenn betriebstechnische, wirtschaftliche oder sonstige berechtigte betriebliche Bedürfnisse die Weiterbeschäftigung eines oder mehrerer bestimmter Arbeitnehmer bedingen und damit der Auswahl nach sozialen Gesichtspunkten entgegenstehen."

Die entgegenstehenden betrieblichen Bedürfnisse waren ebenfalls von den beiden Gesetzesänderungen 1996 und 1998 betroffen. Es ist nachfolgend zwischen den beiden Zeitabschnitten zu differenzieren.

a) Rechtslage vom 1.10.1996 bis 31.12.1998

Um den betrieblichen Arbeitgeberbelangen gegenüber der Sozialauswahl mehr Gewicht zu verleihen, wurde § 1 III 2 KSchG durch das BeschFG wie folgt geändert[100]: „In die soziale Auswahl nach Satz 1 sind Arbeitnehmer nicht einzubeziehen, deren Weiterbeschäftigung, insbesondere wegen ihrer Kenntnisse, Fähigkeiten und Leistungen oder zur Sicherung einer ausgewogenen Personalstruktur des Betriebs, im berechtigten betrieblichen Interesse liegt." Die damalige Neufassung führte zu drei Änderungen:

---

99 Vgl. BAG v. 18.10.1984 - 2 AZR 543/83 in AP Nr. 6 zu § 1 KSchG 1969 Soziale Auswahl (1. Leitsatz) m. Anm. *Löwisch* = BAGE 47, 80 = NZA 1985, 423 = BB 1985, 1263.

100 Vgl. die amtliche Gesetzesbegründung in BT-Drs. 13/4612, S. 9.

- Wegen des Wortlauts („nicht einzubeziehen") und der Absicht des Gesetzgebers, die betrieblichen Belange zu stärken, änderte sich durch die Neuregelung nach der h.L. die Prüfungssystematik: Nach der betrieblichen Auswahl hatte der Arbeitgeber die Möglichkeit, Arbeitnehmer aufgrund eines betrieblichen Bedürfnisses aus dem betroffenen Arbeitnehmerkreis herauszunehmen. Erst danach war auf einer dritten Stufe unter den verbleibenden Arbeitnehmern die Sozialauswahl nach § 1 III 1 KSchG durchzuführen.[101] § 1 III 2 KSchG regelte einen besonderen Fall der fehlenden Vergleichbarkeit von Arbeitnehmern.[102]

- Die Möglichkeit des Arbeitgebers, den Personenkreis der Sozialauswahl zu verkleinern, erhielt noch mehr Gewicht durch die Absenkung der Anforderungen an die betrieblichen Bedürfnisse. Es reichte aus, wenn der Arbeitgeber berechtigte betriebliche Interessen an der Weiterbeschäftigung eines Arbeitnehmers vorbrachte. Um die Sozialauswahl nach Satz 1 nicht vollkommen aufzuweichen, forderte die Mehrheit der Literatur eine objektiv nachvollziehbare Entscheidung des Arbeitgebers[103]: Aus der Sicht eines verständigen Arbeitgebers mußte die Weiterbeschäftigung zu einem erheblichen betrieblichen Vorteil oder Nutzen geführt haben.[104] Reine betriebliche Nützlichkeiten sollten auch nach der damaligen Fassung nicht ausreichen.[105]

- Schließlich konkretisierte der Gesetzgeber das erste Mal die betrieblichen Interessen, ohne eine abschließende Aufzählung vorzunehmen („insbesondere"). Daher konnte weiterhin auf die bisher von der Rechtsprechung anerkannten betrieblichen Belange abgestellt werden.[106] Neu war allerdings die ausdrückliche Erwähnung der „Sicherung einer ausgewogenen Personalstruktur" als berechtigtes betriebliches Interesse.

---

101 *Bader* in NZA 1996, 1125 (1129); *v.Hoyningen-Huene/Linck* in DB 1997, 41 (43); *Wlotzke* in BB 1997, 414 (418).
Dagegen *Kittner* in AuR 1997, 182 (184) und *Löwisch* in NZA 1996, 1009 (1010), die nach wie vor davon ausgingen, daß sich durch die Neuregelung die Prüfungssystematik nicht geändert hatte.

102 *Berkowsky*, Die betriebsbedingte Kündigung, § 9, Rn. 29; *v.Hoyningen-Huene/Linck* in DB 1997, 41 (43).

103 *Bader* in NZA 1996, 1125 (1129); *Preis* in NJW 1996, 3369 (3371).

104 KR-*Etzel*, § 1 KSchG, Rn. 644; *Wlotzke* in BB 1997, 414 (418).

105 Zu weit ErfKomm-*Ascheid*, § 1 KSchG, Rn. 559; *Schiefer/Worzalla*, Rn. 70.

106 *Berkowsky*, Die betriebsbedingte Kündigung, § 9, Rn. 25; *v.Hoyningen-Huene/Linck* in DB 1997, 41 (43); *Kittner* in AuR 1997, 182 (188); *Wlotzke* in BB 1997, 414 (418).

b) Rechtslage ab dem 1.1.1999

Der Gesetzgeber kehrte bei § 1 III 2 KSchG ebenfalls zur alten Gesetzesfassung zurück, so daß auch bei den entgegenstehenden betrieblichen Belangen auf die älteren Abhandlungen zurückgegriffen werden kann.[107]

Das BAG verlangt seit einem Urteil aus dem Jahre 1983[108] keine Zwangslage mehr für den Arbeitgeber, damit betriebliche Bedürfnisse einer Auswahl nach sozialen Kriterien entgegenstehen: Es reicht aus, wenn die Weiterbeschäftigung eines bestimmten Arbeitnehmers *erforderlich* ist, wobei reine Nützlichkeitserwägungen die Erforderlichkeit noch nicht begründen.[109] Damit senkte das BAG die Anforderungen nur scheinbar: Als Beispiel nennt es Leistungsunterschiede, die so erheblich sind, daß auf den leistungsstärkeren Arbeitnehmer im Interesse eines geordneten Betriebsablaufs nicht verzichtet werden kann.[110] Das BAG stellt nach wie vor hohe Hürden für den Arbeitgeber auf, um von der Sozialauswahl nach Satz 1 abzuweichen; das Gericht ist kaum von seinen früheren hohen Anforderungen abgerückt.

Der überwiegenden Auffassung im Schrifttum ist die Rechtsprechung zu restriktiv. Die Mehrzahl der Autoren verlangt eine Abwägung der sozialen und der betrieblichen Belange im Einzelfall: Im Rahmen der Abwägung sind an die betrieblichen Belange um so höhere Anforderungen zu stellen, je größer der Unterschied bei der sozialen Schutzbedürftigkeit ist.[111] Die Anforderungen, die an die betrieblichen Bedürfnisse gestellt werden, sind also gleitend, je nach-

---

107 HK-KSchG/*Dorndorf*, § 1, Rn. 1096.

108 So noch BAG v. 20.1.1961 - 2 AZR 495/59 in AP Nr. 7 zu § 1 KSchG 1969 Betriebsbedingte Kündigung (3. Leitsatz) m. Anm. *Hueck* = NJW 1961, 940 = BB 1961, 407; BAG v. 26.6.1964 - 2 AZR 373/63 in AP Nr. 15 zu § 1 KSchG 1969 Betriebsbedingte Kündigung m. Anm. *Herschel* = BAGE 16, 149 = NJW 1964, 2369.

109 BAG v. 24.3.1983 - 2 AZR 21/82 in AP Nr. 12 zu § 1 KSchG 1969 Betriebsbedingte Kündigung [unter B.V.2.d) der Gründe] mit Anm. *Meisel* = BAGE 42, 151 = NJW 1984, 78 = SAE 1984, 43 mit Anm. *Löwisch/Schüren.*

110 BAG v. 24.3.1983 - 2 AZR 21/82 in AP Nr. 12 zu § 1 KSchG 1969 Betriebsbedingte Kündigung [unter B.V.2.d) der Gründe] mit Anm. *Meisel* = BAGE 42, 151 = NJW 1984, 78 = SAE 1984, 43 mit Anm. *Löwisch/Schüren.*

111 HK-KSchG/*Dorndorf*, § 1, Rn. 1107; KR-*Etzel*, § 1 KSchG, 4. Auflage, Rn. 595; *Hueck/v.Hoyningen-Huene*, KSchG, § 1, Rn. 478; *Linck* in AR-Blattei SD, 1020.1.2, Rn. 101.
Gegen eine Abwägung *Lammermann*, Aktuelle Probleme der betriebsbedingten Kündigung, S. 186; *Stahlhacke/Preis/Vossen*, Kündigungsschutz, Rn. 675b; *Rieble* in NJW 1991, 65 (68).

dem, wie groß der Unterschied in der sozialen Schutzbedürftigkeit ist. Angesichts der strengen Anforderungen des BAG scheint die Auffassung der überwiegenden Literatur vorzuziehen zu sein. Im Rahmen des § 1 III 2 KSchG hat die Rechtsprechung des BAG eine gleitende Abwägung jedoch noch nicht anerkannt.[112]

Systematisch stellt § 1 III 2 KSchG wieder eine Korrektur der vorläufigen Sozialauswahl dar und bildet - anders als zur Zeit des BeschFG - erst die dritte Stufe nach der betrieblichen und der sozialen Auswahl.[113] Schließlich hat der Gesetzgeber bei der jetzigen Fassung wieder darauf verzichtet, einzelne betriebliche Bedürfnisse zu nennen; insoweit ist die Rechtsprechung wie bis 1996 zur Konkretisierung der unbestimmten Rechtsbegriffe aufgerufen.[114] Anerkannt waren und sind beispielsweise besondere „Kenntnisse, Leistungen und Fähigkeiten".[115] In der Literatur werden ferner besondere Verbindungen eines Mitarbeiters zu Kunden oder Lieferanten sowie besondere Sprachkenntnisse genannt.[116] Da der Gesetzgeber in der Begründung des Gesetzes zur Sicherung der Arbeitnehmerrechte davon ausging, daß die ausgewogene Altersstruktur auch schon vor 1996 ein berechtigtes betriebliches Bedürfnis darstellte[117], ist diese Anerkennung jetzt bei der Auslegung des § 1 III 2 KSchG zu berücksichtigen.[118] Insofern hat sich durch das Korrekturgesetz von 1998 nichts geändert.

---

112 Für eine bewegliche Sozialauswahl nach einem Widerspruch des Arbeitnehmers gegen einen Betriebsübergang: BAG v. 18.3.1999 - 8 AZR 190/98 in AP Nr. 41 zu § 1 KSchG 1969 Soziale Auswahl (2. Leitsatz). Warnend *Junker*, Anm. zum Urteil des BAG v. 18.3.1999 in EWiR 1999, 829 (830).

113 *Linck* in AR-Blattei SD, 1020.1.2, Rn. 101.

114 *Däubler* in NJW 1999, 601 (602).

115 *Linck* in AR-Blattei SD, 1020.1.2, Rn. 107; BAG v. 25.4.1985 - 2 AZR 140/84 in AP Nr. 7 zu § 1 KSchG 1969 Soziale Auswahl [unter B.II.4. der Gründe] = BAGE 48, 314 = NZA 1986, 64 = SAE 1986, 110 m. Anm. *van Venrooy*.

116 *Berkowsky*, Die betriebsbedingte Kündigung, § 9, Rn. 23; KR-*Etzel*, 4. Auflage, § 1 KSchG, Rn. 598; *Hueck/v. Hoyningen-Huene*, KSchG, § 1, Rn. 480.

117 Vgl. die amtliche Gesetzesbegründung in BT-Drs. 14/45, S. 23.

118 Ebenso *Schiefer* in DB 1999, 48 (51). Vorsichtiger *Stahlhacke/Preis/Vossen*, Kündigungsschutz, Rn. 675e.
Ablehnend *Däubler* [NJW 1999, 601 (602)], der das ganze für einen Irrtum des Gesetzgebers hält. Ebenfalls einschränkend HK-KSchG/*Dorndorf*, § 1, Rn. 1116.

6. Ergebnis

Hat der Arbeitgeber die einzelnen Auswahlentscheidungen getroffen, steht fest, welche Kündigungen aus betriebsbedingten Gründen wirksam sind. Bei der letzten Entscheidung des Arbeitgebers hat § 1 III KSchG seinen Zweck erfüllt, den Arbeitnehmer zu bestimmen, für den die betriebsbedingte Arbeitgeberkündigung am leichtesten zu ertragen ist. Aufgrund der zurückliegenden Darstellung hat man einen Überblick über den Regelungsgehalt des § 1 III KSchG gewonnen, so daß in den späteren Kapiteln untersucht werden kann, inwiefern diese - teils strengen - Regelungen auf andere Fallgestaltungen übertragen werden können.

§ 6: Die Grundgedanken der Sozialauswahl

Das folgende Kapitel soll klären, welche allgemeinen Rechtsgedanken hinter § 1 III KSchG stehen. Es wird untersucht, aus welchen Grundsätzen sich die Sozialauswahl zusammensetzt und welche Wertungen der Sozialauswahl zugrunde liegen: Welche Prinzipien bleiben zurück, falls § 1 III KSchG vom Wortlaut her nicht einschlägig ist? Erst anschließend kann die in der Einleitung aufgeworfene Frage beantwortet werden, ob die Sozialauswahl ein dem Arbeitsrecht immanentes Prinzip darstellt. Diese vorgezogene Untersuchung bereitet den Weg zur Lösung der späteren Fragestellungen, bei denen es im Kern darum geht, ob der Gedanke des § 1 III KSchG auf andere Auswahlentscheidungen des Arbeitgebers übertragen werden kann.

I. Überblick

Zur Herleitung der Sozialauswahl werden mehrere Ansätze vertreten, mit denen sich nachfolgend auseinandergesetzt werden muß.

1. § 1 III KSchG als Ausprägung des allgemeinen Gleichbehandlungsgrundsatzes

Eine Auffassung im Schrifttum[119] sieht das soziale Auswahlgebot (§ 1 III 1 KSchG) als positive Ausprägung des allgemeinen arbeitsrechtlichen Gleichbehandlungsgrundsatzes an: Bei der betriebsbedingten Kündigung liege eine vergleichbare Ausgangslage vor, wenn mehrere, vergleichbare Arbeitnehmer von einer unternehmerischen Maßnahme betroffen sind.[120] Der Arbeitgeber müsse daher nach sachlichen Erwägungen differenzieren, wenn mehr Arbeitnehmer zur Kündigung anstehen als Arbeitsplätze weggefallen sind. Diese sachlichen Kriterien gebe § 1 III KSchG durch die Abstimmung betrieblicher und sozialer Belange vor.[121]

§ 1 III KSchG stelle damit eine Positivierung des Gleichbehandlungsgrundsatzes[122] - ein gesetzliches Willkürverbot[123] - dar.

2. § 1 III KSchG als Ausprägung der Billigkeit (§ 315 BGB)

Vertreter einer anderen Ansicht im arbeitsrechtlichen Schrifttum[124] verpflichten den Arbeitgeber über § 315 BGB, soziale Kriterien bei seiner Auswahl zu berücksichtigen: Die Sozialauswahl als drittwirkendes Element des allgemeinen Verhältnismäßigkeitsprinzips müsse im Rahmen einer Billigkeitsabwägung

---

119 MünchArbR-*Berkowsky*, § 134, Rn. 102; *Buchner* in RdA 1970, 225 (228); *Egger*, Gestaltungsrecht und Gleichbehandlungsgrundsatz, S. 74 f.; *Kempff* in DB 1977, 1413 (1413); *Maute*, Gleichbehandlung von Arbeitnehmern, S. 163; *Preis*, Prinzipien des Kündigungsrechts, S. 389; *Rieble*, Arbeitsmarkt und Wettbewerb, Rn. 962; *Rüthers/Bakker* in ZfA 1990, 245 (267); *Scholz*, Gleichbehandlung bei der Kündigung, S. 139 f.; MünchArbR-*Wank*, § 119, Rn. 75.
Ähnliche Erwägungen stellt auch die Rechtsprechung an: BAG v. 19.1.1995 - 8 AZR 914/93 in AP Nr. 12 zu Art. 13 EinV [unter B.III.2.b) der Gründe] = BAGE 79, 128 = NZA 1996, 586 = AuA 1995, 350 mit Anm. *Berkowsky*.

120 *Preis*, Prinzipien des Kündigungsrechts, S. 380.

121 *Buchner* in RdA 1970, 225 (228); *Preis*, Prinzipien des Kündigungsrechts, S. 380.

122 *Hunold* in DB 1984, Beil. 5, 8 (9); *Kempff* in DB 1977, 1413 (1413).

123 MünchArbR-*Berkowsky*, § 134, Rn. 102; *Buchner* in RdA 1970, 225 (228); *Preis*, Prinzipien des Kündigungsrechts, S. 380; MünchArbR-*Wank*, § 119, Rn. 75.

124 *V.Hoyningen-Huene/Boemke*, Die Versetzung, S. 99. Die Ausführungen beziehen sich allerdings auf eine Auswahlentscheidung des Arbeitgebers bei einer Versetzungsanordnung per Direktionsrecht.

(§ 315 BGB) zum Tragen kommen. Wenn der Arbeitgeber in bestehende Rechtspositionen eingreift, müsse er zur Wahrung billigen Ermessens soziale Aspekte auf Arbeitnehmerseite beachten. Eine belastende Maßnahme sei - wie § 1 III 1 KSchG zeige - verhältnismäßig, wenn sie bei mehreren in Betracht kommenden Arbeitnehmern den sozial stärksten treffe.[125]

Andere verfolgen einen ähnlichen Gedanken und stützen die Pflicht des Arbeitgebers auf § 315 BGB analog: Der Arbeitgeber müsse soziale Gerechtigkeit walten lassen, um billiges Ermessen nach § 315 III BGB analog zu wahren.[126] Die Sozialauswahl ist nach diesen Auffassungen bei der Billigkeit (§ 315 BGB) im Arbeitsrecht verankert.

3. § 1 III KSchG als Ausprägung von Treu und Glauben (§ 242 BGB)

Die wohl überwiegende Auffassung in der Literatur stellt auf das Prinzip von Treu und Glauben (§ 242 BGB) ab, um den Rechtsgedanken zu bestimmen, der hinter § 1 III KSchG steht.[127] Eine Kündigung sei treuwidrig, wenn der Arbeitgeber bei einer Verringerung der Arbeitsplätze den zu kündigenden Arbeitnehmer nicht mit der erforderlichen Rücksicht auf soziale Gesichtspunkte ausgewählt habe.[128] § 1 III KSchG sei Ausfluß des Verbots des Rechtsmißbrauchs.[129]

---

125 *V.Hoyningen-Huene/Boemke*, Die Versetzung, S. 100.

126 *Linck* in FA 1999, 382 (384) für die Sozialauswahl im Kleinbetrieb in Anlehnung an BAG v. 19.1.1995 - 8 AZR 914/93 in AP Nr. 12 zu Art. 13 EinV [unter B.III.2.b) der Gründe] = BAGE 79, 128 = NZA 1996, 586 = AuA 1995, 350 mit Anm. *Berkowsky*.

127 *Ascheid* in NZA 1993, 97 (103); *Hueck/v.Hoyningen-Huene*, KSchG, § 13, Rn. 88; *Lakies* in DB 1997, 1078 (1082); *Oetker* in AuR 1997, 41 (52); *Spinti* in AR-Blattei SD, 1020.1, Rn. 162. So auch BAG v. 19.1.1995 - 8 AZR 914/93 in AP Nr. 12 zu Art. 13 EinV [unter B.III.2.b) der Gründe] = BAGE 79, 128 = NZA 1996, 586 = AuA 1995, 350 mit Anm. *Berkowsky*; BAG v. 4.12.1997 - 2 AZR 140/97 in AP Nr. 4 zu § 1 KSchG 1969 Wiedereinstellungsanspruch [unter B.II.5.c) der Gründe] = BAGE 87, 221 = NZA 1998, 701 = DB 1998, 85.

128 *Hueck/v.Hoyningen-Huene*, KSchG, § 13, Rn. 88.

129 *Ascheid* in NZA 1993, 97 (103).

4. § 1 III KSchG als Ausprägung des Sozialstaatsgebots (Artt. 20 I, 28 I GG)

Ein anderer Ansatzpunkt ist das Sozialstaatsprinzip - allein oder in Kombination mit obigen Begründungsansätzen -, um dem Gebot zur sozialen Auswahl eine verfassungsrechtliche Einkleidung zu geben. Das Sozialstaatsprinzip gem. Art. 20 I GG hält den Gesetzgeber an, für einen Ausgleich der sozialen Gegensätze zu sorgen. Durch die Sozialauswahl werde genau dieser Ausgleich herbeigeführt: § 1 III KSchG konkretisiere und verwirkliche das Sozialstaatsprinzip.[130] Der Gesetzgeber habe seinen weiten Gestaltungsspielraum zur gesetzlichen Umsetzung des Sozialstaatsprinzips im Hinblick auf § 1 III 1 KSchG genutzt.

5. § 1 III KSchG als Ausprägung der staatlichen Schutzpflicht aus Art. 12 GG

Teilweise wird das Gebot, soziale Gesichtspunkte bei der Auswahl der Arbeitnehmer zu berücksichtigen, als Ausprägung der staatlichen Schutzpflicht aus Art. 12 GG angesehen: Ein Mindestmaß an sozialer Rücksichtnahme bei der Auswahl zu kündigender Arbeitnehmer verwirkliche die Berufsfreiheit der Arbeitnehmer.[131]

6. Kombination der Ansätze durch das BAG und das BVerfG

Das BAG hat sich erst spät mit der Frage beschäftigen müssen, welche allgemeinen Rechtsgedanken hinter § 1 III KSchG stehen. Bei den Sachverhalten, die das BAG zu entscheiden hatte, konnte § 1 III KSchG - nach Auffassung des

---

[130] *Gaul* in NZA 1992, 673 (679); *Hamer* in PersR 1993, 159 (160); *K/D/Z-Kittner*, KSchR, § 1 KSchG, Rn. 421; *Kittner* in AuR 1997, 182 (183); *Preis*, Prinzipien des Kündigungsrechts, S. 417; BAG v. 15.12.1994 - 2 AZR 320/94 in AP Nr. 66 zu § 1 KSchG 1969 Betriebsbedingte Kündigung [unter B.III.3.d)(4) der Gründe] = BAGE 79, 66 = NZA 1995, 413 = BB 1995, 930; BVerfG v. 27.1.1998 - 1 BvL 15/87 in AP Nr. 17 zu § 23 KSchG 1969 [unter B.I.3.b)cc) der Gründe] = BVerfGE 97, 169 = NZA 1998, 470 = NJW 1998, 1475.

[131] BVerfG v. 27.1.1998 - 1 BvL 15/87 in AP Nr. 17 zu § 23 KSchG 1969 [unter B.I.3.b)cc) der Gründe] = BVerfGE 97, 169 = NZA 1998, 470 = NJW 1998, 1475.

Gerichts - nicht unmittelbar angewandt werden.[132] Dabei ist bemerkenswert, daß das höchste deutsche Arbeitsgericht einfach die verschiedenen Begründungsansätze kombinierte.[133] Es führte beispielsweise im Urteil v. 19.1.1995 aus: „Die Verpflichtung zur sozialen Auswahl kann als Konkretisierung des § 242 BGB verstanden werden. Der Arbeitgeber darf daher im Rahmen des Abs. 4 Einigungsvertrag (EinV) nicht willkürlich handeln oder besonders schutzwürdige Arbeitnehmer vorrangig entlassen. Er muß seine einseitige, einzelne Arbeitnehmer belastende Auswahlentscheidung nach vernünftigen, sachlichen Gesichtspunkten treffen und billiges Ermessen (§ 315 I BGB) wahren. Bei Anwendung der Generalklauseln der §§ 242, 315 BGB ist das Sozialstaatsprinzip des Art. 20 I GG und der Gleichheitssatz des Art. 3 I GG zur Geltung zu bringen."[134] Die Rechtsprechung des BAG ist also bemüht, das soziale Auswahlgebot aus mehreren allgemeinen Rechtsprinzipien herzuleiten, ohne sich auf einen konkreten Ansatz festzulegen. Das BAG stellte in seinem Urteil zur Sozialauswahl im Kleinbetrieb aber nur auf § 242 BGB ab, um die Berücksichtigung von sozialen Aspekten zu fordern.[135] Ein Schwergewicht ist daher bei dem Grundsatz von Treu und Glauben zu sehen.

Das BVerfG versuchte, in dem Urteil zur Verfassungsmäßigkeit der Kleinbetriebsklausel ebenfalls möglichst viele Ansätze zur Geltung zu bringen.[136] Das BVerfG forderte ein gewisses Maß an sozialer Rücksichtnahme, soweit unter mehreren Arbeitnehmern eine Auswahl zu treffen ist. Über die Generalklauseln des Zivilrechts (§§ 138, 242 BGB) sei der verfassungsrechtliche Schutz des Arbeitsplatzes aus Art. 12 GG i.V.m. dem Sozialstaatsprinzip zu beachten.[137] Das BVerfG kombiniert ebenfalls die Generalklauseln des Zivilrechts, die als

---

132 Vgl. BAG v. 15.12.1994 - 2 AZR 320/94 in AP Nr. 66 zu § 1 KSchG 1969 Betriebsbedingte Kündigung [unter B.III.3.d)(4) der Gründe] = BAGE 79, 66 = NZA 1995, 413 = BB 1995, 930; BAG v. 19.1.1995 - 8 AZR 914/93 in AP Nr. 12 zu Art. 13 EinV [unter B.III.2. der Gründe] = BAGE 79, 128 = NZA 1996, 586 = AuA 1995, 350 mit Anm. *Berkowsky*. Ähnlich HK-KSchG/*Dorndorf*, § 13, Rn. 129.

133 BAG v. 19.1.1995 - 8 AZR 914/93 in AP Nr. 12 zu Art. 13 EinV [unter B.III.2.b) der Gründe] = BAGE 79, 128 = NZA 1996, 586 = AuA 1995, 350 mit Anm. *Berkowsky*; BAG v. 4.12.1997 - 2 AZR 140/97 in AP Nr. 4 zu § 1 KSchG 1969 Wiedereinstellungsanspruch [unter B.II.5.c) der Gründe] = BAGE 87, 221 = NZA 1998, 701 = DB 1998, 85.

134 BAG v. 19.1.1995 - 8 AZR 914/93 in AP Nr. 12 zu Art. 13 EinV [unter B.III.2.b) der Gründe] = BAGE 79, 128 = NZA 1996, 586 = AuA 1995, 350 mit Anm. *Berkowsky*.

135 BAG v. 21.2.2001 - 2 AZR 15/00 in AuR 2001, 143 (Pressemitteilung).

136 BVerfG v. 27.1.1998 - 1 BvL 15/87 in AP Nr. 17 zu § 23 KSchG 1969 [unter B.I.3.b)cc) der Gründe] = BVerfGE 97, 169 = NZA 1998, 470 = NJW 1998, 1475.

137 BVerfG v. 27.1.1998 - 1 BvL 15/87 in AP Nr. 17 zu § 23 KSchG 1969 [unter B.I.3.b)cc) der Gründe] = BVerfGE 97, 169 = NZA 1998, 470 = NJW 1998, 1475.

Einfallstor für die objektive Wertordnung der Verfassung in das Privatrecht gelten[138], mit den verfassungsrechtlichen Prinzipien der Artt. 12, 20 I, 28 I GG.

II. Stellungnahme

Angesichts der vielfältigen Lösungsansätze ist fraglich, welcher Ansatzpunkt geeignet ist, die Grundgedanken der Sozialauswahl (§ 1 III KSchG) zu bestimmen. Zunächst bleibt zu konstatieren, daß die Rechtsprechung des BAG mit ihrer Vereinigung von mehreren - zum Teil verfassungsrechtlichen – Rechtsprinzipien nicht zu überzeugen vermag. Das Zusammenspiel mehrerer Rechtsgedanken mag den Vorteil haben, in jeder Fallkonstellation, in der das BAG eine Sozialauswahl für wünschenswert hält, eine passende dogmatische Begründung bereitzuhalten. Dabei wird aber übersehen, daß die Pflicht des Arbeitgebers, außerhalb des § 1 III KSchG nach sozialen Kriterien auszuwählen, nur angemessen ist, wenn die Wertungen der Sozialauswahl im jeweiligen Fall einschlägig sind. Die Auswahlfreiheit des Arbeitgebers soll „sozial gezähmt" werden, wenn eine Auswahlsituation besteht, die der einer betriebsbedingten Kündigung ähnelt. Beruft man sich auf die „Wunderwaffe Generalklausel" (§§ 242, 315 BGB), könnte man ständig eine Sozialauswahl einfordern. Bei welcher Entscheidung des Arbeitgebers, die einzelne Arbeitnehmer belastet, soll keine Auswahl nach Treu und Glauben oder billigem Ermessen gefällt werden? Der Arbeitgeber müßte zum Schutz der Arbeitnehmer zwangsläufig nach sozialen Kriterien auswählen. Zieht man die verschiedensten Rechtsgedanken heran, um eine Sozialauswahl zu begründen, liegt die Befürchtung *Nägeles*, der Arbeitgeber müsse ständig nach sozialen Kriterien auswählen, nicht fern.[139]

Es erscheint unerläßlich, sich mit den einzelnen Begründungsansätzen auseinanderzusetzen. Anstatt die Sozialauswahl auf die allgemeinen und nichtssagenden Grundgedanken der §§ 242, 315 BGB zurückzuführen, ist zunächst nach aussagekräftigeren Rechtsgedanken zu suchen.

---

[138] Zur mittelbaren Drittwirkung BVerfG v. 15.1.1958 - 1 BvR 400/51 in BVerfGE 7, 198 (205); BVerfG v. 7.2.1990 - 1 BvR 26/84 in BVerfGE 81, 242 (254); MünchArbR-*Richardi*, § 10, Rn. 10 ff., 37.

[139] Vgl. *Nägele* in BB 1998, 1686 (1689).

1. § 1 III KSchG als Ausprägung des allgemeinen Gleichbehandlungsgrundsatzes

Eine verbreitete Auffassung spricht sich dafür aus, § 1 III KSchG als positivrechtliche Ausprägung des allgemeinen Gleichbehandlungsgrundsatzes anzusehen. Daher ist zunächst zu untersuchen, ob dem allgemeinen Gleichbehandlungsgrundsatz im Kündigungsrecht grundsätzliche Einwände entgegenstehen [dazu unter a)], um sich anschließend dem Problem zu widmen, ob die Sozialauswahl tatsächlich auf das Prinzip der Gleichbehandlung zurückgeführt werden kann [dazu unter b)].

a) Anwendbarkeit des Gleichbehandlungsgrundsatzes im Kündigungsrecht

Der Stellenwert des Gleichbehandlungsgrundsatzes im Kündigungsrecht ist lebhaft umstritten: Die ständige Rechtsprechung des BAG und Teile der Literatur lehnen seine Anwendbarkeit mit unterschiedlichsten Argumenten ab.[140] Daher müssen die vorgebrachten Einwände ausgeräumt werden, um das Prinzip „Sozialauswahl“ auf den Gleichbehandlungsgrundsatz zurückzuführen.

aa) Anwendbarkeit bei Gestaltungsrechten

Nach einer früher vorherrschenden Auffassung wurde dem Prinzip der Gleichbehandlung bei Gestaltungsrechten - z. B. Kündigungen[141] - kein Platz eingeräumt: Die Ausübung von Gestaltungsrechten stehe im Belieben des Berechtigten.[142] Dieser Ansatzpunkt wurde nie ausreichend begründet und verträgt sich

---

140 BAG v. 28.4.1982 - 7 AZR 1139/79 in AP Nr. 3 zu § 2 KSchG 1969 [unter I.2.b) der Gründe] = BAGE 38, 348 = NJW 1982, 2687 = SAE 1982, 246 m. Anm. *Beitzke*; BAG v. 22.2.1979 - 2 AZR 115/78 in DB 1979, 1659 (1660); *Ascheid*, Kündigungsschutzrecht, Rn. 16; KR-*Etzel*, § 1 KSchG, Rn. 257; *Hueck/v.Hoyningen-Huene*, KSchG, § 1, Rn. 153.

141 Vgl. nur *Preis*, Prinzipien des Kündigungsrechts, S. 109; *Stahlhacke/Preis/Vossen*, Kündigungsschutz, Rn. 3; *Zöllner/Loritz*, Arbeitsrecht, S. 275.

142 BAG v. 28.2.1958 - 1 AZR 491/56 in AuR 1958, 378 (381); BAG v. 21.10.1969 - 1 AZR 93/68 in AP Nr. 41 zu Art. 9 GG Arbeitskampf [unter 3. der Gründe] m. Anm. *Rüthers* = BAGE 70, 839 = NJW 1970, 486 = BB 1970, 126. So auch *Bötticher* in RdA 1953, 161 (168); *Röhsler* in DB 1957, 992 (992).

nicht mit einer der Hauptfunktionen des Gleichbehandlungsgrundsatzes: Das Direktionsrecht des Arbeitgebers - ebenso ein Gestaltungsrecht wie die Kündigung[143] - wird nach heute absolut herrschender Auffassung am Gleichbehandlungsgrundsatz gemessen.[144] Der Einwand, die Gerechtigkeit fände ihre Grenze bei den Gestaltungsrechten, wird daher nicht mehr aufrecht erhalten. Die weiteren Argumente beanspruchen jedoch weiterhin Gültigkeit und könnten der Herleitung der Sozialauswahl aus dem Gleichbehandlungsgrundsatz entgegenstehen.

bb) Vorrang der Vertragsfreiheit

Es wird vorgebracht, die Beendigungsfreiheit sei genauso wie die Abschlußfreiheit des Arbeitgebers vorrangig gegenüber der Gleichbehandlung.[145] Der Grundsatz der Gleichbehandlung könne im Kündigungsrecht deshalb keine Anwendung finden. Dieser Ansatz verkennt, daß auch bei der Einstellung gewisse Beschränkungen bestehen (vgl. §§ 611a, 613a BGB; 99 BetrVG; Artt. 3 III, 9 III GG)[146] und führt zu der absurden Lage, daß der Arbeitgeber - abgesehen von den strengen Anforderungen des § 138 BGB - ein Recht zur willkürlichen Differenzierung bei der Kündigung von Arbeitsverhältnissen hätte. Die anerkannte Pflicht des Arbeitgebers, nach sachlichen Kriterien zu differenzieren, würde durch ein Recht, willkürlich zu handeln, wiederaufgehoben.[147] Es wäre mit dem Gedanken der austeilenden Gerechtigkeit unvereinbar, wenn der Arbeitgeber bei der Kündigung des Arbeitsverhältnisses, die den Verlust der Erwerbsquelle des Arbeitnehmers zur Folge hat, völlig willkürlich handeln könnte.[148] § 1 III KSchG verdeutlicht gerade, daß die Auswahl bei der betriebsbedingten Kündigung nicht im freien Belieben des Arbeitgebers steht. Von einem Vorrang der Beendigungsfreiheit kann keine Rede sein.

---

143 *Marhold/Beckers*, AR-Blattei SD, 800.1, Rn. 190; MünchArbR-*Richardi*, § 14, Rn. 19. Dagegen *Frey* in DB 1964, 298 (298); *Schwarz* in RdA 1968, 241 (248).

144 *Birk*, Die arbeitsrechtliche Leitungsmacht, S. 309; *Egger*, Gestaltungsrecht und Gleichbehandlungsgrundsatz, S. 60; *Marhold/Beckers*, AR-Blattei SD, 800.1, Rn. 190; MünchArbR-*Richardi*, § 14, Rn. 19; *Schaub*, Arbeitsrechts-Handbuch, § 112, Rn. 50.

145 *Löwisch* in BB 1997, 782 (788).

146 MünchArbR-*Buchner*, § 39, Rn. 70 ff.

147 *Preis*, Prinzipien des Kündigungsrechts, S. 383.

148 Ebenfalls *Egger*, Gestaltungsrecht und Gleichbehandlungsgrundsatz , S. 86.

cc) Individualistische Betrachtung des Kündigungsschutzes

Das Hauptargument gegen den Gleichbehandlungsgrundsatz ist die individualistische Ausprägung des Kündigungsrechts: Jede Kündigung enthalte eine Interessenabwägung, bei der der Arbeitgeber die individuellen Umstände des Einzelfalls zu berücksichtigen habe. Die Kündigung könne im einen Fall sozial gerechtfertigt sein, im anderen Fall nicht; für eine unmittelbare Anwendung des Gleichbehandlungsgrundsatzes sei kein Raum.[149] Der Gleichbehandlungsgrundsatz spiele nur mittelbar bei dem Kündigungsgrund eine Rolle: Wenn der Arbeitgeber bei gleicher Ausgangslage nicht allen Arbeitnehmern kündige, gebe er zu erkennen, daß die vorgenommene Kündigung vielleicht doch nicht sozial gerechtfertigt sei. Es sei ihm zuzumuten, das Arbeitsverhältnis auch mit den gekündigten Arbeitnehmern fortzusetzen.[150]

Der Ansicht ist entgegenzuhalten, daß sie zu einer vermeidbaren Rechtsunsicherheit führt, wenn sie zunächst eine unmittelbare Anwendung des Gleichbehandlungsgrundsatzes im Kündigungsrecht ablehnt und durch die Hintertür „Interessenabwägung" auf ähnliche Erwägungen zurückgreift.[151] Exemplarisch für diese Art von Begriffsverwirrung[152] ist ein Urteil des LAG Düsseldorf: Nach Ansicht des LAG könne der Gleichbehandlungsgrundsatz im Kündigungsrecht nicht greifen, der Arbeitnehmer könne der Kündigung aber Rechtsmißbrauch (§ 242 BGB) entgegenhalten, wenn ihn der Arbeitgeber willkürlich bestimmt habe.[153] Der Gleichbehandlungsgrundsatz wird ausdrücklich verleugnet und gleichzeitig unter dem Deckmantel der Rechtsausübung (§ 242 BGB) anerkannt. Die gleichen Ergebnisse lassen sich mit einer unmittelbaren Anwendung des Gleichbehandlungsgrundsatzes erzielen. Liegen dessen Voraussetzungen vor, ist zur Differenzierung ein sachlicher Grund notwendig.[154] Die sachlichen Gründe können genau die Erwägungen darstellen, die im Rahmen der Interes-

---

149 BAG v. 22.2.1979 - 2 AZR 115/78 in DB 1979, 1659 (1660); *Ascheid*, Kündigungsschutzrecht, Rn. 16; KR-*Etzel*, § 1 KSchG, Rn. 257; *Feichtinger/Huep*, AR-Blattei SD, 1010.8, Rn. 157; KR-*Fischermeier*, § 626 BGB, Rn. 307; *Hueck/v.Hoyningen-Huene*, KSchG, § 1, Rn. 153.

150 BAG v. 28.4. 1982 - 7 AZR 1139/79 in AP Nr. 3 zu § 2 KSchG 1969 [unter I.2.b) der Gründe] = BAGE 38, 348 = NJW 1982, 2687 = SAE 1982, 246 m. Anm. *Beitzke*; KR-*Etzel*, § 1 KSchG, Rn. 257.

151 *Preis*, Prinzipien des Kündigungsrechts, S. 385; *Scholz*, Gleichbehandlung bei der Kündigung, S. 80.

152 So *Kempff* in DB 1977, 1413 (1414).

153 LAG Düsseldorf v. 28.03.1956 - 5 Sa 93/55 in SAE 1956, 183 (185).

154 *Marhold/Beckers*, AR-Blattei SD, 800.1, Rn. 194; *Preis*, Prinzipien des Kündigungsrechts, S. 385; *Stahlhacke/Preis/Vossen*, Kündigungsschutz, Rn. 199

senabwägung in einem Fall zur Kündigung führen, im anderen Fall nicht: Die negative Zukunftsprognose auf Seiten eines Arbeitnehmers kann beispielsweise bei gleichmäßigen Verfehlungen mehrerer Arbeitnehmer als sachlicher Grund angesehen werden. Es besteht kein Grund, den Gleichbehandlungsgrundsatz abzulehnen.

Zugegebenermaßen werden wegen der individuellen Betrachtung der Kündigungen selten Fallgestaltungen vorliegen, die annähernd die gleiche Ausgangslage aufweisen. Das ist allerdings ein tatsächliches Problem und kann grundsätzlich jedem Anspruch auf Gleichbehandlung entgegengehalten werden. Es ist kaum eine Fallgestaltung im Arbeitsrecht denkbar, bei der nicht die individuellen Verhältnisse des Einzelfalls berücksichtigt werden sollen. Der Gleichbehandlungsgrundsatz hätte im Arbeitsrecht ein bescheidenes Anwendungsfeld. Daher bestehen keine Bedenken, den Gleichbehandlungsgrundsatz unmittelbar anzuwenden, wenn im Kündigungsrecht ausnahmsweise Fälle mit kollektivem Bezug vorliegen. Praktisch wird es zu derartigen kollektiven Sachverhalten selten kommen; dennoch sollte man nicht zu Lasten rechtlich schützenswerter Interessen vor tatsächlichen Gegebenheiten kapitulieren.[155]

Selbst das BAG hat in einer neueren Entscheidung zu einer Bedarfskündigung nach dem Einigungsvertrag eingeräumt, daß der arbeitsrechtliche Gleichbehandlungsgrundsatz bei einem Massentatbestand wie der Bedarfskündigung nicht außer acht gelassen werden könne.[156] Die Rechtsprechung hat selbst die absolute Unanwendbarkeit des Gleichbehandlungsgrundsatzes gelockert und eingeräumt, daß es im Kündigungsrecht durchaus Fallkonstellationen mit kollektivem Bezug geben könne. Die gebotene Betrachtung des Einzelfalls im Kündigungsrecht kann demnach nicht als Argument gegen die Herleitung der Sozialauswahl aus dem Gleichbehandlungsgrundsatz angeführt werden.

Die grundsätzlichen Vorbehalte gegen den allgemeinen arbeitsrechtlichen Gleichbehandlungsgrundsatz im Kündigungsrecht können nicht überzeugen, sie stehen der Herleitung der Sozialauswahl aus dem Gerechtigkeitsgedanken nicht entgegen.

---

155 *Scholz*, Gleichbehandlung bei der Kündigung, S. 84.

156 BAG v. 29.8.1996 - 8 AZR 35/95 in AP Nr. 62 zu Anlage I Kap. XIX EinV [unter B.II.1.c) der Gründe] = DB 1997, 631 = NZA 97, 604.

b) Anforderungen des allgemeinen Gleichbehandlungsgrundsatzes

Weiterhin ist zu klären, ob das Gebot zur sozialen Auswahl tatsächlich als Ausprägung des allgemeinen arbeitsrechtlichen Gleichbehandlungsgrundsatzes angesehen werden kann. Dieser im gesamten Arbeitsrecht anwendbare Rechtsgrundsatz verbietet die willkürliche, d. h. sachfremde Benachteiligung einzelner Arbeitnehmer gegenüber anderen in vergleichbarer Lage befindlichen.[157] Er ist ein Gebot zur Verwirklichung austeilender Gerechtigkeit.[158] Der Arbeitgeber darf bei Maßnahmen und Entscheidungen mit kollektivem Bezug zwischen vergleichbaren Arbeitnehmern nur nach sachlichen Gesichtspunkten differenzieren. Den arbeitsrechtlichen Gleichbehandlungsgrundsatz zeichnet zweierlei aus: Eine vergleichbare Lage mehrerer Arbeitnehmer und die Differenzierung nach sachlichen Gesichtspunkten.

aa) Arbeitnehmer in vergleichbarer Lage

Dringende betriebliche Erfordernisse (§ 1 II KSchG) sind dadurch gekennzeichnet, daß in einem Betrieb mehr Arbeitnehmer angestellt sind, als Arbeitskräftebedarf vorhanden ist. Der Kündigungsgrund stammt aus der Betriebs- und damit Arbeitgebersphäre, so daß der betroffene Arbeitnehmer noch bestimmt werden muß: In den meisten Fällen ist zunächst eine Gruppe von Arbeitnehmern betroffen, deren Arbeitsverhältnisse das gleiche Anforderungsprofil aufweisen (kollektiver Tatbestand).[159] Es besteht eine vergleichbare Lage zwischen den Arbeitnehmern, die das Anforderungsprofil der weggefallenen Arbeitsplätze erfüllen. Vergleichbare Arbeitsplatzinhaber werden von einer betriebsbedingten Kündigung bedroht. Die Vergleichbarkeit bei der betrieblichen Auswahl richtet sich primär nach arbeitsplatzbezogenen Merkmalen und danach, ob die Arbeitnehmer untereinander ausgetauscht werden können.[160] Bei dieser Gruppenbetroffenheit ist eine typische Ausgangslage für den Gleichbehandlungsgrundsatz zu bejahen.

---

157 *Brox/Rüthers*, Arbeitsrecht, Rn. 134/136; *Marhold/Beckers*, AR-Blattei SD, 800.1, Rn. 65; BAG v. 19.8.1992 - 5 AZR 513/91in AP Nr. 102 zu § 242 BGB Gleichbehandlung [unter II.3. der Gründe] = NZA 1993, 171 = BB 1992, 2295 = SAE 1993, 329.

158 *Hromadka/Maschmann*, Arbeitsrecht I, § 7, Rn. 121; *Hueck* in Gedächtnisschrift für Dietz, S. 241 (253); MünchArbR-*Richardi*, § 14, Rn. 4; *Zöllner/Loritz*, Arbeitsrecht, S. 216.

159 Dazu oben: 2. Kapitel, § 5, II.2.

160 Dazu oben: 2. Kapitel, § 5, II.3.b).

bb) Differenzierungskriterien

Die Sozialauswahl verfolgt den Zweck, denjenigen Arbeitnehmer ausfindig zu machen, den die Kündigung am wenigsten trifft.[161] Mit der Einführung der sozialen Auswahl verläßt das Gesetz den Bereich des grundsätzlich zweiseitig aufgefaßten Kündigungsschutzes und bezieht die vergleichbaren Belegschaftsmitglieder mit in den Kündigungsvorgang ein.[162] § 1 III KSchG gibt dem Arbeitgeber die Kriterien vor, um zwischen den Arbeitnehmern sachgerecht zu differenzieren: Dem Arbeitgeber werden für den speziellen Fall gesetzliche soziale Kriterien vorgeschrieben. Soziale Gesichtspunkte rechtfertigen die Ungleichbehandlung. Insofern ist der Ansicht uneingeschränkt zuzustimmen, die § 1 III KSchG als gesetzliche Ausprägung des allgemeinen Gleichbehandlungsgrundsatzes ansieht.

2. § 1 III KSchG als Ausprägung von Treu und Glauben (§ 242 BGB)

Zu klären ist, ob die Sozialauswahl auch als Ausdruck von „Treu und Glauben" angesehen werden kann. Die Bedeutung des § 242 BGB ist im Laufe der Zeit zunehmend über den Wortsinn hinaus ausgeweitet worden. Die Vorschrift enthält mittlerweile einen das gesamte Rechtsleben beherrschenden Rechtssatz: Jedermann hat in Ausübung seiner Rechte nach Treu und Glauben zu handeln.[163] § 242 BGB verpflichtet zu einer sozial angemessenen Rechtsausübung unter Abwägung aller am Rechtsverhältnis beteiligten Interessen.[164] Aufgrund dieser Formulierungen wird man schnell verleitet, die Sozialauswahl zu einer angemessenen Rechtsausübung zu zählen: Eine unverhältnismäßige Überbewertung der eigenen - hier betrieblichen - Interessen stellte eine unzulässige Rechtsausübung dar.[165] Der Gedanke liegt nicht fern, auf § 242 BGB abzustellen, um den Rechtsgedanken zu bestimmen, der hinter § 1 III KSchG steht. Dafür spricht insbesondere die Tatsache, daß der gesamte allgemeine Kündigungsschutz als Konkretisierung des § 242 BGB verstanden wird.[166]

---

161 Dazu oben: 2. Kapitel, § 5, II 2.

162 *Egger*, Gestaltungsrecht und Gleichbehandlungsgrundsatz, S. 72; MünchArbR-*Wank*, § 119, Rn. 75.

163 MünchKomm-*Roth*, § 242 BGB, Rn. 13 ff.; Erman-*Werner*, § 242 BGB, Rn. 1.

164 Palandt-*Heinrichs*, § 242 BGB, Rn. 1; MünchKomm-*Roth*, § 242 BGB, Rn. 33.

165 Erman-*Werner*, § 242 BGB, Rn. 83.

166 *Ascheid*, Kündigungsschutzrecht, Rn. 13; KR-*Friedrich*, § 13 KSchG, Rn. 232.

Betrachtet man die Ausführungen und Argumente der Anhänger des § 242 BGB genauer, fällt jedoch auf, daß mit § 242 BGB eigentlich der Gleichbehandlungsgrundsatz gemeint ist. Es werden Formulierungen gewählt, die dem Gleichbehandlungsgedanken ähneln oder sogar entsprechen: Die Auswahlentscheidung dürfe beispielsweise „nicht *willkürlich* vorgenommen werden"[167], die Entscheidung müsse „nach *sachlichen, vernünftigen Gesichtspunkten* getroffen werden".[168] Im Ergebnis ist eine Willkürkontrolle und damit das Erfordernis eines sachlichen Grundes im Rahmen von § 242 BGB gemeint. Das Prinzip von Treu und Glauben wird mit dem Willkürverbot gleichgesetzt. Der Grundgedanke der Gleichbehandlung erscheint unter der Herrschaft anderer Begriffe.[169] Daher ist es sachnäher, unmittelbar auf den Gleichbehandlungsgrundsatz zurückzugreifen. Ist der Schutzbereich eines speziellen Prinzips eröffnet, besteht kein Bedürfnis, auf ein allgemeines Prinzip - z. B. auf eine Interessenabwägung oder eine Zumutbarkeitsabwägung - zurückzugreifen.[170]

Zu vermuten ist, daß gerade die Rechtsprechung auf § 242 BGB ausweicht, weil sie bisher die Existenz des Gleichbehandlungsgrundsatzes im Kündigungsrecht abgelehnt hat.[171] Dafür besteht jedoch kein Anlaß: Bei § 1 III KSchG liegt ein kollektiver Tatbestand vor. Der Weg über den Gleichbehandlungsgrundsatz wird - wie oben dargelegt - nicht durch eine „Kündigungsschranke" versperrt. Ein Rückgriff auf § 242 BGB ist als unnötiger Umweg abzulehnen. Der Gleichbehandlungsgrundsatz regelt einen besonderen Fall von „Treu und Glauben" und ist damit das speziellere Institut der Gerechtigkeit. Darüber hinaus stellt der Gleichbehandlungsgrundsatz die vergleichbare Ausgangslage zwischen den Arbeitnehmern deutlicher heraus, so daß der Anwendungsbereich der Sozialauswahl klarer abgesteckt wird als bei § 242 BGB.

---

167 BAG v. 19.1.1995 - 8 AZR 914/93 in AP Nr. 12 zu Art. 13 EinV [unter B.III.2.b) der Gründe] = BAGE 79, 128 = NZA 1996, 586 = AuA 1995, 350 m. Anm. *Berkowsky*; BAG v. 4.12.1997 - 2 AZR 140/97 in AP Nr. 4 zu § 1 KSchG 1969 Wiedereinstellungsanspruch [unter B.II.5.c) der Gründe] = BAGE 87, 221 = NZA 1998, 701 = DB 1998, 85; *Oetker* in AuR 1997, 41 (52).

168 BAG v. 19.1.1995 - 8 AZR 914/93 in AP Nr. 12 zu Art. 13 EinV [unter B.III.2.b) der Gründe] = BAGE 79, 128 = NZA 1996, 586 = AuA 1995, 350 m. Anm. *Berkowsky*. Ähnlich *Lakies* in DB 1997, 1078 (1082).

169 *Preis*, Prinzipien des Kündigungsrechts, S. 376.

170 Zur Abgrenzung des allgemeinen arbeitsrechtlichen Gleichbehandlungsgrundsatzes zur Interessenabwägung: *Preis*, Prinzipien des Kündigungsrechts, S. 386.

171 BAG v. 22.2.1979 - 2 AZR 115/78 in DB 1979, 1659 (1660); BAG v. 28.4.1982 - 7 AZR 1139/79 in AP Nr. 3 zu § 2 KSchG 1969 [unter I.2.b) der Gründe] = BAGE 38, 348 = NJW 1982, 2687 = SAE 1982, 246 m. Anm. *Beitzke*.

3. § 1 III KSchG als Ausprägung der Billigkeit (§ 315 BGB)

V. Hoyningen-Huene und Boemke leiten das Gebot zur Sozialauswahl aus dem Verhältnismäßigkeitsprinzip her, das im Rahmen einer Billigkeitskontrolle zu berücksichtigen sei.[172] Gegen den Gleichbehandlungsgrundsatz wenden sie ein, daß dieser auf die Verwirklichung austeilender Gerechtigkeit gerichtet sei und nur Angriffsfunktion zur Begründung von Rechten besitze; allein der Billigkeitskontrolle käme eine Abwehrfunktion zu.[173] Die Auffassung verkennt die Doppelfunktion des allgemeinen Gleichbehandlungsgrundsatzes: Zum einen kann der einzelne Arbeitnehmer in der Tat Ansprüche aus ihm herleiten, sofern er beispielsweise von freiwilligen Leistungen des Arbeitgebers ungerechtfertigt ausgeschlossen wurde[174], zum anderen kommt ihm nach fast einhelliger Ansicht eine weitere wichtige Rolle als Rechtsausübungsschranke zu.[175] Gerade bei einseitigen Bestimmungsrechten, wie z. B. dem Direktionsrecht des Arbeitgebers, stellt der Gleichbehandlungsgrundsatz im Vergleich zu anderen Arbeitsverhältnissen die Gerechtigkeit her.[176] Der Gleichbehandlungsgrundsatz hat eine nicht zu unterschätzende Abwehrfunktion. Der Ansatz von *v.Hoyningen-Huene/Boemke* überzeugt bereits in der Begründung nicht.

Mit anderer Begründung zieht die Rechtsprechung § 315 BGB heran, um den Arbeitgeber zu verpflichten, nach sozialen Kriterien auszuwählen: Der Arbeitgeber müsse die Belange der Arbeitnehmer berücksichtigen, um billiges Ermessen nach § 315 III BGB zu wahren.[177] Diesem Ansatz stehen zwei gewichtige Argumente entgegen: Zunächst erfaßt § 315 BGB die Leistungsbestimmung im bestehenden Arbeitsverhältnis und nicht eine Auswahlentscheidung bei dessen Beendigung.[178] Der Arbeitgeber hat bei der Kündigung keine

---

172 *V.Hoyningen-Huene/Boemke*, Die Versetzung, S. 99.

173 *V.Hoyningen-Huene/Boemke*, Die Versetzung, S. 99.

174 BAG v. 28.7.1992 - 3 AZR 173/92 in AP Nr. 18 zu § 1 BetrAVG (6. Leitsatz) = BAGE 71, 29 = NZA 1993, 215 = SAE 1993, 321 m. Anm. *Misera*; *Marhold/Beckers*, AR-Blattei SD, 800.1, Rn. 229; *Zöllner/Loritz*, Arbeitsrecht, S. 216.

175 *Maute*, Gleichbehandlung von Arbeitnehmern, S. 137; *Schaub*, Arbeitsrechts-Handbuch, § 112, Rn. 50. *Hueck/Nipperdey*, Lehrbuch des Arbeitsrechts Bd. I, § 48a VI, S. 430, sprechen sogar von einem besonders wichtigen Anwendungsgebiet des Gleichbehandlungsgrundsatzes.

176 *Egger*, Gestaltungsrecht und Gleichbehandlung, S. 60;
MünchArbR-*Richardi*, § 14, Rn. 19.

177 BAG v. 19.1.1995 - 8 AZR 914/93 in AP Nr. 12 zu Art. 13 EinV [unter B.III.2.b) der Gründe] = BAGE 79, 128 = NZA 1996, 586 = AuA 1995, 350 mit Anm. *Berkowsky*.

178 *Löwisch* in BB 1997, 782 (788); *Oetker* in AuR 1997, 41 (52).

geschuldete *Leistung* i.S. des § 315 BGB zu bestimmen.[179] Die Vorschrift ist direkt nicht anwendbar. § 315 BGB kann nur - wie das ein Teil der Literatur auch vertritt - analog angewandt werden.[180] Der Analogie steht jedoch - von den rechtsmethodischen Bedenken einmal abgesehen - ein zweites Argument entgegen: Die Billigkeit nach § 315 BGB und der Gleichbehandlungsgrundsatz sind als rechtsethisch selbständige, klar voneinander zu trennende Erscheinungsformen der Gerechtigkeit anzusehen.[181] § 315 BGB verfolgt den Zweck, im Falle einer einseitigen Leistungsbestimmung im Vertrag das von den Parteien angestrebte gerechte Maß der Leistung sicherzustellen.[182] Die Vorschrift gewährleistet das Gleichgewicht zwischen Leistung und Gegenleistung im *einzelnen Vertragsverhältnis*.[183] Aufgabe des Gleichbehandlungsgrundsatzes ist es dagegen, den Bezug zu anderen Verträgen, den Vergleich mit anderen Arbeitnehmern herzustellen, wenn ein kollektiver Tatbestand gegeben ist. Der Vergleich mit anderen Vertragsverhältnissen kann im Rahmen einer Billigkeitskontrolle nur ein Indiz dafür sein, was als billig anzusehen ist.[184]

Soziale Kriterien dritter Arbeitnehmer haben demnach im Rahmen einer Billigkeitskontrolle nach § 315 BGB nichts zu suchen. Eine Auswahl nach sozialen Aspekten kann weder über eine Billigkeitskontrolle nach § 315 BGB direkt noch durch eine Analogie zu § 315 BGB gefordert werden.

---

179 HK-KSchG/*Dorndorf*, § 1, Rn. 1031; *Otto* in FS für Wiese, S. 353 (369).

180 So *Linck* in FA 1999, 382 (384). Nicht grundsätzlich ablehnend: HK-KSchG/*Dorndorf*, § 13, Rn. 129;

181 *V.Hoyningen-Huene*, Die Billigkeit im Arbeitsrecht, S. 105; *Hromadka/Maschmann*, Arbeitsrecht, § 7, Rn. 112; *Hueck* in Gedächtnisschrift für Dietz, S. 241 (253); MünchArbR-*Richardi*, § 14, Rn. 4; *Zöllner/Loritz*, Arbeitsrecht, S. 216.
Abweichend MünchKomm-*Gottwald*, § 315 BGB, Rn. 45; *Rüthers/Bakker* in ZfA 1990, 245 (267); *Söllner*, Einseitige Leistungsbestimmung im Arbeitsverhältnis, S. 135; Soergel-*Wolf*, § 315 BGB, Rn. 38. So auch BAG v. 15.12.1994 - 2 AZR 320/94 in AP Nr. 66 zu § 1 KSchG 1969 Betriebsbedingte Kündigung [unter B.III.4. der Gründe] = BAGE 79, 66 = NZA 1995, 413 = BB 1995, 930; BAG v. 4.12.1997 - 2 AZR 140/97 in AP Nr. 4 zu § 1 KSchG 1969 Wiedereinstellungsanspruch = [unter B.II.5.c) der Gründe] = BAGE 87, 221 = NZA 1998, 701 = DB 1998, 85.

182 Im Ausgangspunkt noch zutreffend MünchKomm-*Gottwald*, § 315 BGB, Rn. 1; Soergel-*Wolf*, § 315 BGB, Rn. 2.

183 *Hueck* in Gedächtnisschrift für Dietz, S. 241 (253 f.); MünchArbR-*Richardi*, § 14, Rn. 4.

184 MünchArbR-*Richardi*, § 14, Rn. 5.

4. § 1 III KSchG als Ausprägung des Sozialstaatsprinzips (Art. 20 I GG)

§ 1 III 1 KSchG könnte auch als Ausprägung des Sozialstaatsprinzips angesehen werden. Art. 20 I GG enthält einen Auftrag an den Gesetzgeber, für einen Ausgleich der sozialen Gegensätze und damit für eine gerechte Sozialordnung zu sorgen.[185] Diesem Auftrag kommt der Gesetzgeber nach, indem er gesetzliche Vorschriften erläßt, die sozialen und wirtschaftlichen Ungleichgewichten entgegenwirken.[186] Das gesamte Arbeitsschutzrecht - die umfassende Sicherung des Arbeitsplatzes und der Schutz vor sozial ungerechtfertigten Kündigungen - ist ein Dauerkerngebiet der Sozialstaatlichkeit.[187] Der typische Arbeitnehmerschutzgedanke soll das wirtschaftliche Übergewicht des Arbeitgebers zum Teil überwinden und dem Arbeitnehmer eine günstigere Rechtsposition einräumen.

Betriebsbedingte Kündigungsgründe stammen aus der Sphäre des Arbeitgebers, auf die die Arbeitnehmer keinen Einfluß haben.[188] Dem Arbeitgeber wird unter Anerkennung seiner unternehmerischen Freiheit (Art. 2 I GG) und seines betrieblichen Organisationsrechts[189] gestattet, betriebsbedingt zu kündigen, wobei die Unternehmerentscheidung nur einer groben Willkürkontrolle unterliegt.[190] Bei der betriebsbedingten Kündigung zeigt sich daher das wirtschaftliche Übergewicht des Arbeitgebers: Der Arbeitgeber trifft eine unternehmerische Entscheidung und die Arbeitnehmer verlieren daraufhin ihren Arbeitsplatz entschädigungslos aus wirtschaftlichen, organisatorischen Gründen. Aus diesem Grund entfaltet § 1 III KSchG seine Ausgleichsfunktion: Dem Arbeitgeber wird eine Sozialauswahl vorgeschrieben. Das Machtgefälle zwischen dem Arbeitgeber und dem einzelnen Arbeitnehmer wird durch das Gebot zur sozialen Auswahl teilweise kompensiert und zu einem sozialen Ausgleich gebracht. Die Bedeutung des Sozialstaatsprinzips verbietet es, betrieblichen Belangen bei der Auswahlentscheidung des Arbeitgebers eine Vorrangtendenz einzuräumen.[191] § 1 III KSchG kann daher als gesetzliche Ausprägung des Sozial-

---

185 *Jarass/Pieroth*, GG, Art. 20, Rn. 107; BVerfG v. 16.7.1985 - 1 BvL 5/80 in BVerfGE 69, 272 (314).

186 BVerfG v. 7.2.1990 - 1 BvR 26/84 in BVerfGE 81, 242 (255).

187 *Stern*, Staatsrecht I, S. 896.

188 HK-KSchG/*Weller/Dorndorf*, § 1, Rn. 855.

189 *Hueck/v.Hoyningen-Huene*, KSchG, § 1, Rn. 371a; *Preis* in NZA 1995, 241 (242 f.).

190 BAG v. 18.1.1990 - 2 AZR 183/89 in AP Nr. 27 zu § 2 KSchG 1969 (1. Leitsatz) = BAGE 64, 24 = NZA 1990, 734 = SAE 1991, 11 m. Anm. *Oetker*; HK-KSchG/*Weller/Dorndorf*, § 1, Rn. 877; *Stahlhacke/Preis/Vossen*, Kündigungsschutz, Rn. 626.

191 BAG v. 19.1.1995 - 8 AZR 914/93 in AP Nr. 12 zu Art. 13 EinV [unter B.III.2.b) der Gründe] = BAGE 79, 128 = NZA 1996, 586 = AuA 1995, 350 m. Anm. *Berkowsky*.

staatsprinzips i.S.d. Artt. 20 I, 28 I GG verstanden werden. Der Kündigungsschutz insgesamt zählt zu den Kernelementen der Staatszielbestimmung Sozialstaat.[192]

5. § 1 III KSchG als Ausprägung der staatlichen Schutzpflicht aus Art. 12 GG

Das BVerfG setzte sich 1998 in dem Beschluß zur Verfassungsmäßigkeit der Kleinbetriebsklausel intensiv mit der staatlichen Schutzpflicht aus Art. 12 GG auseinander: Neben dem Sozialstaatsprinzip hat das BVerfG auf die Berufsfreiheit des Arbeitnehmers (Art. 12 GG) abgestellt, um auch im Kleinbetrieb ein Mindestmaß an sozialer Rücksichtnahme bei der Auswahl der zu kündigenden Arbeitnehmer zu fordern.[193] Von der besonderen Situation im Kleinbetrieb abgesehen[194] könnte § 1 III KSchG auch Ausdruck der staatlichen Schutzpflicht aus Art. 12 GG sein.

Art. 12 GG garantiert neben der freien Wahl des Berufs die freie Wahl des Arbeitsplatzes, d. h. die Entscheidung, an welcher Stelle der einzelne seinem Beruf nachgehen möchte.[195] Ein Grundrecht auf Arbeit ergibt sich daraus nicht: Art. 12 GG enthält keine Bestandsgarantie für den einmal gewählten Arbeitsplatz.[196] Dem Staat obliegt bei dem drohenden Verlust des Arbeitsplatzes aufgrund privatrechtlicher Dispositionen nur eine aus Art. 12 GG folgende Schutzpflicht, der die geltenden Kündigungsvorschriften hinreichend Rechnung tragen[197]: Der Arbeitgeber ist innerhalb des KSchG an bestimmte Kündigungsgründe gebunden (§ 1 II KSchG). Bei der betriebsbedingten Kündigung entfaltet aber auch § 1 III KSchG eine nicht zu unterschätzende bestandsschützende

---

192 *Stern*, Staatsrecht I, S. 896. BAG v. 21.10.1954 - 2 AZR 25/53 in AP Nr. 7 zu § 1 KSchG 1951 [unter 2. der Gründe] m. Anm. *Hueck* = BAGE 1, 128 = NJW 1955, 78 = SAE 1956, 33 m. Anm. *Westhofen*.

193 BVerfG v. 27.1.1998 - 1 BvL 15/87 in AP Nr. 17 zu § 23 KSchG 1969 [unter B.I.3.b)cc) der Gründe] = BVerfGE 97, 169 = NZA 1998, 470 = NJW 1998, 1475.

194 Dazu unten: 3. Kapitel, § 10, II.

195 *Sachs*, GG, Art. 12, Rn. 64.

196 ErfKomm-*Dieterich*, Art. 12 GG, Rn. 5; *Sachs*, GG, Art. 12, Rn. 66; BVerfG v. 12.3.1991 - 1 BvR 1341/90 in BVerfGE 84, 133 (146).

197 BVerfG v. 27.1.1998 - 1 BvL 15/87 in AP Nr. 17 zu § 23 KSchG 1969 [unter B.I.1. der Gründe] = BVerfGE 97, 169 = NZA 1998, 470 = NJW 1998, 1475; BVerfG v. 24.4.1991 - 1 BvR 1341/90 in AP Nr. 70 zu Art. 12 GG [unter C.II.1. der Gründe] = BVerfGE 84, 133 = NJW 1991, 1667. Zu Schutzpflichten Dreier/*Wieland*, GG, Art. 12, Rn. 145 ff.

Wirkung: Die sozial Schlechtergestellten werden durch die Sozialauswahl vor einer betriebsbedingten Kündigung bewahrt.[198] Der Gesetzgeber hat auch bei der Sozialauswahl - wie im übrigen im gesamten KSchG - seine aus Art. 12 GG resultierende Schutzpflicht zu einem Teil verwirklicht.[199] Art. 12 GG könnte bei § 1 III KSchG für die Arbeitnehmerbelange streiten.

Auf der anderen Seite kann der Arbeitgeber seinerseits Grundrechte ins Feld führen (Artt. 12, 2 I GG), um betriebliche Interessen bei der Auswahl verstärkt zu berücksichtigen. Im Arbeitsrecht stehen sich die Interessen der Vertragsparteien grundsätzlich gleichrangig gegenüber: Die Privatautonomie umfaßt das der Berufsfreiheit immanente Grundrecht von Arbeitgeber *und* Arbeitnehmer, die Arbeitsverhältnisse privatautonom zu begründen, zu beenden und inhaltlich zu gestalten.[200] Auch bei der Dauer des Arbeitsverhältnisses herrscht Vertragsfreiheit[201], obwohl natürlich gerade diese Komponente der Privatautonomie im Arbeitsrecht erhebliche Einschränkungen erfahren hat. Grundrechte des Arbeitgebers könnten einer Auswahl nach sozialen Aspekten daher entgegenstehen.

Der Gesetzgeber hat die Grundrechte bei der betriebsbedingten Kündigung jedoch in einen verhältnismäßig schonenden Ausgleich zueinander gebracht: § 1 II und III KSchG stellen einen Paradefall der praktischen Konkordanz im Arbeitsrecht dar.[202] Mit der Anerkennung der betriebsbedingten Kündigung (§ 1 II KSchG) trägt der Gesetzgeber den Arbeitgebergrundrechten Rechnung: Der Arbeitgeber kann in Ausübung seiner Wirtschaftsfreiheit (Artt. 2 I, 12 GG) seinen Betrieb umgestalten und notfalls Arbeitnehmer entlassen. Er wälzt sein Wirtschafts- und Produktionsrisiko zu einem Teil auf die Arbeitnehmer ab. Auf der anderen Seite - als Ausgleich - erstarken die Grundrechte der Arbeitnehmer bei der Auswahl: Der Arbeitgeber muß das Kündigungsrisiko sozial verteilen; die Arbeitgeberinteressen - die betrieblichen Belange - stehen jetzt in zweiter Linie (§ 1 III 2 KSchG) zurück. Jedes Grundrecht tritt nur insoweit zurück, als vorrangige Grundrechte eines anderen Grundrechtsträgers dies verlangen. Der Kompromiß bringt die Grundrechte beider Parteien in ein ausgewogenes Ver-

---

198 Dazu oben: 2. Kapitel, § 5, II.2.

199 Zur Einwirkung der Schutzpflichten im Kleinbetrieb: *Oetker* in AuR 1991, 41 (52). Zur Schutzpflicht im KSchG allgemein: *Stahlhacke* in FS für Wiese, S. 513 (527 ff.).

200 *Boemke* in NZA 1993, 532 (534); *Papier* in RdA 1989, 137 (138 f.). Teilweise wird die Vertragsfreiheit im Arbeitsrecht auch aus Art. 2 I GG hergeleitet: dazu *Söllner* in RdA 1989, 144 (145).

201 BAG v. 21.10.1954 - 2 AZR 40/53 in AP Nr. 1 zu § 620 BGB Befristeter Arbeitsvertrag [Bl. 28 R.] m. Anm. *A. Hueck* = BAGE 1, 136 = NJW 1955, 1050 = SAE 1955, 42.

202 Zur praktischen Konkordanz: *Sachs*, GG, Vor Art. 1, Rn. 98.

hältnis und trägt der Notwendigkeit im Arbeitsrecht Rechnung, die Privatautonomie des Arbeitgebers zum sozialen Schutz der Arbeitnehmer zu beschränken.

§ 1 III KSchG ist damit Ausfluß des Art. 12 GG. Der Gesetzgeber verwirklichte seine Schutzpflicht aus Art. 12 GG, um bei der Auswahl im Rahmen einer betriebsbedingten Kündigung einen sozialen Kündigungsschutz zu statuieren.

§ 7: Die Sozialauswahl als allgemeines Rechtsprinzip des Arbeitsrechts

§ 1 III KSchG ist eine positivrechtliche Ausprägung des Gleichbehandlungsgrundsatzes. Der Gesetzgeber verwirklicht das Sozialstaatsprinzip (Artt. 20 I, 28 I GG) und seine Schutzpflicht aus Art. 12 GG, indem er soziale Auswahlkriterien festlegte und die Arbeitnehmerbelange bei § 1 III KSchG höher einstufte als die betrieblichen Interessen des Arbeitgebers. Welche Grundgedanken hinter § 1 III KSchG stehen ist damit geklärt.

Der folgende Abschnitt geht einen Schritt weiter: Es wird untersucht, ob die Interessenabwägung, die der Gesetzgeber bei der Sozialauswahl getroffen hat, geeignet ist, Auswahlentscheidungen außerhalb des § 1 III KSchG zu beeinflussen. Es soll geklärt werden, ob die Sozialauswahl ein dem Arbeitsrecht immanentes Prinzip darstellt und auch bei einer Auswahl jenseits der betriebsbedingten Kündigung zu sozialen Kriterien drängt: Welchen Stellenwert haben gesetzgeberische Wertentscheidungen für die Auslegung und Rechtsfortbildung jenseits der gesetzlichen Vorschriften? Falls § 1 III KSchG weder direkt noch analog angewandt werden kann, könnte der Gleichbehandlungsgrundsatz zurückbleiben und nach entsprechender Auslegung eine Auswahl nach sozialen Aspekten fordern. Der allgemeine arbeitsrechtliche Gleichbehandlungsgrundsatz könnte „sozial vorbelastet“ sein, wenn die Sozialauswahl als allgemeines Rechtsprinzip des Arbeitsrechts anzusehen wäre.

I. Herleitung von allgemeinen Rechtsprinzipien

Um zu begründen, daß ein allgemeines Rechtsprinzip Bestandteil unserer Rechtsordnung ist, kommen zwei methodische Wege in Betracht: Man entnimmt das Rechtsprinzip im Wege der Induktion einer oder mehrerer geltenden Normen des positiven Rechts[203] (dazu unter 1.) oder man stützt sich auf allgemein anerkannte Wertungen und Normen, die ähnlich dem Gewohnheitsrecht in der Rechtsgemeinschaft anerkannt sind[204] (dazu unter 2.).

1. Induktive Gewinnung aus § 1 III KSchG

Ein erster Schritt, um allgemeine Rechtsprinzipien zu gewinnen, ist das Verfahren der Induktion: Man ermittelt die hinter einer oder mehrerer Rechtsnormen stehende Wertung und abstrahiert einen allgemeinen, für eine unbestimmte Vielzahl von Fällen geltenden Rechtsgedanken, den man auf den gesetzlich nicht geregelten Fall anwendet.[205] Als Induktionsmaterial kommt auch eine einzelne Gesetzesbestimmung in Betracht; es reicht aus, wenn der Gesetzgeber den allgemeinen Rechtsgrundsatz einmal gesetzlich positiviert hat.[206]

Die ratio legis des § 1 III KSchG läßt sich wie folgt abstrahieren[207]: Der Arbeitgeber muß vorrangig nach sozialen Kriterien auswählen, weil die zu vergleichenden Arbeitnehmer aus betrieblichen Gründen, die der Sphäre des Arbeitgebers zuzurechnen sind, von einer Kündigung betroffen werden. Das Sozialstaatsprinzip (Artt. 20 I, 28 I GG) und Art. 12 GG erstarken, weil die Auswahlentscheidung aufgrund einer betrieblichen Unternehmerentscheidung - aufgrund des Betriebs- und Wirtschaftsrisikos des Arbeitgebers - notwendig wird. Diese Wertung des § 1 III KSchG paßt für eine Vielzahl von Fällen, in denen betriebsbedingte Unternehmerentscheidungen mehrere vergleichbare Arbeitnehmer betreffen.

---

203 *Bydlinski*, Methodenlehre, S. 485; *Canaris*, Lücken, S. 97 ff.

204 *Bydlinski*, Methodenlehre, S. 486; *Canaris*, Lücken, S. 106 ff.

205 *Canaris*, Lücken, S. 97 f.; *Looschelders/Roth*, Juristische Methodik, S. 312.

206 *Canaris*, Lücken, S. 100; *Larenz*, Methodenlehre, S. 388; *Looschelders/Roth*, Juristische Methodik, S. 312.

207 Dazu oben: 2. Kapitel, § 5, II. 2.

2. Allgemein anerkannte Wertvorstellungen der Rechtsgemeinschaft

Die Induktion eines Rechtsprinzips aus gesetzlichen Vorschriften reicht noch nicht aus, um von einem allgemeinen Rechtsgrundsatz zu sprechen.[208] Gerade wenn als Induktionsmaterial nur eine Vorschrift zur Verfügung steht, muß genau untersucht werden, ob es sich bei der Norm nicht lediglich um eine Ausnahmevorschrift handelt. Nach der induktiven Gewinnung ist weiter zu untersuchen, ob der Gesetzgeber gerade die sozialen Wertvorstellungen in der gesetzlichen Vorschrift verwirklicht hat, die in dem jeweiligen Rechtsgebiet von der Rechtsgemeinschaft so nachhaltig vertreten werden, daß sich der Gesetzgeber zu ihrer gesetzlichen Verwirklichung berufen sah.[209] Es ist zu klären, ob die Sozialauswahl auf Wertvorstellungen zurückgeführt werden kann, die dem Arbeitsrecht insgesamt zugrunde liegen.

a) Gleichbehandlung und Sozialstaatsprinzip als anerkannte Wertvorstellungen im Arbeitsrecht

Die hinter § 1 III KSchG stehenden Rechtsgedanken müßten zu den tragenden Wertvorstellungen des Arbeitsrechts gehören. Das Prinzip der Sozialauswahl berührt Fragen der Gleichbehandlung und des sozialen Ausgleichs.

Der allgemeine arbeitsrechtliche Gleichbehandlungsgrundsatz basiert auf dem gleichen Rechtsgedanken wie Art. 3 I GG, stimmt inhaltlich mit diesem überragenden Verfassungsgrundsatz überein und sorgt für eine unmittelbare Anwendung des Gerechtigkeitsprinzips im Privatrecht.[210] Der Gleichbehandlungsgrundsatz stellt ein allgemein anerkanntes, tragendes Ordnungsprinzip des Arbeitsrechts dar[211]; er läßt sich auf das in der „Rechtsidee" zusammengefaßte Fundamentalprinzip der Gerechtigkeit zurückführen.[212] Gleiche Bedeutung kommt dem Sozialstaatsprinzip (Artt. 20 I, 28 I GG) zu: Es hat im gesamten

---

[208] *Bydlinski*, Methodenlehre, S. 486 f.; *Canaris*, Lücken, S. 99; *Looschelders/Roth*, Juristische Methodik, S. 313.

[209] *Bydlinski*, Methodenlehre, S. 487. Ähnlich *Canaris*, Lücken, S. 99/100; *Looschelders/Roth*, Juristische Methodik, S. 313.

[210] *Egger*, Gestaltungsrecht und Gleichbehandlungsgrundsatz, S. 15; ErfKomm-*Preis*, § 611 BGB, Rn. 834; MünchArbR-*Richardi*, § 14, Rn. 6.

[211] *Hueck/Nipperdey*, Lehrbuch des Arbeitsrechts Bd 1, § 48a I 1, S. 417; ErfKomm-*Preis*, § 611 BGB, Rn. 834; *Schaub*, Arbeitsrechts-Handbuch, § 112, Rn. 6.

[212] Vgl. *Canaris*, Lücken, S. 109; ErfKomm-*Preis*, § 611 BGB, Rn. 836.

Arbeitsrecht eine rechtliche Ausprägung erfahren und gehört zu den bedeutendsten allgemeinen Rechtsgrundsätzen des Arbeitsrechts.[213] Der Ausbau des Arbeitsrechts ist ein Dauerkerngebiet der Sozialstaatlichkeit.[214] Das Sozialstaatsprinzip wird daher von den Gerichten immer wieder zur Rechtsfortbildung herangezogen.[215]

Beide Rechtsgedanken, die der Sozialauswahl ihr Gepräge geben, zählen zu den allgemein anerkannten Wertungen im Arbeitsrecht.

b) Die Sozialauswahl als anerkannte Wertvorstellung im Arbeitsrecht

Der Gleichbehandlungsgrundsatz und das Sozialstaatsprinzip für sich betrachtet gehören zweifellos zu den allgemein anerkannten Wertungen des Arbeitsrechts. Fraglich ist jedoch, ob die Sozialauswahl selbst, d. h. die Kombination dieser Rechtsgedanken als anerkannter Rechtsgrundsatz im Arbeitsrecht angesehen werden kann. Die Kombination - die Einwirkung des Sozialstaatsprinzips auf die Gleichbehandlung - muß eine anerkannte Wertvorstellung des Arbeitsrechts sein.

Hierfür spricht zum einen der hohe Stellenwert der einzelnen Rechtsgedanken, die hinter § 1 III KSchG stehen. Die fundamentale Bedeutung des Gleichbehandlungsgrundsatzes und des Sozialstaatsprinzips im Arbeitsrecht lassen vermuten, daß auch die Kombination dieser Rechtsprinzipien zur Sozialauswahl an deren einzelner Geltungskraft teilnehmen. Das Sozialstaatsprinzip enthält nicht nur einen verfassungsrechtlichen Auftrag an den Gesetzgeber, sondern spielt als Auslegungsmaxime bei der Auslegung und Anwendung von Rechtsnormen - vor allem Generalklauseln - eine wichtige Rolle.[216] Das Sozial-

---

213 MünchArbR-*Richardi*, § 9, Rn. 7; *Steinke*, Die richterliche Rechtsfortbildung im Arbeitsrecht, S. 105.

214 *Stern*, Staatsrecht I, S. 896.

215 *Steinke*, Die richterliche Rechtsfortbildung im Arbeitsrecht, S. 106. Beispiele sind bereits sehr früh in der Rechtsprechung zu finden: BAG v. 21.10.1954 - 2 AZR 25/53 in AP Nr. 7 zu § 1 KSchG 1951 [unter 2. der Gründe] m. Anm. *A.Hueck* = BAGE 1, 128 = NJW 1955, 78 = SAE 1956, 33 m. Anm. *Westhofen*; BAG v. 21.10.1954 - 2 AZR 40/53 in AP Nr. 1 zu § 620 BGB Befristeter Arbeitsvertrag [Bl. 29] m. Anm. *A. Hueck* = BAGE 1, 136 = NJW 1955, 1050 = SAE 1955, 42. Zuletzt BAG v. 19.1.1995 - 8 AZR 914/93 in AP Nr. 12 zu Art. 13 EinV [unter B.III.2.b) der Gründe] = BAGE 79, 128 = NZA 1996, 586 = AuA 1995, 350 m. Anm. *Berkowsky*.

216 *Sachs*, GG, Art. 12, Rn. 29; *Stern*, Staatsrecht I, S. 917.

staatsprinzip ist daher im Rahmen der Generalklausel „Gleichbehandlung“ zu berücksichtigen. Dafür spricht ein frühes Urteil des BAG, das sich inhaltlich mit dem Verhältnis der Gleichberechtigung zum Sozialstaatsprinzip beschäftigt: Nach Ansicht des BAG trete das normative Bekenntnis im GG zum Sozialstaat (Artt. 20, 28 GG) neben die positivrechtliche Verfassungsnorm des Gleichberechtigungsgrundsatzes und sei bei der Auslegung des GG und damit auch des Art. 3 GG von entscheidender Bedeutung.[217] Die Prinzipien stünden koordiniert nebeneinander, wobei dem Sozialgedanken vielleicht sogar der Vorrang eingeräumt werden könne.[218] Die Einwirkung des Sozialstaatsprinzips auf den Grundsatz der Gleichbehandlung wurde damit - wenn auch auf Verfassungsebene - vom BAG anerkannt. Die Grundtendenz dieses Urteils kann auf die Fallgruppe der Sozialauswahl übertragen werden.

Zum anderen steht bei der Sozialauswahl nicht die Gleichbehandlung im Vordergrund, sondern der verhältnismäßige Ausgleich zwischen den widerstreitenden Interessen. Die praktische Konkordanz zwischen der unternehmerischen Betätigungsfreiheit auf der einen und der Berufsfreiheit der Arbeitnehmer - verstärkt durch das Sozialstaatsprinzip - auf der anderen Seite führt dazu, daß der Arbeitgeber seine betrieblichen Interessen in zweiter Reihe hinter den sozialen Aspekten zurückstellen muß. Der Gleichbehandlungsgrundsatz fordert nur eine Auswahl nach sachlichen Kriterien und stellt als Generalklausel das Einwirkungsmedium für das Abwägungsmaterial dar. Das Sozialstaatsprinzip verbunden mit der staatlichen Schutzpflicht aus Art. 12 GG gibt der Sozialauswahl ihr eigentliches Gepräge.

Dieser soziale Ausgleich, den der Gesetzgeber bei der betriebsbedingten Kündigung (§ 1 III KSchG) exemplarisch getroffen hat, kann abstrahiert als allgemein anerkannter Grundsatz des Arbeitsrechts verstanden werden. Das gesamte Arbeitsrecht - zumindest in seiner Hauptfunktion als Arbeitnehmerschutzrecht - zeichnet sich dadurch aus, daß die jeweiligen Grundrechtspositionen der Vertragsparteien aus Art. 12 GG mit dem sozialen Schutzauftrag des Staates aus Artt. 20 I, 28 GG in Einklang gebracht werden.[219] Ein derartiger Ausgleich liegt dem gesamten Arbeitsrecht zugrunde und rechtfertigt arbeitsrechtliche

---

217 BAG v. 14.7.1954 - 1 AZR 105/54 in AP Nr. 1 zu Art. 3 GG [Bl. 103 R.] m. Anm. *Bulla* = BAGE 1, 51.

218 BAG v. 14.7.1954 - 1 AZR 105/54 in AP Nr. 1 zu Art. 3 GG [Bl. 103 R.] m. Anm. *Bulla* = BAGE 1, 51.

219 Zu den Schranken der Vertragsfreiheit: MünchArbR-*Buchner*, § 39, Rn. 19 ff.; *Papier* in RdA 1989, 137 (138 f.); *Sollner* in RdA 1989, 144 (148).

Arbeitnehmerschutzvorschriften.[220] Wegen der besonderen Unterlegenheit des Arbeitnehmers durchdringt das arbeitsrechtliche Schutzprinzip die gesamte Sozialordnung[221], unabhängig davon, ob dieses Schutzprinzip als einheitlicher Rechtsgrundsatz[222] oder lediglich als Topos des Arbeitsrechts zu verstehen ist.[223] Es besteht zumindest Konsens über die generelle Schutzbedürftigkeit des Arbeitnehmers. Die Sozialauswahl (§ 1 III KSchG) verkörpert damit den sozialen Ausgleich, der das gesamte Arbeitsrecht bestimmt. Der Gesetzgeber hat sich bei § 1 III KSchG von den Wertvorstellungen leiten lassen, die dem Arbeitsrecht insgesamt zugrunde liegen. Die Sozialauswahl stellt damit ein dem Arbeitsrecht innewohnendes allgemeines Rechtsprinzip dar.

II. Die Bedeutung von gesetzgeberischen Wertentscheidungen und allgemeinen Rechtsprinzipien

Die Sozialauswahl ist ein anerkannter Rechtsgrundsatz im Arbeitsrecht. Zu klären ist noch ihre präjudizielle Wirkung: Wie stark ist die Bindungswirkung von allgemeinen Rechtsprinzipien, wenn der Richter Fallgestaltungen zu beurteilen hat, die nicht unmittelbar unter das Gesetz subsumiert werden können? Es ist zu untersuchen, inwiefern gesetzlich geregelte Interessenabwägungen bei der Auslegung und Konkretisierung von Generalklauseln zu berücksichtigen sind, wenn ein ungeregelter Fall beurteilt werden muß, der einer gesetzlichen Interessenabwägung ähnelt.[224] Die Festlegung des sachlichen Grundes im Rahmen des Gleichbehandlungsgrundsatzes könnte „sozial vorbelastet" sein, wenn der Rechtsanwender die gesetzliche Interessenabwägung (§ 1 III KSchG) zu beachten hätte.

Der allgemeine Gleichbehandlungsgrundsatz fordert eine Differenzierung nach sachlichen Kriterien. Diese sachlichen Kriterien müssen im Einzelfall unterschiedlich bestimmt werden[225]: Die Rechtsprechung hat für diese ausfüllungs-

---

220 Zur Bedeutung von Interessenabwägungen im Arbeitsrecht: *Steinke*, Die richterliche Rechtsfortbildung im Arbeitsrecht, S. 115 ff.

221 *Rieble*, Arbeitsmarkt und Wettbewerb, Rn. 179.

222 So offenbar *Wiedemann*, Das Arbeitsverhältnis als Austausch- und Gemeinschaftsverhältnis, S. 13.

223 MünchArbR-*Richardi*, § 6, Rn. 24.

224 Bei identischer Interessenlage kommt eine Analogie zu § 1 III KSchG in Betracht. Dazu unten: 3. Kapitel, § 9, II.2.c)bb) (2).

225 ErfKomm-*Preis*, § 611 BGB, Rn. 853.

bedürftige und erst noch zu konkretisierende Generalklausel des Arbeitsrechts[226] bisher keinen einheitlichen Bewertungsmaßstab entwickelt.[227] Bei den Generalklauseln verzichtet der Gesetzgeber bewußt darauf, dem Rechtsanwender einen konkreten Entscheidungsmaßstab an die Hand zu geben. Die Aufgabe des Rechtsanwenders besteht nicht in der bloßen Subsumtion, sondern in der Konkretisierung des allgemeinen Maßstabs im Einzelfall.[228] Wegen der Unbestimmtheit der Generalklauseln ergeben sich dabei spezielle Auslegungsbesonderheiten: Da die wörtliche Auslegung und die historische Interpretation kaum konkrete Vorstellungen und Zielsetzungen des Gesetzgebers ergeben, kommt vor allem die systematische Auslegung zur Konkretisierung der Generalklausel in Betracht.[229]

Ein Anwendungsfeld der systematischen Auslegung ist die Beachtung *allgemeiner Rechtsprinzipien*: Die Konkretisierung von ausfüllungsbedürftigen Wertbegriffen ist vorrangig an sozialethischen Wertvorstellungen auszurichten, die in der Verfassung oder Teilen der Rechtsordnung positiviert sind.[230] Im Rahmen der Auslegung spielen häufig Analogieüberlegungen zu ähnlichen Normen oder das Heranziehen allgemeiner Rechtsprinzipien eine wichtige Rolle.[231] Die gesetzgeberischen Wertentscheidungen sind im Rahmen der Konkretisierung von Generalklauseln als angemessener Maßstab heranzuziehen. Die positivrechtliche Normierung eines Rechtsgrundsatzes ist geradezu ein Indiz für die in der Gemeinschaft vorherrschenden Gerechtigkeitsvorstellungen.[232] Die sachlichen Differenzierungskriterien im Rahmen des allgemeinen arbeitsrechtlichen Gleichbehandlungsgrundsatzes sind daher unter Berücksichtigung der vom Arbeitsrecht anerkannten Wertungen zu bestimmen.[233] Um eine sachgerechte Lösung im Einzelfall zu finden, müssen die beteiligten Interessen gegeneinander abgewogen werden.[234]

---

226 MünchArbR-*Richardi*, § 14, Rn. 23.
227 Vgl. *Widmaier* in ZTR 1990, 359 (360); *Schaub* in NZA 1984, 73 (75).
228 *Canaris*, Lücken, S. 27.
229 *Bydlinski*, Methodenlehre, S. 583.
230 *Bartholomeyczik*, Die Kunst der Gesetzesauslegung, S. 69; *Bydlinski*, Methodenlehre, S. 583; *Looschelders/Roth*, Juristische Methodik, S. 202; *Ruthers*, Rechtstheorie, Rn. 756.
231 *Bydlinski*, Methodenlehre, S. 583.
232 *Zippelius*, Methodenlehre, S. 58.
233 *Marhold/Beckers*, AR-Blattei SD, 800.1, Rn. 65 f. Ähnlich MünchArbR-*Richardi*, § 14, Rn. 23.
234 *Scholz*, Gleichbehandlung bei der Kündigung, S. 118.

Die gesetzgeberische Wertentscheidung (§ 1 III KSchG) - das allgemeine Rechtsprinzip „Sozialauswahl" - muß daher Indizwirkung im Rahmen des Gleichbehandlungsgrundsatzes entfalten, wenn der Arbeitgeber eine Auswahl zu treffen hat, die derjenigen des § 1 III KSchG ähnelt. Der Richter sollte Interessenkonflikte gleicher Art auch gleich entscheiden: Soweit sich Lücken im Gesetz zeigen, sollte er die Rechtsfindungsmaximen heranziehen, die den sozialen Ausgleich am besten gewährleisten.[235] Der Richter soll nach Maßgabe des Interessen- und Schutzgüterausgleichs unter Rückgriff auf die Generalklauseln des Privatrechts und die tragenden Grundsätze des Arbeitsrechts judizieren.[236] Das gesamte Arbeitnehmerschutzrecht wird maßgeblich über die Konkretisierung von verfassungsgesetzlichen Wertmaßstäben bestimmt.[237] Das Rechtsprinzip „Sozialauswahl" hat daher präjudizielle Wirkung. Die Übertragung der Interessenabwägung setzt allerdings eine ähnliche Fallkonstellation voraus: Die Sozialauswahl drängt zu sozialen Kriterien, wenn sich die Frage der Gleichbehandlung verschiedener Arbeitnehmer bei Auswahlentscheidungen aus *betriebsbedingten Gründen* stellt.

III. Ergebnis

Bereits an dieser Stelle kann die in der Einleitung aufgeworfene Frage positiv beantwortet werden: Die Sozialauswahl ist ein dem Arbeitsrecht immanentes Rechtsprinzip. Diese Anerkennung läßt jedoch noch nicht die Befürchtung zu, der Arbeitgeber müsse ständig nach sozialen Kriterien auswählen.[238] Zum einen ist der Anwendungsbereich der Sozialauswahl deutlich abgesteckt: Es muß eine Auswahl unter mehreren *vergleichbaren* Arbeitnehmern aus *betrieblichen* Gründen vorliegen. Zum anderen ist das allgemeine Rechtsprinzip „Sozialauswahl" eines unter vielen: Es bedarf immer noch einer Abstimmung mit anderen Grundentscheidungen des positiven Rechts, die im Einzelfall die Sozialauswahl ganz ausschließen können.

---

235 Staudinger-*Coing*, Einl. zum BGB, Rn. 187; MünchArbR-*Richardi*, § 9, Rn. 8.
236 *Papier* in RdA 1989, 137 (138).
237 *Ruthers*, Rechtstheorie, Rn. 761.
238 So aber Nägele in BB 1998, 1686 (1689).

§ 8: Zusammenfassung

Der Grundsatz der Sozialauswahl ist bei betriebsbedingten Kündigungen bereits seit achtzig Jahren in Deutschland anerkannt und mittlerweile gesetzlich verfestigt (§ 1 III KSchG). Die Vorschrift spiegelt in gewisser Weise die politische Grundentscheidung des Gesetzgebers wider und fordert eine Sozialauswahl bei einer ordentlichen betriebsbedingten Kündigung des Arbeitgebers. § 1 III KSchG verfolgt den Zweck, die Arbeitnehmer auszuwählen, für die die Kündigung am leichtesten zu ertragen ist (Auswahl- und Ausgleichsfunktion). Das Gebot zur Sozialauswahl ist auf den Gleichbehandlungsgrundsatz i.V.m. Art. 20 I GG und Art. 12 GG zurückzuführen. Diese gesetzgeberische Wertentscheidung ist als allgemeines Rechtsprinzip des Arbeitsrechts auch außerhalb des § 1 III KSchG bei der Konkretisierung des Gleichbehandlungsgrundsatzes zu beachten.

Nachdem sich ausführlich mit dem Inhalt und Wertungen der Sozialauswahl auseinandergesetzt wurde, ist es möglich, die einzelnen Fallgruppen daraufhin zu untersuchen, ob § 1 III KSchG auf andere Auswahlentscheidungen des Arbeitgebers übertragen werden kann.

3. Kapitel: Anwendbarkeit der Grundsätze der Sozialauswahl bei Arbeitgeberkündigungen

Um sich nicht zu weit von § 1 III KSchG zu entfernen, wird zunächst der Anwendungsbereich der Sozialauswahl bei Arbeitgeberkündigungen untersucht. Auch bei personen-, verhaltens- und vor allem bei außerordentlichen betriebsbedingten Kündigungen wird teilweise auf den Gedanken des § 1 III KSchG zurückgegriffen, um die besondere soziale Schutzbedürftigkeit eines Arbeitnehmers zu betonen. Bei der Darstellung wird zwischen Kündigungen, die nach dem KSchG zu beurteilen sind (dazu § 9) und Kündigungen außerhalb des KSchG differenziert (dazu § 10).

§ 9: Kündigungen im Anwendungsbereich des KSchG

Das KSchG ist im einzelnen Arbeitsverhältnis anwendbar, wenn der Arbeitnehmer in demselben Betrieb oder Unternehmen länger als 6 Monate beschäftigt ist (§ 1 I KSchG) und der Betrieb die Anforderungen des § 23 I 1, 2 KSchG erfüllt.

I. Ordentliche betriebsbedingte Kündigung, § 1 II KSchG

§ 1 III KSchG regelt die Auswahl der Arbeitnehmer bei einer ordentlichen betriebsbedingten Kündigung. Selbst im Rahmen der gesetzlich angeordneten Sozialauswahl (§ 1 III KSchG) wird aus verschiedensten Gründen versucht, die Vorschrift gegen ihren Wortlaut einzuschränken[239] oder zu erweitern.[240] In diesen Fallkonstellationen wird der Grundsatz der Sozialauswahl jedoch nicht auf andere Arbeitgebermaßnahmen übertragen; es handelt sich um Wortlautübertretungen, die sich bei der ordentlichen betriebsbedingten Kündigung selbst auswirken. Die Fallgruppen werden daher im Rahmen dieser Arbeit nicht

---

239 Vgl. z. B. zur eingeschränkten Sozialauswahl bei einem Widerspruch des Arbeitnehmers gegen einen Betriebsübergang: BAG v. 18.3.1999 - 8 AZR 190/98 in AP Nr. 41 zu § 1 KSchG 1969 Soziale Auswahl (2. Leitsatz) = EWiR 1999, 829 m. Anm. *Junker*.

240 Für eine betriebsübergreifende Sozialauswahl beispielsweise: Berkowsky in NZA 1996, 290 (294).

behandelt; insofern sei auf die einschlägigen Abhandlungen und Kommentare verwiesen.[241]

II. Außerordentliche betriebsbedingte Kündigung, § 626 BGB

§ 13 I 1 KSchG verdeutlicht, daß die Vorschriften über das Recht zur außerordentlichen Kündigung eines Arbeitsverhältnisses durch das KSchG nicht berührt werden. Die Anforderungen einer außerordentlichen betriebsbedingten Kündigung sind § 626 BGB zu entnehmen.[242] Die außerordentliche Kündigung steht eigentlich außerhalb des KSchG. Gem. § 13 I 2 KSchG kann die Rechtswidrigkeit einer außerordentlichen Kündigung jedoch nur nach Maßgabe der §§ 4 S. 1, 5-7 KSchG geltend gemacht werden, wenn die betrieblichen und persönlichen Voraussetzungen des KSchG im einzelnen Arbeitsverhältnis erfüllt sind.[243] Daher erscheint es angebracht, die Sozialauswahl bei einer außerordentlichen betriebsbedingten Kündigung bereits an dieser Stelle zu untersuchen.

1. Voraussetzungen der außerordentlichen betriebsbedingten Kündigung

Aus betriebsbedingten Gründen kann regelmäßig nur ordentlich gekündigt werden: Der Arbeitgeber darf sein Wirtschafts- und Betriebsrisiko nicht auf die Arbeitnehmer verlagern.[244] Wichtige Gründe zur außerordentlichen Kündigung kommen nur ausnahmsweise in Betracht, wenn beispielsweise die ordentliche Kündigung eines Arbeitnehmers ausgeschlossen und eine Versetzung in einen anderen Betrieb des Unternehmens nicht möglich ist.[245] Anderenfalls bliebe

---

241 *Luck*, Probleme der Sozialauswahl, S. 9 ff.; KR-*Etzel*, § 1 KSchG, Rn. 625 ff.; *Hueck/v.Hoyningen-Huene*, KSchG, § 1, Rn. 432a ff.

242 KR-*Friedrich*, § 13 KSchG, Rn. 25.

243 So die herrschende Auffassung: vgl. statt vieler KR-*Friedrich*, § 13 KSchG, Rn. 28 f.

244 K/D/Z-*Daubler*, KSchR, § 626 BGB, Rn. 160; *Stahlhacke/Preis/Vossen*, Kündigungsschutz, Rn. 453.

245 KR-*Fischermeier*, § 626 BGB, Rn. 158; *Stahlhacke/Preis/Vossen*, Kündigungsschutz, Rn. 539; BAG v. 28.3.1985 - 2 AZR 113/84 in AP Nr. 86 zu § 626 BGB [unter B.III.2.b) der Gründe] m. Anm. *Herschel* = BAGE 48, 220 = NZA 1985, 559 = SAE 1985, 272; BAG v. 5.2.1998 - 2 AZR 227/97 in AP Nr. 143 zu § 626 BGB (1. Leitsatz) m. Anm. *Holand* = NZA 1998, 771.

dem Arbeitgeber nur die Wahl, die unkündbaren Arbeitnehmer über längere Zeit - bis zum Eintritt in den Ruhestand - ohne Beschäftigungsmöglichkeit weiter zu entlohnen oder auf die Durchführung seiner für notwendig erachteten unternehmerischen Entscheidung zu verzichten. Diese Konsequenzen dürften kaum mit Art. 12 GG zu vereinbaren sein.[246] Eine außerordentliche betriebsbedingte Kündigung ist daher ausnahmsweise zulässig. Um die betroffenen Arbeitnehmer nicht schlechter zu stellen als diejenigen ohne tariflichen Kündigungsschutz, ist der Arbeitgeber verpflichtet, die gesetzliche oder tarifliche Kündigungsfrist einzuhalten, die gälte, wenn die ordentliche Kündigung zulässig wäre.[247]

2. Sozialauswahl bei der außerordentlichen betriebsbedingten Kündigung

Bei außerordentlichen betriebsbedingten Kündigungen kann es dazu kommen, daß mehrere vergleichbare Arbeitnehmer zu einer Kündigung anstehen und nur einige von ihnen entlassen werden müssen. Ein Beispiel soll diese Fallkonstellation verdeutlichen.

Beispiel: Aufgrund einer Auftragskündigung beschließt der Arbeitgeber, in einer speziellen Fertigungsabteilung in seinem Betrieb drei von sechs gleichwertigen Arbeitsplätzen abzubauen. Die Arbeitnehmer weisen derart spezifische Kenntnisse auf, daß sie mit keinem anderen Arbeitnehmer des Betriebs vergleichbar sind und auch nicht in einen anderen Betrieb des Unternehmens versetzt werden können. In ihren einschlägigen Tarifverträgen ist die ordentliche Kündigung ausgeschlossen. Der Arbeitgeber entschließt sich u. a. zur Kündigung des A, der 54 Jahre alt ist, drei Kinder hat und seit zwanzig Jahren im Betrieb beschäftigt ist. Der ledige, kinderlose vierundzwanzigjährige C wird hingegen weiterbeschäftigt. Der A rügt die Unwirksamkeit der Kündigung.

---

246 BAG v. 5.2.1998 - 2 AZR 227/97 in AP Nr. 143 zu § 626 BGB [unter II.2.b) der Gründe] m. Anm. *Holand* = NZA 1998, 771.

247 BAG v. 28.3.1985 - 2 AZR 113/84 in AP Nr. 86 zu § 626 BGB [unter B.IV. der Gründe] m. Anm. *Herschel* = BAGE 48, 220 = NZA 1985, 559 = SAE 1985, 272; *Stahlhake/Preis/Vossen*, Kündigungsschutz, Rn. 539.

Nach oben beschriebenen Grundsätzen wäre ausnahmsweise eine außerordentliche betriebsbedingte Kündigung gem. § 626 BGB zulässig. Es stellt sich das Problem der Auswahl der drei zu kündigenden Arbeitnehmer, da eine ausdrückliche gesetzliche Auswahlbestimmung (§ 1 III KSchG) bei der außerordentlichen Kündigung auf den ersten Blick fehlt. Bindet man den Arbeitgeber an keine festen Kriterien, könnte er nach freiem Ermessen - unter Beachtung des allgemeinen Willkürverbots - dem A kündigen, obwohl dessen Sozialdaten bei einer Sozialauswahl nach § 1 III KSchG offensichtlich schutzwürdiger wären.

In der Literatur[248] und jetzt auch in der Judikatur[249] ist anerkannt, daß der Arbeitgeber bei der außerordentlichen betriebsbedingten Kündigung § 1 III KSchG zu beachten hat. Obwohl diese Auswahlkonstellation im Ergebnis bereits mit dem allgemeinen Rechtsgefühl zu lösen ist, soll anhand der juristischen Methodenlehre untersucht werden, ob und wie der Grundsatz des § 1 III KSchG angewandt werden kann. Angesichts der neueren Urteile des BAG zur Ausweitung der sozialen Auswahl auf andere Arbeitgeberentscheidungen über §§ 242, 315 BGB[250] erscheint es unerläßlich, das jeweilige Ergebnis im Gegensatz zum BAG methodisch korrekt zu begründen.

a) Grundsätze der richterlichen Rechtsfindung

Der Richter wendet das Recht auf einen konkreten Einzelfall an. Dies geschieht i.d.R. dadurch, daß ein Lebenssachverhalt unter die maßgebende Rechtsnorm **subsumiert** wird.[251] Es kommt für den Richter darauf an, eine passende Rechtsnorm zu finden, unter die der Lebenssachverhalt subsumiert werden kann. Paßt die gefundene Vorschrift klar und unmißverständlich auf den zu

---

248 KR-*Etzel*, § 1 KSchG, Rn. 623; HK-KSchG/*Dorndorf*, § 1, Rn. 1019; K/D/Z-*Kittner*, KSchR, § 1KSchG, Rn. 430; *Stahlhacke/Preis/Vossen*, Kündigungsschutz, Rn. 661. Anders noch KR-*Etzel*, 4. Auflage, § 1 KSchG, Rn. 557.

249 BAG v. 5.2.1998 - 2 AZR 227/97 in AP Nr. 143 zu § 626 BGB (3. Leitsatz) m. Anm. *Holand* = NZA 1998, 771. Noch mißverständlich BAG v. 4.6.1987 - 2 AZR 416/86 in AP Nr. 16 zu § 1 KSchG 1969 Soziale Auswahl [unter II.1. der Gründe] = BAGE 88, 158 = NZA 1988, 52.

250 BAG v. 15.12.1994 - 2 AZR 320/94 in AP Nr. 66 zu § 1 KSchG 1969 Betriebsbedingte Kündigung [unter B.III.4. der Gründe] = NZA 1995, 413 = BB 1995, 930.; BAG v. 4.12.1997 - 2 AZR 140/97 in AP Nr. 4 zu § 1 KSchG 1969 Wiedereinstellungsanspruch [unter B.II.5.c] = BAGE 87, 221 = NZA 1998, 701 = DB 1998, 85.

251 Vgl. *Enneccerus-Nipperdey*, Allgemeiner Teil des Bürgerlichen Rechts, 1. Hb., S. 311.

beurteilenden Einzelfall, ergeben sich keine Schwierigkeiten: Der Rechtsfall ist zur Entscheidung reif.

Schwieriger wird es, wenn die Rechtsnorm - wie in den wohl überwiegenden Fällen - unbestimmte Tatbestandsmerkmale enthält, deren mögliche Bedeutung innerhalb einer Bandbreite schwankt.[252] Hier muß der Richter versuchen, im Wege der **Auslegung** den Inhalt der als Entscheidungsmaßstab zugrunde zulegenden Rechtsnorm zu ermitteln.[253] Er muß sich über den Sinn und die Bedeutung der Norm im klaren sein, um die Norm auf den konkreten Fall anwenden zu können.

Sollte auch durch Auslegung für einen bestimmten Fall keine passende Norm zu ermitteln sein, muß sich der Richter Gedanken machen, ob er die Gesetzeslücke hinnimmt oder über den Gesetzeswortlaut hinausgeht (**richterliche Rechtsfortbildung**).[254] *Larenz/Canaris*[255] unterscheiden zwei verschiedene Formen der Rechtsfortbildung: Während die gesetzesergänzende (gesetzesimmanente) Rechtsfortbildung vorhandene Lücken in der Gesetzgebung mit der Teleologie des Gesetzes - z. B. durch Analogie - schließt, betrifft die gesetzesübersteigende Rechtsfortbildung die Fortbildung der Gesamtrechtsordnung mit allgemeinen Rechtsprinzipien.[256]

Die Auswahl der zu kündigenden Arbeitnehmer ist bei der außerordentlichen betriebsbedingten Kündigung nicht ausdrücklich gesetzlich geregelt. § 626 I BGB, der die außerordentliche Kündigung im Arbeitsrecht regelt[257], enthält nur Voraussetzungen, die sich auf das einzelne Arbeitsverhältnis beziehen; § 626 BGB betrifft nicht das Verhältnis mehrerer Arbeitnehmer zueinander. Der Grundsatz des § 1 III KSchG kann nur im Wege der Auslegung [dazu unter b)] oder im Wege der Rechtsfortbildung angewandt werden [dazu unter c)].

---

252 *Larenz*, Methodenlehre, S. 312.

253 *Looschelders/Roth*, Juristische Methodik, S. 119.

254 *Larenz/Canaris*, Methodenlehre, S. 187 f.

255 Angesichts der Fülle von rechtsmethodischer Literatur wird sich nachfolgend an die Begrifflichkeiten von *Larenz/Canaris*, Methodenlehre, S. 187 ff. orientiert. Ebenso *v.Hoyningen-Huene* in FS der juristischen Fakultät Heidelberg, S. 353 (355); ähnlich *Bydlinski*, Methodenlehre, S. 471 ff.

256 *Larenz/Canaris*, Methodenlehre, S. 189; *v Hoyningen-Huene* in FS der juristischen Fakultät Heidelberg, S. 353 (355).

257 Vgl. KR-*Fischermeier*, § 626 BGB, Rn. 1; MünchKomm-*Schwerdtner*, § 626 BGB, Rn. 7; *Stahlhacke/Preis/Vossen*, Kündigungsschutz, Rn. 425.

b) Anwendbarkeit des § 1 III KSchG im Wege der Auslegung

Wegen der Gesetzesbindung des Richters muß vom Wortlaut des Gesetzes ausgegangen werden: Die Rechtsnorm ist auszulegen.[258] Als Auslegungselemente sind seit langem die vier klassischen Auslegungsmethoden anerkannt: Wortsinn, Gesetzessystematik, Entstehungsgeschichte und Normzweck.[259]

Die Inhaltsbestimmung einer geschriebenen Rechtsnorm beginnt mit der **grammatischen Auslegung**, d. h. mit dem Wortsinn des Gesetzes.[260] § 1 III 1 KSchG gibt vor, daß eine Kündigung aus dringenden betrieblichen Erfordernissen im Sinne des Absatzes 2 sozial ungerechtfertigt ist, wenn der Arbeitgeber bei der Auswahl des Arbeitnehmers soziale Gesichtspunkte nicht oder nicht ausreichend berücksichtigt hat. Ausgehend vom Wortlaut „Kündigung" könnte sowohl eine ordentliche als auch eine außerordentliche Kündigung gemeint sein. § 1 III 1 KSchG erklärt jedoch eine betriebsbedingte Kündigung *i.S. des zweiten Absatzes* für *sozial ungerechtfertigt*, wenn der Arbeitgeber soziale Gesichtspunkte vernachlässigt. Die Rechtsfolge knüpft an § 1 II KSchG an, der den Kündigungsschutz vor ordentlichen Kündigungen behandelt.[261] Eine außerordentliche Kündigung nach § 626 BGB kann nur unwirksam, nicht aber sozial ungerechtfertigt nach § 1 I KSchG sein. Der Wortlaut des § 1 III KSchG umfaßt daher nicht die außerordentliche Kündigung. Zum gleichen Ergebnis kommt die **systematische Auslegung**, bei der Rückschlüsse aus der Stellung der Norm im Gefüge des betreffenden Gesetzes gezogen werden.[262] § 1 III KSchG steht im ersten Abschnitt des KSchG unter der Überschrift „Allgemeiner Kündigungsschutz". Da sich der allgemeine Kündigungsschutz nur auf ordentliche Kündigungen bezieht (vgl. § 13 I 1 KSchG), kann § 1 III KSchG in systematischer Hinsicht nicht auf die außerordentliche Kündigung erstreckt werden.

---

258 Vgl. *Schmalz*, Methodenlehre, Rn. 222, 230.

259 *Bydlinski*, Methodenlehre, S. 437; Staudinger-*Coing*, Einl. zum BGB, Rn. 139 ff.; *Larenz*, Methodenlehre, S. 320 ff.

260 *Larenz*, Methodenlehre, S. 320; *Looschelders/Roth*, Juristische Methodik, S. 130; *Schmalz*, Methodenlehre, Rn. 230.

261 Vgl. HK-KSchG/*Dorndorf*, § 1, Rn. 120; KR-*Etzel*, § 1 KSchG, Rn. 161; *Hueck/v. Hoyningen-Huene*, KSchG, § 1, Rn. 100.

262 Vgl. *Larenz*, Methodenlehre, S. 324; *Looschelders/Roth*, Juristische Methodik, S. 149; *Zippelius*, Methodenlehre, S. 52.

Zu einer Unanwendbarkeit des § 1 III KSchG kommt auch die **historische Auslegung**, bei der die Regelungsabsicht des historischen Gesetzgebers und die von ihm in Verfolgung dieser Absicht erkennbar getroffenen Wertentscheidungen zu ermitteln sind[263]: Der Arbeitnehmer sollte durch das KSchG v. 1951 vor einer ordentlichen Kündigung geschützt werden (vgl. auch § 11 I KSchG i.d.F. von 1951).[264]

Einer der maßgebenden Gesichtspunkte der Auslegung ist jedoch der Normzweck der Vorschrift, der im Wege der **teleologischen Auslegung** zu ermitteln ist.[265] Erfaßt der Normzweck eine vergleichbare Fallkonstellation, spricht die Idee der Gerechtigkeit dafür, die ähnliche Fallgestaltung im Rahmen der Auslegung unter die gesetzliche Vorschrift zu subsumieren.[266] Dabei ist nach heute vorherrschender Auffassung (sog. objektive Theorie) der Zweck zu ermitteln, der dem im Gesetzeswortlaut niedergelegten objektivierten Willen des Gesetzes entspricht.[267] Unabhängig davon, ob die oben herausgearbeitete ratio legis der Sozialauswahl die außerordentliche Kündigung erfaßt, kann auch die teleologische Auslegung nicht erfolgreich sein. Nach heute vorherrschender Auffassung bildet der Wortlaut die äußerste Grenze der Auslegung.[268] Normative Regeln, die vom möglichen Wortsinn eines Gesetzes nicht mehr gedeckt sind, können nur durch Analogie und richterliche Rechtsfortbildung Geltung erlangen.[269] Eine Deutung, die nicht mehr im Bereich des möglichen Wortsinns liegt, ist nicht mehr Auslegung, sondern Umdeutung.[270] Demzufolge kann § 1 III KSchG auch nicht unter teleologischen Aspekten im Wege der erweiternden Auslegung auf den vorliegenden Fall angewandt werden. Es bleibt nur der Weg der richterlichen Rechtsfortbildung.

---

263 *Bydlinski*, Methodenlehre, S. 449; *Larenz*, Methodenlehre, S. 328.

264 Vgl. die Begründung des Regierungsentwurfs in RdA 1951, 58 (64).

265 Staudinger-*Coing*, Einl. zum BGB, Rn. 152 ff.; *Larenz/Wolf*, Allg. Teil, § 4, Rn. 45.

266 *Larenz*, Methodenlehre, S. 334.

267 *Horn*, Einführung, Rn. 179; *Larenz/Wolf*, Allg. Teil, § 4, Rn. 41; *Radbruch*, Rechtsphilosophie, S. 206 f.; BVerfG v. 21.5.1952 - 2 BvH 2/52 in BVerfGE 1, 299 (312); BVerfG v. 9.11.1988 - 1 BvR 243/86 in BVerfGE 79, 106 (121).

268 *Bydlinski*, Methodenlehre, S. 468; *Canaris*, Lücken, S. 21; *Larenz/Wolf*, Allg. Teil, § 4, Rn. 37; *Larenz*, Methodenlehre, S. 322. So auch BVerfG v. 23.10.1985 - 1 BvR 1053/82 in BVerfGE 71, 108 (115); BGH v. 7.5.1982 - V ZR 58/81 in BGHZ 84, 36 (38).
Vgl. auch zu der im Vordringen befindlichen „Gesetzessinntheorie": *Depenheuer*, Wortlaut, S. 17 f.; *Wank* in RdA 1987, 129 (131).

269 *Schmalz*, Methodenlehre, Rn. 377.

270 *Larenz*, Methodenlehre, S. 322.

c) Anwendbarkeit des § 1 III KSchG im Wege der richterlichen Rechtsfortbildung

Das Richterrecht besteht aus Rechtssätzen, die in der gesetzlichen und gewohnheitsrechtlichen Rechtsordnung nicht enthalten sind; die Entscheidungsgrundlagen wurden in Fortbildung des geltenden Gesetzesrechts entwickelt.[271] Die richterliche Rechtsfortbildung geht über den Wortlaut einer Norm hinaus: Ihr Sinn besteht darin, solchen Umständen Rechnung zu tragen, für deren Beachtung der Wortlaut einer Norm keinen Platz läßt.[272] Der Richter ist nicht nur zur Auslegung von Gesetzesvorschriften ermächtigt. Er muß den Fall auch dann gerecht entscheiden, wenn er keine passende Rechtsnorm - auch nicht im Fall der Auslegung - vorfindet.

In unserem Beispielsfall hat der Richter drei Möglichkeiten: Er kann dem Arbeitgeber einen Ermessensspielraum bei der Auswahl der Arbeitnehmer zubilligen, ohne ihn an soziale Auswahlkriterien zu binden. Er kann den Arbeitgeber an den Grundsatz der Sozialauswahl binden (§ 1 III KSchG) oder drittens - ähnlich wie das BAG in den anfangs erwähnten Urteilen - nur die Berücksichtigung von sozialen Kriterien fordern (abgeschwächte Sozialauswahl). Sollte sich der Richter für eine wie auch immer ausgestaltete Sozialauswahl entscheiden, müßte er sein Urteil ausführlicher begründen, da ihm direkt keine passende Rechtsnorm zur Seite steht, die die gewünschte Rechtsfolge anordnet.

aa) Zulässigkeit der richterlichen Rechtsfortbildung

Die Zulässigkeit der Rechtsfortbildung wird allgemein anerkannt.[273] Nach Art. 20 III GG ist die rechtsprechende Gewalt an „Gesetz und Recht" gebunden. Das „Recht" ist dabei nicht mit der Gesamtheit der geschriebenen Gesetze identisch: Es ist Aufgabe der Rechtsprechung, die Wertvorstellungen zu verwirklichen, die der verfassungsgemäßen Rechtsordnung zugrundeliegen, aber in den Texten der geschriebenen Gesetze nur unvollkommen zum Ausdruck

---

[271] *Ruthers*, Rechtstheorie, Rn. 235; *Coing* in JuS 1975, 277 (277).

[272] *Looschelders/Roth*, Juristische Methodik, S. 224.

[273] *Staudinger-Coing*, Einl. zum BGB, Rn. 210; *Larenz*, Methodenlehre, S. 366; *Schmalz*, Methodenlehre, Rn. 57; BVerfG v. 14.2.1973 - 1 BvR 112/65 in BVerfGE 34, 269 (288).

gelangt sind.[274] Weiterhin wird die Befugnis des Arbeitsrichters zur Rechtsfortbildung in § 45 IV ArbGG vorausgesetzt.[275]

Die Aufgabe der juristischen Methodenlehre ist es, dem Rechtsanwender konkrete Maßstäbe bei der Gesetzesfortbildung an die Hand zu geben. Um zu gewährleisten, daß sich das „gesprochene Recht" im Rahmen der Gesamtrechtsordnung bewegt, bedarf die richterliche Rechtsfortbildung der methodisch geleiteten Begründung.[276] Auch im Arbeitsrecht muß die Rechtsfortbildung nach den anerkannten Regeln der juristischen Methodik ablaufen.[277]

bb) Gesetzesergänzende Rechtsfortbildung („praeter legem")

Die gesetzesergänzende Rechtsfortbildung betrifft den Bereich der Lückenschließung innerhalb einer unvollständigen gesetzlichen Regelung nach der Regelungsabsicht bzw. der immanenten Teleologie des Gesetzes selbst.[278] Bei der Lückenschließung greift man auf die Rechtsfolge einer ähnlichen Gesetzesvorschrift zurück, so daß die Analogie eine klassische Rechtsfigur der gesetzesergänzenden Rechtsfortbildung darstellt.[279]

Um gesetzesergänzende Rechtsfortbildung zu betreiben, müßte eine Gesetzeslücke vorliegen [dazu unter (1)], die im Wege der Analogie zu schließen wäre [dazu unter (2)].

(1) Vorliegen einer Gesetzeslücke

Der Wortlaut „ergänzende" Rechtsfortbildung deutet auf eine gewisse Unvollständigkeit hin. Anderenfalls könnte man schwer von einer „Ergänzung" des Gesetzes sprechen. Die überwiegende Methodenlehre verlangt daher eine

---

274 So ausdrücklich BVerfG v. 14.2.1973 - 1 BvR 112/65 in BVerfGE 34, 269 (287).

275 *Hesselberger* in FS für Kellermann, S. 155 (156); *Schmalz,* Methodenlehre, Rn. 57; *Steinke*, Die Rechtsfortbildung im Arbeitsrecht, S. 31.

276 *Larenz*, Methodenlehre, S. 369.

277 *Sollner* in RdA 1985, 328 (335).

278 *V. Hoyningen-Huene* in FS der juristischen Fakultät Heidelberg, S. 353 (355); *Larenz/Canaris*, Methodenlehre, S. 191.

279 Dazu unten: 3. Kapitel, § 9, II. 2.c)bb) (2).

„Lücke” als Voraussetzung für eine legitime gesetzesergänzende Rechtsfortbildung.[280]

Fraglich ist, wie der wertausfüllungsbedürftige Begriff „Lücke“ zu füllen ist. Es kommt entscheidend darauf an, einen Bewertungsmaßstab zu finden, um die Unvollständigkeit der Rechtsordnung zu beurteilen.[281] Die Definition der Lücke verschiebt sich mit dem Begriff des Rechts.[282] Versteht man unter der Unvollständigkeit der Rechtsordnung nur reine Gesetzeslücken, liegt eine Lücke vor, wenn das geschriebene Recht keine Antwort auf die vorliegende Rechtsfrage bietet. Bezieht man auch das Gewohnheitsrecht oder die einer Rechtsordnung zugrundeliegenden allgemeinen Rechtsprinzipien mit ein, liegt eine Lücke erst vor, wenn auch diese „Rechtsquellen” keine Rechtsfolgen bei der Lösung des Falles zur Verfügung stellen. Der Lückenbegriff ist nicht auf das Zivil- bzw. Arbeitsrecht beschränkt und wird seit mehreren Jahrzehnten diskutiert. Die Fülle an juristischer Literatur ist fast unüberschaubar.[283] Es kann im Rahmen dieser Arbeit daher nicht auf alle oder auch nur einzelne Ansichten eingegangen werden.

Bei der Definition eines Begriffs sollte immer berücksichtigt werden, welchen Zweck man damit verfolgt. Jeder juristische Begriff wird in irgendeiner Form instrumentalisiert. Man sollte daher das theoretische Ziel einer Definition ins Auge fassen und unter diesem Blickwinkel den Lückenbereich näher bestimmen[284]: Die „Lücke” soll den Bereich der Rechtsfortbildung abstecken, in dem der Richter „ergänzend” (praeter legem) tätig wird.[285] Der Rechtsanwender kann sich nicht mehr auf die Autorität des positiven Rechts berufen und bedarf zu seiner Entscheidung einer besonderen Rechtfertigung.[286] Im Gegensatz zur Auslegung verläßt der Richter den Gesetzeswortlaut einer Vorschrift. Daher können überpositive Rechtsprinzipien und Rechtsgrundsätze[287] nur vorhandene

---

280 *Bydlinski*, Methodenlehre, S. 472; *Canaris*, Lücken, S. 17; *Larenz*, Methodenlehre, S. 370.

281 *Canaris*, Lücken, S. 17.

282 Engisch, Einführung, S. 177.

283 Vgl. nur *Steinke*, Die richterliche Rechtsfortbildung im Arbeitsrecht, S. 39.

284 *Engisch*, Einführung, S. 179.

285 *Bydlinski*, Methodenlehre, S. 472; *Canaris*, Lücken, S. 17.

286 *Canaris*, Lücken, S. 29.

287 Im rechtsmethodischen Schrifttum wird teilweise zwischen allgemeinen Rechtsprinzipien und Rechtsgrundsätzen differenziert. *Larenz* in FS für Nikisch, S. 275 (300) spricht nur dann von allgemeinen Rechtsgrundsätzen, wenn die Möglichkeit unmittelbarer Subsumtion besteht. Da diese genaue Trennung aber nicht möglich ist - was auch von Larenz a.a.O. eingeräumt wird -, wird sie der folgenden Abhandlung nicht zugrunde gelegt. Die Begriffe allgemeine Rechtsprinzipien und Rechtsgrundsätze werden synonym verwandt.

Lücken schließen, deren Entstehung aber nicht verhindern. Der Rechtsanwender kann sich bei den Rechtsprinzipien nicht mehr auf die Autorität des positiven Rechts stützen; er befindet sich im Bereich der Rechtsfortbildung. Der Richter muß eigene Wertungen und Anschauungen in seine Argumentationsstruktur einfließen lassen.

Von einer „Lücke" sollte bereits in den Fällen gesprochen werden, in denen das positive Recht, d. h. das geschriebene Gesetzes- sowie das ungeschriebene Gewohnheitsrecht eine Unvollständigkeit erkennen läßt, die nicht planmäßig gewollt ist.[288]

(a) Regelung im geschriebenen Recht

Bei der außerordentlichen betriebsbedingten Kündigung regelt weder § 626 BGB die Auswahl unter mehreren Arbeitnehmern noch ist § 1 III KSchG im Wege der Auslegung auf die außerordentliche Kündigung anwendbar. Eine geschriebene Rechtsnorm, die den Fall regelt, existiert nicht.

(b) Regelung durch Gewohnheitsrecht

Nach obiger Definition liegt keine Gesetzeslücke vor, wenn das ungeschriebene Gewohnheitsrecht eine Rechtsfolge für den gesetzlich nicht geregelten Fall bereithält.[289] Der Richter betreibt keine Rechtsfortbildung, wenn er seine Entscheidung unmittelbar auf die Autorität des positiven - wenn auch ungeschrie-

---

288 So ausdrücklich *Engisch*, Einführung, S. 179. Von dieser Prämisse geht auch *Bydlinski*, Methodenlehre, S. 473, 481 ff. aus, da er die allgemeinen Rechtsgrundsätze nur zur Lükkenausfüllung heranzieht.
Teilweise weiter: *Canaris*, Lücken, S. 30, 94; *Larenz*, Methodenlehre, S. 370; *Larenz/Canaris*, Methodenlehre, S. 191. Danach liegt keine Unvollständigkeit vor, wenn entweder allgemeine Rechtsgrundsätze zur Verfügung stehen, unter denen unmittelbar subsumiert werden kann (*Canaris*, Lücken, S. 94) oder wenn man auf die in der ständigen Rechtsprechung bereits ausgeformten, zur unmittelbaren Anwendung geeigneten Rechtssätze zurückgreifen kann (*Larenz*, Methodenlehre, S. 370).

289 Vgl. *Canaris*, Lücken, S. 29.

benen - Rechts stützen kann.[290] Ein Analogieschluß kommt nicht in Betracht, wenn der Richter auf Gewohnheitsrecht zurückgreifen kann.

Nach hier vertretener Auffassung ist § 1 III 1 KSchG eine einfachgesetzliche Ausprägung des allgemeinen arbeitsrechtlichen Gleichbehandlungsgrundsatzes, den Teile der Literatur mittlerweile als Gewohnheitsrecht einordnen.[291] Man könnte in Frage stellen, ob eine Lücke und damit Raum für eine Rechtsfortbildung vorläge, wenn die Möglichkeit bestünde, unmittelbar auf den Gleichbehandlungsgrundsatz zurückzugreifen. Eine Analogie zu § 1 III KSchG könnte offen bleiben, wenn man den Gleichbehandlungsgrundsatz mit sozialen Aspekten anreicherte.[292]

Sofern man den allgemeinen arbeitsrechtlichen Gleichbehandlungsgrundsatz als Gewohnheitsrecht ansieht, muß diese Sichtweise auf den Gleichbehandlungsgrundsatz beschränkt bleiben. Die Pflicht des Arbeitgebers, nach sachlichen Kriterien zu differenzieren, wird durch lang andauernde Übung von den Beteiligten als verbindliches Recht angesehen, nicht aber die Auswahl nach sozialen Gesichtspunkten. Der Gleichbehandlungsgrundsatz fordert nur eine Differenzierung nach sachlichen Kriterien; erst das Sozialstaatsprinzip (Artt. 20 I, 28 I GG) und das Grundrecht der Arbeitnehmer aus Art. 12 GG konkretisieren den Gleichbehandlungsgrundsatz und füllen ihn im Einzelfall aus.[293] Die Rechtsfolge „Sozialauswahl" ergibt sich nur in einer speziellen Fallkonstellation aufgrund einer besonderen Interessenlage. Sie wird nicht von der Rechtsgemeinschaft über einen längeren Zeitraum als rechtsverbindlich angesehen.[294] Die Sozialauswahl kann nicht als Gewohnheitsrecht eingeordnet werden.

---

290 *Canaris*, Lücken, S. 29; *Engisch*, Einführung, S. 179; *Steinke*, Die richterliche Rechtsfortbildung im Arbeitsrecht, S. 62.

291 *V. Hoyningen-Huene*, Die Billigkeit im Arbeitsrecht, S. 102; *Marhold/Beckers* in AR-Blattei SD, 800.1, Rn. 46; *Maute*, Gleichbehandlung von Arbeitnehmern, S. 9; *Preis*, Prinzipien des Kündigungsrechts, S. 377. Einschränkend MünchArbR-*Richardi*, § 14, Rn. 8.

292 Vgl. zu diesem Ansatz über §§ 242, 315 BGB: BAG v. 15.12.1994 - 2 AZR 320/94 in AP Nr. 66 zu § 1 KSchG 1969 Betriebsbedingte Kündigung [unter B.III.4. der Gründe] = NZA 1995, 413 = BB 1995, 930.; BAG v. 4.12.1997 - 2 AZR 140/97 in AP Nr. 4 zu § 1 KSchG 1969 Wiedereinstellungsanspruch [unter B.II.5.c] = BAGE 87, 221 = NZA 1998, 701 = DB 1998, 85.

293 Dazu oben: 2. Kapitel, § 6, II. 4./ 5.

294 Zu den Voraussetzungen für die Entstehung von Gewohnheitsrecht: *Larenz*, Methodenlehre, S. 356; *Ruthers*, Rechtstheorie, Rn. 232.

(c) Regelung durch Generalklauseln

Das BAG ließ die Analogie zu § 1 III KSchG in zwei Entscheidungen offen und begründete über die Generalklauseln (§§ 242, 315 BGB) eine Pflicht des Arbeitgebers, soziale Kriterien bei seiner Auswahlentscheidung zu berücksichtigen.[295] Man könnte das BAG dahin verstehen, daß es keine Unvollständigkeit der Rechtsordnung und damit keinen Raum für eine gesetzesergänzende Rechtsfortbildung annahm und sich statt dessen mit einer Auslegung der §§ 242, 315 BGB begnügte.[296] Zu klären ist, ob dem BAG - vorausgesetzt, man interpretierte die Urteile derart - methodisch zu folgen ist: Kann die Analogie zu § 1 III KSchG offen bleiben, wenn der allgemeine arbeitsrechtliche Gleichbehandlungsgrundsatz bereits eine Auswahl nach sozialen Kriterien nahelegt? Es ist zu untersuchen, wie die juristische Methodenlehre das Verhältnis zwischen der Rechtsfortbildung und dem Rückgriff auf zivilrechtliche Generalklauseln und unbestimmte Rechtsbegriffe beurteilt.

Einige Vertreter in der Literatur sehen das Konkretisieren von Generalklauseln als Rechtsfortbildung an.[297] Da die Richter bei den Generalklauseln keiner gesetzlichen Bindung unterlägen, könnten die generalklauselartigen Tatbestände nur vorhandene Lücken schließen, nicht aber deren Entstehung verhindern.[298] Nach diesem methodischen Ansatz hätte die Frage der Analogie nicht unbeantwortet gelassen werden dürfen: Bei der Rechtsfortbildung geht unter mehreren Möglichkeiten der Lückenschließung die Analogie vor.[299] Der Richter hat sich bei der Schöpfung von Richterrecht an den gesetzlichen Regelungsmo-

---

295 BAG v. 15.12.1994 - 2 AZR 320/94 in AP Nr. 66 zu § 1 KSchG 1969 Betriebsbedingte Kündigung [unter B.III.4.a) der Gründe] = NZA 1995, 413 = BB 1995, 930; BAG v. 4.12.1997 - 2 AZR 140/97 in AP Nr. 4 zu § 1 KSchG 1969 Wiedereinstellungsanspruch [unter B.II.5.c) der Gründe] = BAGE 87, 221 = NZA 1998, 701 = DB 1998, 85.

296 Im Urteil v. 15.12.1994 hat der 2. Senat allerdings schulmäßig eine planwidrige Regelungslücke bejaht [unter B.III.3.d) (1) der Gründe].

297 *Enneccerus-Nipperdey*, Allgemeiner Teil des Bürgerlichen Rechts, 1. Hb, S. 337; *Rüthers*, Rechtstheorie, Rn. 837. Weitere Nachweise bei *Canaris*, Lücken, S. 27.
Auch das BAG scheint dieser Auffassung zuzuneigen, da es § 315 BGB in der Entscheidung v. 15.12.1994 heranzog, um eine planwidrige Regelungslücke zu schließen (vgl. AP Nr. 66 zu § 1 KSchG 1969 Betriebsbedingte Kündigung [unter B.III.3.d) (1) der Gründe]).

298 *Ruthers*, Rechtstheorie, Rn. 837.

299 *Looschelders/Roth*, Juristische Methodik, S. 317. Vorsichtiger *Canaris*, Lücken, S. 146 (Fn. 9).

dellen zu orientieren.[300] Dadurch kann auch im Bereich der Rechtsfortbildung der gesetzgeberische Wille umfassend realisiert werden. Das BAG hätte die Zulässigkeit der Analogie (§ 1 III KSchG) entscheiden müssen, wie es dies auch bei der außerordentlichen betriebsbedingten Kündigung getan hat.[301]

Selbst wenn man die Generalklauseln und unbestimmten Rechtsbegriffe der Auslegung zurechnet[302], darf für das methodische Verhältnis zur Analogie nichts anderes gelten. Der Anwendungsbereich der Analogie darf nicht davon abhängen, ob man das Konkretisieren von Generalklauseln als Rechtsfortbildung oder Auslegung ansieht. Wenn eine gesetzliche Rechtsfolge aufgrund von Gleichheitserwägungen auf einen gesetzlich nicht geregelten Fall übertragen werden soll, betreibt man Analogie. Die Voraussetzungen der Analogie dürfen nicht durch einen Rückgriff auf Generalklauseln ausgehöhlt werden, um mit deren Hilfe das gleiche Ergebnis zu erzielen. Der arbeitsrechtliche Gleichbehandlungsgrundsatz kann im Wege der Auslegung keine strenge Sozialauswahl nach den Kriterien des § 1 III KSchG vorschreiben. Wenn man den Gleichbehandlungsgrundsatz mit entsprechenden Wertungen füllt, betreibt man Analogie.

Auch eine „abgeschwächte" Sozialauswahl, mit der sich das BAG begnügte, kann den Anwendungsbereich der ergänzenden Rechtsfortbildung (Analogie) nicht minimieren. Die Auslegung von Generalklauseln ist selbstverständlich zulässig und soll den Gegebenheiten des Einzelfalls Rechnung tragen.[303] Die Analogie zu einer gesetzlichen Vorschrift sollte bei gleicher Interessenlage aber vorgehen. Um eine möglichst weitgehende gesetzliche Bindung zu verwirklichen, sollte der Richter zunächst vergleichbare gesetzliche Konfliktlösungen im Wege der Analogie übertragen, anstatt durch Auslegung von Generalklauseln kreative Eigengesetzgebung zu betreiben. Der Richter sollte die Rechtsfindungsmaximen heranziehen, die den sozialen Ausgleich am besten gewähr-

---

300 *Hesselberger* in FS für Kellermann, S. 155 (159); *Langenbucher*, Zur Entwicklung von Richterrecht, S. 42; *Looschelders/Roth*, Juristische Methodik, S. 317. Vgl. auch HK-KSchG/*Dorndorf*, § 1, Rn. 1032.

301 BAG v. 5.2.1998 - 2 AZR 227/97 in AP Nr. 143 zu § 626 BGB (3. Leitsatz) m. Anm. *Holand* = NZA 1998, 771.

302 Da dem Rechtsanwender durch die Existenz von Generalklauseln zumindest gesetzliche Richtlinien an die Hand gegeben werden, behandelt die herrschende Literatur die Generalklauseln und unbestimmten Rechtsbegriffe als planmäßige Auflockerung der gesetzlichen Bindung und nicht als Rechtsfortbildung. Vgl. *Canaris*, Lücken, S. 28; *Engisch*, Einführung, S. 180; *Schmalz*, Methodenlehre, Rn. 345; *Steinke*, Die richterliche Rechtsfortbildung im Arbeitsrecht, S. 57.

303 Zur Funktion der Generalklauseln: *Looschelders/Roth*, Juristische Methodik, S. 198.

leisten.[304] Selbst das BAG hat in den angesprochenen Entscheidungen verdeutlicht, Regelungslücken möglichst in enger Anlehnung an das geltende Recht zu füllen, was in der Regel durch Analogie geschehe.[305] Die Zurückhaltung des BAG und die ausweichende Anwendung der §§ 242, 315 BGB kann nicht nachvollzogen werden.[306] Der Analogieschluß hat den großen Vorteil, dem Adressaten des Richterrechts - hier den Arbeitgebern - einen angemessenen und vor allem konkreten Auswahlmaßstab an die Hand zu geben: Sie können sich an den Grundsätzen des § 1 III KSchG orientieren. Eine völlig neu entwickelte Lösung über die Generalklauseln führt zu einer konturenlosen Interessenabwägung und ist als unnötiger Umweg abzulehnen, wenn eine Analogie in Betracht kommt.[307]

Das BAG hätte über die Analogie zu § 1 III KSchG entscheiden müssen. Erst bei einer ablehnenden Entscheidung hätte es sich mit einer Berücksichtigung von sozialen Kriterien über die §§ 315, 242 BGB zufrieden geben dürfen. Unabhängig davon, ob man den Rückgriff auf Generalklauseln als Rechtsfortbildung oder als Auslegung bezeichnet, ist immer zuerst zu prüfen, ob § 1 III KSchG analog angewandt werden kann.

Die Generalklauseln können ebenfalls nicht die Lücke schließen, die § 626 BGB bei der außerordentlichen betriebsbedingten Kündigung bietet. Eine Unvollständigkeit des positiven Rechts im Hinblick auf eine gesetzesergänzende Rechtsfortbildung (Analogieschluß zu § 1 III KSchG) ist zu bejahen.

(2) Lückenausfüllung

Nicht jede faktische Unvollständigkeit des positiven Rechts führt gleichzeitig zu einer Gesetzeslücke. Die Feststellung einer „Lücke" bedarf nach allgemeiner Auffassung eines Werturteils, daß eine gesetzliche Regelung vorhanden sein

---

304 MünchArbR-*Richardi*, § 9, Rn. 8.

305 BAG v. 15.12.1994 - 2 AZR 320/94 in AP Nr. 66 zu § 1 KSchG 1969 Betriebsbedingte Kündigung [unter B.III.3.d) (3) der Gründe] = NZA 1995, 413 = BB 1995, 930. Trotz dieses richtigen Ansatzes ließ das BAG die Analogie zu § 1 III KSchG offen und stützte seine Rechtsprechung auf § 315 BGB.

306 So auch *Berkowsky* in NJW 1996, 291 (296).

307 So auch *Schmitt*, Sozialauswahl bei der Konkurrenz um anderweitige Beschäftigung, S. 100.

sollte.[308] Der Richter darf sich die Regelung innerhalb des Rechts nicht nur vorstellen, er muß sie vermissen.[309] Eine Gesetzeslücke ist nur die *planwidrige* Unvollständigkeit des Gesetzes. Der Richter oder sonstige Rechtsanwender muß eine Gesetzeslücke also positiv begründen, um sie anschließend auszufüllen. Insbesondere *Canaris* hat daraus den richtigen Schluß gezogen, daß die erforderlichen Denkschritte und methodischen Mittel der Lückenfeststellung und -schließung die gleichen sind: Wenn man positiv begründen muß, warum eine gesetzliche Regelung vermißt wird, legt man gleichzeitig den Maßstab dar, wie diese begründete Lücke zu schließen ist.[310]

(a) Maßstab zur Bestimmung der Planwidrigkeit

Eine Planwidrigkeit, die den Richter zur gesetzesergänzenden Rechtsfortbildung ermächtigt, liegt vor, wenn bereits das Gesetz gemessen an seiner Regelungsabsicht unvollständig ist.[311] Als Bewertungsmaßstab dient die Regelungsabsicht des Gesetzes - die immanente Teleologie - und nicht rechtspolitisch begründete Forderungen, die von außen an das Gesetz herangetragen werden.[312] Die gesetzesergänzende Rechtsfortbildung umfaßt die teleologischen Lücken: Hier fordert die ratio legis eine weitere Ergänzung der gesetzlichen Regelung.[313] Die immanente Teleologie darf in diesem Zusammenhang allerdings nicht zu eng verstanden werden. In den wenigsten Fällen fordert bereits die immanente Teleologie einer gesetzlichen Vorschrift selbst die Ergänzung des Gesetzes. Meistens sind es erst ähnliche vergleichbare Rechtsfolgen anderer Normen, die eine Ergänzung einer unvollständigen Regelung nahelegen.[314] Der Analogie-

---

308 *Bydlinski*, Methodenlehre, S. 473; *Canaris*, Lücken, S. 31; *Larenz*, Methodenlehre, S. 373; *Schmalz*, Methodenlehre, Rn. 385 f.

309 *Engisch*, Einführung, S. 180.

310 *Canaris*, Lücken, S. 72. So auch *Bydlinski*, Methodenlehre, S. 474; *Larenz*, Methodenlehre, S. 401; *Looschelders/Roth*, Juristische Methodik, S. 300; *Schmalz*, Methodenlehre, Rn. 391.

311 *Larenz*, Methodenlehre, S. 373; *Larenz/Canaris*, Methodenlehre, S. 194.

312 *V. Hoyningen-Huene* in FS der juristischen Fakultät Heidelberg, S. 353 (355); *Larenz*, Methodenlehre, S. 374.

313 *Bydlinski*, Methodenlehre, S. 474; *Canaris*, Lücken, S. 141; *Larenz*, Methodenlehre, S. 373.

314 *Canaris*, Lücken, S. 71.

schluß ist eine klassische Methode der gesetzesergänzenden Rechtsfortbildung.[315]

(b) Voraussetzungen der Analogie

Die Analogie setzt nach herkömmlicher Definition eine planwidrige Regelungslücke und eine vergleichbare Interessenlage voraus.[316] Die Planwidrigkeit ergibt sich dabei aus der gleichen Interessenlage eines gesetzlich geregelten Falles: Diese Interessenlage ähnelt so sehr einem nicht geregelten Fall, daß es nicht gerechtfertigt erscheint, die Rechtsfolge auf den gesetzlich geregelten Fall zu beschränken. Planwidrigkeit und Analogieschluß ergeben sich aus denselben Erwägungen.[317] Bejaht man die vergleichbare Interessenlage, steht gleichzeitig die planwidrige Regelungslücke fest, es sei denn, es ergibt sich durch Auslegung, daß eine Rechtsfolge gar nicht oder zumindest nicht in dieser bestimmten Form vom Gesetzgeber gewollt war (sog. „argumentum e contrario").[318] Der Umkehrschluß steht einer Analogie entgegen.[319]

Ein **Umkehrschluß** greift ein, wenn das Gesetz zu erkennen gibt, daß die vom Gesetzgeber getroffene Rechtsfolge auf den gesetzlich geregelten Fall beschränkt bleiben soll und nicht auf einen ungeregelten, ähnlichen Fall übertragbar ist.[320] Ob ein Umkehrschluß eingreift, ist durch Auslegung zu ermitteln.[321] § 1 III KSchG trifft keine Aussage darüber, die Vorschrift auf die ordentliche betriebsbedingte Kündigung zu beschränken. Zwar regelt die Vorschrift aufgrund ihrer Stellung im KSchG nur die ordentliche Arbeitgeberkündigung; es lassen sich jedoch keine Anhaltspunkte dafür finden, daß vergleichbare Sachverhalte mit gleicher Interessenlage nicht im Wege der Analogie gelöst werden könnten. Es spricht vielmehr einiges dafür, daß der Gesetzgeber die Möglichkeit einer außerordentlichen betriebsbedingten Kündigung gar nicht ins Kalkül gezogen hat, da diese grundsätzlich unzulässig ist und nur in besonderen Fall-

---

315 *Bydlinski*, Methodenlehre, S. 475; *Engisch*, Einführung, S. 179; *Looschelders/Roth*, Juristische Methodik, S. 304.

316 *Larenz/Canaris*, Methodenlehre, S. 195/202; *Schmalz*, Methodenlehre, Rn. 385, 389.

317 *Canaris*, Lücken, S. 72; *Schmalz*, Methodenlehre, Rn. 391.

318 *Looschelders/Roth*, Juristische Methodik, S. 309; *Schmalz*, Methodenlehre, Rn. 386.

319 *Canaris*, Lücken, S. 48; Staudinger-*Coing*, Einl. zum BGB, Rn. 158.

320 *Larenz*, Methodenlehre, S. 390.

321 *Larenz*, Methodenlehre, S. 390.

konstellationen zum Tragen kommt. Ein Umkehrschluß steht der Analogie nicht entgegen.

Eine **vergleichbare Interessenlage** besteht, wenn die Sachverhalte in rechtlicher Hinsicht übereinstimmen.[322] Der Normzweck einer Vorschrift muß wegen der gleichen Interessenlage auch den gesetzlich nicht geregelten Fall erfassen.[323] Es muß herausgearbeitet werden, welchen Zweck § 1 III KSchG verfolgt, welche Interessenlage der ratio legis der Vorschrift zugrunde liegt, um dann anschließend zu überprüfen, ob die Interessenlage auch bei der außerordentlichen betriebsbedingten Kündigung einschlägig ist.

Hinsichtlich des Normzwecks und der zugrundeliegenden Interessenlage kann auf die früheren Ausführungen verwiesen werden: Der Sinn und Zweck des § 1 III KSchG besteht darin, den zu kündigenden Arbeitnehmer zu bestimmen (Auswahlfunktion), indem derjenige ausfindig gemacht werden soll, für den die Kündigung am leichtesten zu ertragen ist (Ausgleichsfunktion).[324] Da die Arbeitnehmer durch Umstände, die aus der Sphäre des Arbeitgebers stammen, in die Gefahr gebracht werden, ihre Arbeitsplätze zu verlieren, sollen bei der Auswahl der Arbeitnehmer vorrangig soziale Aspekte eine Rolle spielen. Zu klären ist demnach, ob die Interessenlage bei einer außerordentlichen betriebsbedingten Kündigung vergleichbar ist.

Weder bei der ordentlichen noch bei der außerordentlichen betriebsbedingten Kündigung haben die Arbeitnehmer Anlaß für eine Kündigung gegeben. Die Kündigung beruht in beiden Fällen auf betrieblichen Erfordernissen (§ 1 II KSchG), die der Sphäre des Arbeitgebers zuzurechnen sind.[325] Stehen mehrere tariflich geschützte Arbeitnehmer zur außerordentlichen Kündigung an und muß nur ein Teil von ihnen entlassen werden, besteht die gleiche Interessenlage wie bei der ordentlichen Kündigung: Die zu kündigenden Arbeitnehmer müssen konkretisiert werden (Auswahlfunktion) und als Ausgleich dafür, daß die Arbeitnehmer aus wirtschaftlichen Gründen entschädigungslos ihren Arbeitsplatz verlieren, soll die Auswahl der Arbeitnehmer nach sozialen Kriterien stattfinden (Ausgleichsfunktion). § 1 III KSchG muß bei der außerordentlichen

---

322 *Larenz/Canaris*, Methodenlehre, S. 202.

323 *Schmalz*, Methodenlehre, Rn. 389.

324 Dazu oben: 2. Kapitel, § 5, II.2.

325 Aus diesem Grund ist die außerordentliche betriebsbedingte Kündigung auch nur eingeschränkt zulässig. Der Arbeitgeber soll sein Wirtschafts- und Betriebsrisiko nicht auf die Arbeitnehmer abwälzen. Vgl. BAG v. 8.10.1957 - 3 AZR 136/55 in AP Nr. 16 zu § 626 BGB [unter IV. der Gründe] m. Anm. *Hueck* = BAGE 5, 20 = NJW 1958, 316.

Kündigung - als schärfere Rechtsfolge - „erst recht" gelten (sog. argumentum a minori ad maius)[326], wenngleich die Unterschiede zwischen einer ordentlichen und einer außerordentlichen betriebsbedingten Kündigung durch die soziale Auslauffrist verwischt werden. Die außerordentliche betriebsbedingte Kündigung hat nur Lückenfunktion, weil die ordentliche Kündigung durch Tarifvertrag ausgeschlossen ist. Die außerordentliche Kündigung soll die in diesem Fall ausgeschlossene ordentliche Kündigung ersetzen. § 1 III KSchG muß daher analog bei der außerordentlichen betriebsbedingten Kündigung gelten.

d) Ergebnis

§ 1 III KSchG ist im Wege der Analogie auf die außerordentliche betriebsbedingte Kündigung anwendbar. Im Ausgangsfall ist die Kündigung des A aufgrund dessen höherer sozialer Schutzbedürftigkeit gegenüber C unwirksam. Der Arbeitgeber hätte eine strenge Sozialauswahl entsprechend den Grundsätzen des § 1 III KSchG durchführen müssen.

Obwohl die Analogie aufgrund des gleichgelagerten Sachverhalts sehr nahe lag, erweist sich die ausführlichere Diskussion der Methodenlehre als überaus nützlich. Bei den späteren, umstrittenen Fallgruppen ist die weitere Vorgehensweise abgesteckt: Zuerst ist festzustellen, ob § 1 III KSchG direkt oder analog herangezogen werden kann. Eine Sozialauswahl außerhalb des § 1 KSchG sollte sich an die gesetzlichen Auswahlkriterien halten, wenn eine vergleichbare Interessenlage vorliegt. Ist das nicht der Fall, muß über eine abgeschwächte soziale Interessenabwägung im Rahmen des allgemeinen arbeitsrechtlichen Gleichbehandlungsgrundsatzes nachgedacht werden, der hinter § 1 III KSchG steht.

---

[326] Zum „Größenschluß" *Bydlinski*, Methodenlehre, S. 479; *Larenz/Canaris*, Methodenlehre, S. 208.

III. Personenbedingte Kündigung, § 1 II KSchG

Gem. § 1 II KSchG ist eine Kündigung u.a. sozial gerechtfertigt, wenn sie durch Gründe, die in der Person des Arbeitnehmers liegen, bedingt ist. Eine personenbedingte Kündigung setzt voraus, daß der Arbeitnehmer aufgrund seiner persönlichen Fähigkeiten und Leistungen nicht mehr in der Lage ist, seine geschuldete Arbeitsleistung zu erbringen.[327] In Abgrenzung zur verhaltensbedingten Kündigung erfaßt die personenbedingte Kündigung das nicht steuerbare arbeitsbezogene Verhalten des Arbeitnehmers.[328] Zu den personenbedingten Gründen zählen beispielsweise eine Krankheit des Arbeitnehmers oder das konstitutionelle Nachlassen der Leistungsfähigkeit.[329]

1. Anwendbarkeit des § 1 III KSchG bei arbeitsbedingten Krankheiten und Betriebsunfällen

Auf den ersten Blick scheint kein Raum für eine Auswahlentscheidung des Arbeitgebers und damit für eine Sozialauswahl zu sein: Erfüllen mehrere Arbeitnehmer die personenbezogenen Kündigungsvoraussetzungen, hat der Arbeitgeber ein großes Interesse, sich von allen Arbeitnehmern zu trennen. Es besteht kein soziales Konkurrenzverhältnis zu anderen Arbeitnehmern. Im arbeitsrechtlichen Schrifttum wollen einige Stimmen § 1 III KSchG jedoch bei der personenbedingten Kündigung anwenden. Der personenbedingte Kündigungsgrund soll auf einen anderen Arbeitnehmer verlagert werden. Die Sozialauswahl nach den Grundsätzen des § 1 III KSchG soll entscheiden, welchem Arbeitnehmer gekündigt wird.

Beispiel: Der Arbeitnehmer A ist wegen eines vom Arbeitgeber verschuldeten Betriebsunfalls nicht mehr in der Lage, seine geschuldete Arbeitsleistung als Chemielaborant zu erbringen. Sein Arbeitsvertrag sieht jedoch auch eine Tätigkeit als Schreibkraft vor. Im Unternehmen des Arbeitgebers steht aber kein freier Arbeitsplatz im Bürobereich zur

---

327 ErfKomm-*Ascheid*, § 1 KSchG, Rn. 188; KR-*Etzel*, § 1 KSchG, Rn. 291; *Hueck/v.Hoyningen-Huene*, KSchG, § 1, Rn. 176.

328 *Berkowsky*, Die personen- und verhaltensbedingte Kündigung, § 9, Rn. 2; *Hueck/v.Hoyningen-Huene*, KSchG, § 1, Rn. 185a.

329 MünchArbR-*Berkowsky*, § 136, Rn. 3; HK-KSchG/*Weller/Dorndorf*, § 1, Rn. 360 ff.; *Zollner/Loritz*, Arbeitsrecht, S. 294.

Verfügung. Der 51 Jahre alte A, der bereits seit dreißig Jahren im Betrieb beschäftigt ist und drei Kinder zu versorgen hat, verlangt deshalb die Kündigung des C, der als Schreibkraft angestellt ist. C ist nicht verheiratet, kinderlos und erst seit drei Jahren im Betrieb tätig.

Einzelne Vertreter der arbeitsrechtlichen Literatur ziehen zur Lösung des Problems die Kriterien des § 1 III KSchG heran.[330] Demnach müßte der Arbeitgeber den Arbeitsplatz des C aufgrund der höheren sozialen Schutzbedürftigkeit des A freikündigen, damit letzterer seine Arbeitsstelle nicht verliert und weiterbeschäftigt werden kann. Dabei werden in der Literatur zwei verschiedene Ansätze vertreten.

a) Personen- oder betriebsbedingte Kündigung?

Nach Auffassung *Pflügers* handelt es sich bei der Kündigung wegen betrieblich verursachter Erkrankung des Arbeitnehmers um eine betriebsbedingte Kündigung: Nicht die Krankheit des Arbeitnehmers sei Anlaß oder Bedingung der Kündigung, sondern das Hervorrufen der Krankheit durch arbeitsbedingte Umstände, die der Sphäre des Arbeitgebers zuzurechnen seien.[331] Deshalb erscheine es angemessen, § 1 III KSchG direkt heranzuziehen.[332] Probleme hinsichtlich der Anwendbarkeit des § 1 III KSchG stellten sich nicht.

Der Ansicht ist entgegenzuhalten, daß sie nicht nach der unmittelbaren Störquelle unterscheidet.[333] Die Krankheit beruht zwar auf betrieblichen Ursachen, trotzdem ist die unmittelbare Störung des Arbeitsverhältnisses darin zu sehen, daß der betroffene Arbeitnehmer persönlich nicht mehr in der Lage ist, seine geschuldete Arbeitsleistung zu erbringen. Die betriebsbedingte Kündigung knüpft - unabhängig von der einzelnen Person - an einen rein rechnerischen Überhang von Arbeitskräften an.[334] Die personenbedingte Kündigung bezieht sich dagegen auf einen konkreten Arbeitsplatz eines Arbeitnehmers, der seinen

---

330 *Daubler*, Das Arbeitsrecht 2, S. 546; *Pfluger* in DB 1995, 1761 (1765).

331 *Pfluger* in DB 1995, 1761 (1765).

332 *Pfluger* in DB 1995, 1761 (1765).

333 BAG v. 29.1.1997 - 2 AZR 9/96 in AP Nr. 32 zu § 1 KSchG 1969 Krankheit [unter II.1.c) der Gründe] = NZA 1997, 709 = NJW 1997, 2700 = SAE 1998, 15 mit Anm. *Gamillscheg*.

334 Dazu oben: 2. Kapitel, § 5, II.2.

Arbeitsvertrag nicht mehr erfüllen kann. Es liegt eine personenbedingte Kündigung vor, wenn auf den einzelnen Arbeitnehmer abgestellt wird, selbst wenn die tieferen Ursachen aus der betrieblichen Sphäre des Arbeitgebers herrühren sollten. Der Schutz des erkrankten Arbeitnehmers läßt sich durch eine strenge Interessenabwägung erreichen, in der die arbeitsbedingte Erkrankung verstärkt berücksichtigt werden muß.[335] Es nicht nötig, zum Schutz des Arbeitnehmers aus einer personenbedingten eine betriebsbedingte Kündigung zu machen.

Dem Ansatz *Pflügers* ist nicht zu folgen. Inwiefern eine Sozialauswahl (§ 1 III KSchG) aus anderen methodischen Erwägungen heraus gerechtfertigt sein kann, ist nachfolgend zu untersuchen.

b) Sozialauswahl zur Freikündigung eines Arbeitsplatzes

Eine andere Auffassung ordnet den Beispielsfall zutreffend als personenbedingte Kündigung ein, fordert aber trotzdem eine Sozialauswahl nach den Kriterien des § 1 III KSchG. Der Arbeitgeber müsse im Rahmen des Zumutbaren eine Weiterbeschäftigungsmöglichkeit auf einem anderen, leidensgerechten Arbeitsplatz schaffen.[336] Fehlt es an einem freien Arbeitsplatz, so sei die Kündigung eines anderen Beschäftigten zu erwägen, soweit der Erkrankte nach den Kriterien des § 1 III KSchG den Vorrang hätte und betriebliche Interessen nicht entgegenstünden.[337] Ohne sich auf einen anerkannten juristischen Methodenweg zu begeben, fordern einige Vertreter des arbeitsrechtlichen Schrifttums eine Sozialauswahl (§ 1 III KSchG) im Rahmen einer personenbedingten Kündigung.

Das KSchG enthält keine Vorschrift, die dem Arbeitgeber ausdrücklich vorschreibt, bei einer personenbedingten Kündigung einen anderen Arbeitsplatz freizukündigen, um einen sozial schutzwürdigeren Arbeitnehmer weiterzubeschäftigen. § 1 II 2 Nr. 1b KSchG sieht lediglich die Weiterbeschäftigung auf *freien* Arbeitsplätzen vor. Nachfolgend soll untersucht werden, ob sich die obige Auffassung unter rechtsmethodischen Gesichtspunkten verwirklichen

---

335 BAG v. 29.1.1997 - 2 AZR 9/96 in AP Nr. 32 zu § 1 KSchG 1969 Krankheit [unter II.1.c) der Gründe] = NZA 1997, 709 = NJW 1997, 2700 = SAE 1998, 15 mit Anm. *Gamillscheg*.

336 *Daubler*, Das Arbeitsrecht 2, S. 545.

337 *Daubler*, Das Arbeitsrecht 2, S. 546; *Gamillscheg*, Arbeitsrecht I, S. 496; *Herbst/Wohlfarth* in DB 1990, 1816 (1818).

läßt. Dabei kann auf die methodischen Ausführungen im vorherigen Abschnitt zurückgegriffen werden.

aa) Anwendbarkeit des § 1 III KSchG im Wege der Auslegung

Eine erweiternde Auslegung kommt bei der personenbedingten Kündigung nicht in Betracht: § 1 III KSchG fordert eine ausreichende Berücksichtigung von sozialen Kriterien, wenn einem Arbeitnehmer aus dringenden *betrieblichen* Erfordernissen gekündigt worden ist. Die Sozialauswahl bezieht sich ausdrücklich nur auf betriebsbedingte Kündigungen. Selbst wenn die Interessenlage im Ausgangsfall mit der einer betriebsbedingten Kündigung vergleichbar wäre, käme die teleologische Auslegung zu keinem anderen Ergebnis: Der Wortlaut des § 1 III KSchG stünde dem klar entgegen.[338] Die Kriterien des § 1 III KSchG können nur im Wege der richterlichen Rechtsfortbildung herangezogen werden.

bb) Anwendbarkeit des § 1 III KSchG im Wege der gesetzesergänzenden Rechtsfortbildung

Die gesetzesergänzende Rechtsfortbildung verlangt eine „Lücke", von der bereits gesprochen werden kann, wenn das positive Recht, d. h. das geschriebene Gesetzes- sowie das ungeschriebene Gewohnheitsrecht eine Unvollständigkeit erkennen läßt, die nicht planmäßig gewollt war.[339]

(1) Vorliegen einer Gesetzeslücke

§ 1 III KSchG ist nicht im Wege der Auslegung auf die personenbedingte Kündigung anwendbar; eine andere gesetzliche Vorschrift, die eine Sozialauswahl vorschreibt, ist nicht ersichtlich. Das geschriebene Recht legt dem Arbeitgeber keine Verpflichtung auf, notfalls einen Arbeitsplatz freizukündigen. Da

---

338 Zu den Grenzen der Auslegung: 3. Kapitel, § 9, II.2.b).

339 Dazu oben: 3. Kapitel, § 9, II.2.c)bb).

die Generalklauseln keine Lücken im Hinblick auf einen Analogieschluß verhindern können, liegt eine Unvollständigkeit des positiven Rechts vor.[340]

(2) Lückenausfüllung

Wegen des positiven Begründungszwangs der Unvollständigkeit sind die erforderlichen Denkschritte der Lückenfeststellung und Lückenschließung die gleichen: Eine Gesetzeslücke ist jede planwidrige Regelungslücke.[341] § 1 III KSchG läßt sich nicht entnehmen, den Geltungsbereich der Sozialauswahl auf die ordentliche betriebsbedingte Kündigung zu beschränken. Die Planwidrigkeit hängt davon ab, ob eine vergleichbare Interessenlage vorliegt.

(a) Voraussetzungen der Analogie

Das Gebot der Gerechtigkeit gebietet, gleichartige Tatbestände gleich zu behandeln.[342] Es ist zu klären, ob die Interessenlage bei der personenbedingten Kündigung aufgrund eines Arbeitsunfalls mit der einer betriebsbedingten Kündigung vergleichbar ist. Die Ähnlichkeit der Sachverhalte wird bejaht, wenn sie in den für die rechtliche Bewertung maßgebenden Hinsichten übereinstimmen.[343]

Die wesentlichen Zwecke des § 1 III KSchG sind der Auswahl- und der Ausgleichsgedanke.[344] Diese Zwecke müßten bei der personenbedingten Kündigung passen, um eine analoge Anwendung von § 1 III KSchG zu rechtfertigen.

Der Ansicht, die § 1 III KSchG anwenden will, ist zuzugeben, daß der Kündigungsanlaß bei einem Berufsunfall oder einer Arbeitskrankheit auch aus der betrieblichen Sphäre stammt. Ohne das zur Arbeitsunfähigkeit führende Ereignis wäre der Arbeitnehmer noch in der Lage, seine geschuldete Arbeitsleistung zu erbringen. Die unmittelbare Störung liegt wegen der krankheitsbedingten Leistungsunfähigkeit zwar im einzelnen Arbeitsverhältnis, die Kündigung läßt

---

340 Zum Verhältnis Generalklauseln / Rechtsfortbildung : 3. Kapitel, § 9, II.2.c) (1) (c).

341 Dazu oben: 3. Kapitel, § 9, II.2.c)bb) (2).

342 *Canaris*, Lücken, S. 57.

343 *Larenz/Canaris*, Methodenlehre, S. 202.

344 Dazu oben: 2. Kapitel, § 5, II.2.

sich aber zumindest mittelbar auf betriebliche Ursachen zurückführen. Insofern spricht viel dafür, soziale Gerechtigkeit walten zu lassen und ältere auf ihren Arbeitsplatz stark angewiesene Arbeitnehmer auch stärker zu schützen. Wenn der Arbeitgeber den Berufsunfall zudem schuldhaft herbeigeführt hat und der Arbeitnehmer körperlich geschädigt wurde, entsteht in diesen Fällen ein viel größeres Ausgleichsinteresse als bei der betriebsbedingten Kündigung. Die Schutzwürdigkeit des Arbeitnehmers steht außer Frage; der Ausgleichsgedanke ist nicht von der Hand zu weisen.

Eine vergleichbare Interessenlage und damit eine Analogie ist aber abzulehnen: Die Auswahlfunktion der Sozialauswahl ist im vorliegenden Fall nicht einschlägig. Im Gegensatz zu den meisten Fällen der betriebsbedingten Kündigung, steht der Arbeitnehmer bei einer personenbedingten Kündigung bereits fest.[345] Ein bestimmter Arbeitnehmer ist nicht mehr dazu in der Lage, seine geschuldete Arbeitsleistung ordnungsgemäß zu verrichten. Anders als bei der betriebsbedingten Kündigung ist bei der personenbedingten Kündigung keine Auswahlentscheidung unter mehreren vergleichbaren Arbeitnehmern notwendig. Der Konkretisierungsgedanke paßt bei der personenbedingten Kündigung nicht.

Einem Analogieschluß zu § 1 III KSchG stehen zwingende Wertungen des Kündigungsrechts entgegen: Der sozial stärkere Arbeitnehmer, der seinen Arbeitsplatz nach den Kriterien des § 1 III KSchG freimachen soll, hat mit dem Kündigungsanlaß nicht das Geringste zu tun. Ähnlich wie bei der von der herrschenden Meinung abgelehnten vertikalen Vergleichbarkeit, führte die Sozialauswahl bei der personenbedingten Kündigung zu einer Bestandsschutzgefährdung von Arbeitsverhältnissen, die überhaupt nicht von dem Kündigungsanlaß betroffen sind.[346] Bei der betriebsbedingten Kündigung sind alle vergleichbaren Arbeitnehmer potentiell von den inner- und außerbetrieblichen Ursachen betroffen; es erfolgt kein Eingriff in unbeteiligte fremde Rechtspositionen. Bei der personenbedingten Kündigung ist dagegen nur der einzelne Arbeitnehmer von der Kündigung betroffen. Ein Eingriff in unbeteiligte, fremde Rechtspositionen kann nicht ohne gesetzliche Grundlage vorgenommen werden.[347] Der personenbedingte Kündigungsgrund würde in unzulässiger Weise auf fremde Arbeitnehmer übertragen. Vorausgesetzt, auch der sozial stärkere Arbeitnehmer genösse Kündigungsschutz nach dem KSchG, wäre die

---

[345] *Hueck/v.Hoyningen-Huene*, KSchG, § 1, Rn. 433; *K/B/K*, Handbuch, 13. Kap., Rn. 143.

[346] Zu den Argumenten gegen eine vertikale Sozialauswahl: KR-*Etzel*, § 1 KSchG, Rn. 640.

[347] HK-KSchG/*Weller/Dorndorf*, § 1, Rn. 368a.

Kündigung ihm gegenüber weder personen-, verhaltens- noch betriebsbedingt.[348] Zu denken wäre allenfalls an eine betriebsbedingte Kündigung, die jedoch daran scheitert, daß kein Arbeitsplatz im Betrieb des Arbeitgebers weggefallen ist. Der Arbeitgeber hätte kein Mittel, um dem Arbeitnehmer zu kündigen.

Im Ausgangsfall ist die soziale Schutzbedürftigkeit des A zweifellos anzuerkennen: Warum soll aber der mit dem Chemielabor überhaupt nicht in Berührung kommende Arbeitnehmer C dafür mit einer Kündigung büßen? Der Ausgleichsgedanke der Sozialauswahl - die soziale Gerechtigkeit - wirkte sich zu Lasten unbeteiligter Dritter aus. Man kann unter Anerkennung sozialer Gerechtigkeit nichts verteilen, wenn es nichts zu verteilen gibt. Man sollte nicht vorschnell den „Gedanken" oder die „Kriterien" des § 1 III KSchG heranziehen, um die soziale Schutzbedürftigkeit eines Arbeitnehmers zu betonen. Wenn die Auswahlfunktion der Sozialauswahl einschlägig ist, wenn die vergleichbare Betroffenheit der Arbeitnehmer feststeht, kann man an eine analoge Anwendung der Vorschrift denken. Die Sozialauswahl (§ 1 III KSchG) darf nicht erst die Vergleichbarkeit der Arbeitnehmer herstellen. Alles andere liefe auf eine unzulässige Austauschkündigung hinaus, bei der einem Arbeitnehmer gekündigt wird, um ihn durch einen anderen auszutauschen.[349] Es besteht kein Anlaß, den zweiseitig arbeitsvertragsbezogenen Kündigungsschutz zu verlassen und in fremde Rechtspositionen einzugreifen.[350] Der Ausgleich muß auf das einzelne Arbeitsverhältnis beschränkt werden[351] - beispielsweise durch eine strenge Interessenabwägung.[352]

---

348 *K/B/K*, Handbuch, 11. Kap., Rn. 65.

349 Vgl. BAG v. 20.3.1997 - 8 AZR 829/95 in AP Nr. 40 zu Art. 20 EinV [unter II.4.b) der Gründe] = NZA 1998, 201; BAG v. 26.9.1996 - 2 AZR 200/96 in AP Nr. 80 zu § 1 KSchG 1969 Betriebsbedingte Kündigung [unter II.3.d) der Gründe] = BB 1997, 260 = NJW 1997, 885 = NZA 1997, 205.

350 BAG v. 29.1.1997 - 2 AZR 9/96 in AP Nr. 32 zu § 1 KSchG 1969 Krankheit [unter II.1.c) der Gründe] = NZA 1997, 709 = NJW 1997, 2700 = SAE 1998, 15 mit Anm. *Gamillscheg*; *Lepke*, Kündigung bei Krankheit, S. 103.

351 So auch *Preis*, Prinzipien des Kündigungsrechts, S. 318.

352 So das BAG v. 29.1.1997 - 2 AZR 9/96 in AP Nr. 32 zu § 1 KSchG 1969 Krankheit [unter II.1.c) der Gründe] = NZA 1997, 709 = NJW 1997, 2700 = SAE 1998, 15 mit Anm. *Gamillscheg*.

(b) Zwischenergebnis

Die Interessenlage einer personenbedingten Kündigung ist nicht mit der einer betriebsbedingten ordentlichen Kündigung zu vergleichen. Die Rechtsfolge des § 1 III KSchG kann nicht im Wege der Analogie auf die personenbedingte Kündigung übertragen werden.

cc) Soziale Auswahlkriterien im Rahmen des allgemeinen Gleichbehandlungsgrundsatzes

Eine Sozialauswahl nach den Kriterien des § 1 III KSchG ist bei der personenbedingten Kündigung unangemessen. Man könnte sich die Frage stellen, ob der Arbeitgeber nicht über den Gleichbehandlungsgrundsatz verpflichtet wäre, nach sozialen Aspekten auszuwählen oder zumindest soziale Aspekte zu berücksichtigen. Wenn § 1 III KSchG nicht anwendbar ist, könnte das überpositive Prinzip des allgemeinen Gleichbehandlungsgrundsatzes zurückbleiben.[353] Das allgemeine Rechtsprinzip „Sozialauswahl" könnte den Gleichbehandlungsgrundsatz beeinflussen. Das setzt zunächst voraus, daß der Gleichbehandlungsgrundsatz einschlägig ist.

Nach dem Gleichbehandlungsgrundsatz darf der Arbeitgeber vergleichbare Arbeitnehmer nicht willkürlich ungleich behandeln.[354] Vergleichbar sind Arbeitnehmer, die vergleichbare Tätigkeiten ausüben.[355] Man könnte eine vergleichbare Ausgangslage in Betracht ziehen: Die zu vergleichenden Arbeitnehmer sind - ähnlich wie bei § 1 III KSchG - nach arbeitsplatzbezogenen Merkmalen austauschbar. Für die vergleichbare Lage fehlt es hingegen an der gleichen *Betroffenheit* der Arbeitnehmer. Im Gegensatz zur betriebsbedingten Kündigung ist bei der personenbedingten Kündigung von vornherein nur ein einzelner Arbeitnehmer betroffen. Eine Auswahlentscheidung ist nicht erforderlich, da der personenbedingte Kündigungsgrund an das einzelne Arbeitsverhältnis anknüpft. Die gleichen Argumente, die gegen einen Analogieschluß sprechen, sprechen auch gegen die Anwendbarkeit des Gleichbehandlungsgrundsatzes. Der Arbeitgeber kann kein Arbeitsplatzrisiko sozial verteilen,

---

353 So ausdrücklich *Preis* in NZA 1997, 1256 (1268).

354 *Brox/Ruthers*, Arbeitsrecht, Rn. 134/136; *Marhold/Beckers*, AR-Blattei SD, 800.1, Rn. 65; BAG v. 19.8.1992 - 5 AZR 513/91in AP Nr. 102 zu § 242 BGB Gleichbehandlung [unter II.3. der Gründe] = NZA 1993, 171 = BB 1992, 2295 = SAE 1993, 329.

355 ErfKomm-*Preis*, § 611 BGB, Rn. 842.

wenn die Betroffenheit der zu vergleichenden Arbeitnehmer erst hergestellt wird. Arbeitnehmer, die nichts mit dem Kündigungsanlaß zu tun haben, dürfen nicht künstlich über eine Sozialauswahl in die Gefahr gebracht werden, ihren Arbeitsplatz zu verlieren. Eine Interessenabwägung, die andere vergleichbare Arbeitnehmer einbezieht kann demnach auch nicht anderweitig - z. B. über § 242 BGB - hergeleitet werden.

2. Ergebnis

Im Rahmen der personenbedingten Kündigung ist mangels gleicher betrieblicher Betroffenheit der verschiedenen Arbeitsplatzinhaber unter rechtsmethodischen Gesichtspunkten kein Raum für eine Sozialauswahl. Die Auswahlfunktion des § 1 III KSchG kommt bei der personenbedingten Kündigung nicht zum Tragen. Im Ausgangsfall kann A nicht die Kündigung des C verlangen, um einer personenbedingten Kündigung zu entgehen. Die Frage der Wirksamkeit der Kündigung ist auf das einzelne Arbeitsverhältnis zu beschränken und wegen der hervorgerufenen Berufskrankheit mit einer strengen Interessenabwägung zu beantworten.

IV. Verhaltensbedingte Kündigung, § 1 II KSchG

Neben betriebs- und personenbedingten Kündigungsgründen kann eine ordentliche Arbeitgeberkündigung auch durch verhaltensbedingte Gründe sozial gerechtfertigt sein (§ 1 II KSchG). Der verhaltensbedingte Kündigungsgrund umfaßt Vertragsverletzungen verschiedenster Art: Es kann sich sowohl um Hauptpflichtverletzungen als auch um die Verletzung von vertraglichen Nebenpflichten handeln.[356] In Abgrenzung zur personenbedingten liegt bei der verhaltensbedingten Kündigung ein steuer- und zurechenbares Verhalten des Arbeitnehmers vor.[357]

---

356 KR-*Etzel*, § 1 KSchG, Rn. 418; *Hueck/v Hoyningen-Huene*, KSchG, § 1, Rn. 271; *Preis*, Arbeitsrecht, S. 685.

357 *Berkowsky*, Die personen- und verhaltensbedingte Kündigung, § 8, Rn. 2; *Hueck/v.Hoyningen-Huene*, KSchG, § 1, Rn. 185a.

Bei der verhaltensbedingten Kündigung wird in zwei Fallkonstellationen eine Auswahl nach sozialen Aspekten diskutiert: Zum einen bei der Freikündigung eines Arbeitsplatzes für einen sozial schutzbedürftigen Arbeitnehmer (dazu unter 1.) und zum anderen bei der Auswahl des Arbeitgebers bei mehreren, gleichartigen Vertragsverletzungen verschiedener Arbeitnehmer (dazu unter 2.).

1. Sozialauswahl zur Freikündigung eines Arbeitsplatzes

Gamillscheg zieht bei der verhaltensbedingten Kündigung in Erwägung, die Kriterien des § 1 III KSchG heranzuziehen, um einen sozial schutzbedürftigen Arbeitnehmer vor einer verhaltensbedingten Kündigung zu bewahren. Der Arbeitgeber sei unter Umständen zur Freikündigung eines Arbeitsplatzes gezwungen, sofern die Sozialauswahl zu Lasten des dort beschäftigten, vergleichbaren Arbeitnehmers ginge.[358] Insofern kann auf das Beispiel zur personenbedingten Kündigung verwiesen werden, mit der Besonderheit, daß der personenbedingte durch einen verhaltensbedingten Kündigungsgrund ausgetauscht wird.

Der Arbeitnehmer hat bei der verhaltensbedingten Kündigung eine Pflicht aus dem Arbeitsverhältnis verletzt. Die Kündigung knüpft also an das einzelne Arbeitsverhältnis an, so daß bei der Kündigung wegen der Verletzung von vertraglichen Arbeitnehmerpflichten genauso wenig ein Auswahlerfordernis besteht wie bei der personenbedingten Kündigung. Die Kündigung des sozial stärkeren Arbeitnehmers hätte zur Folge, daß der verhaltensbedingte Kündigungsgrund auf einen Arbeitnehmer „verschoben" wird, der nicht das Geringste mit dem Kündigungsanlaß zu tun hat. Die Auswahlfunktion - eine der beiden wesentlichen Zwecke des § 1 III KSchG - ist auch bei der verhaltensbedingten Kündigung nicht gegeben; die Anwendung des § 1 III KSchG führte zu einer unzulässigen Austauschkündigung.[359]

Ferner kommt bei der verhaltensbedingten Kündigung nicht einmal der Ausgleichsgedanke zum Tragen. Konnte man diesen Aspekt bei der personenbedingten Kündigung wegen der arbeitsbedingten Erkrankung noch bejahen, fehlt dieser Schutzgedanke bei der verhaltensbedingten Kündigung völlig. Der Arbeitnehmer, der durch eine Haupt- oder Nebenpflichtverletzung eine Kündi-

---

[358] *Gamillscheg*, Arbeitsrecht I, S. 496.

[359] Dazu oben: 3. Kapitel, § 9, III.1.b)bb)(2)(a).

gung provoziert, ist in keinster Weise schutzbedürftig. Warum soll ein sozial starker Arbeitnehmer seinen Arbeitsplatz verlieren, weil beispielsweise einem sozial schutzbedürftigen Kraftfahrer wegen einer alkoholisierten Dienstfahrt verhaltensbedingt gekündigt werden soll?[360] Der Kündigungsanlaß läßt sich nicht einmal mittelbar auf betriebliche Umstände zurückführen; er liegt eindeutig in der Sphäre des Arbeitnehmers. Der sozial stärkere Arbeitnehmer fiele aus allen Wolken, wenn er den Kündigungsanlaß erführe.

Daher ist bei der verhaltensbedingten Kündigung - was die Freikündigung angeht - kein Raum für eine Sozialauswahl nach den Kriterien des § 1 III KSchG oder im Rahmen des allgemeinen arbeitsrechtlichen Gleichbehandlungsgrundsatzes. Hinsichtlich der rechtsmethodischen Ausführungen kann auf das vorangegangene Kapitel verwiesen werden. Die dort vorgebrachten Argumente gelten bei der verhaltensbedingten Kündigung wegen des fehlenden Ausgleichsgedankens erst recht.

2. Sozialauswahl bei der Auswahl der Arbeitnehmer bei gleichartigen Vertragsverletzungen

Ein anderes Anwendungsfeld für eine Sozialauswahl stellt sich bei der verhaltensbedingten Kündigung, wenn es um die Auswahl der zu kündigenden Arbeitnehmer bei gleichzeitigen, gleichartigen Vertragsverletzungen verschiedener Arbeitnehmer geht.

Beispiel: Die Arbeitnehmer A, B und C verstoßen wiederholt gemeinsam gegen ein betriebliches Rauchverbot, das wirksam in einer Betriebsvereinbarung niedergelegt ist. Nach zahlreichen erfolglosen Abmahnungen entschließt sich der Arbeitgeber, ein Exempel zu statuieren. Er kündigt nur dem B, der fünfzig Jahre alt und seiner Ehefrau und drei Kindern unterhaltspflichtig ist. B fühlt sich benachteiligt und rügt, daß nicht auch den beiden anderen gekündigt wurde. Zumindest treffe die Kündigung den ledigen dreißigjährigen A nicht so hart.

---

360 So dagegen das Beispiel von *Gamillscheg*, Arbeitsrecht I, S. 491.

Die verhaltensbedingte Kündigung nach § 1 II KSchG umfaßt auch die Verletzung von vertraglichen Nebenpflichten.[361] Der Verstoß gegen ein betriebliches Rauchverbot ist nach einer erfolglosen Abmahnung geeignet, einen verhaltensbedingten Kündigungsgrund abzugeben.[362] Fraglich ist, ob die Auswahlentscheidung des Arbeitgebers zu beanstanden ist. Hätte § 1 III KSchG zu beachten, wäre die Kündigung des B auf jeden Fall unwirksam.

Zu untersuchen ist nachfolgend anhand des bekannten methodischen Schemas, ob der Grundsatz des § 1 III KSchG auch bei der Auswahlentscheidung des Arbeitgebers bei einer verhaltensbedingten Kündigung angewandt werden kann.

a) Anwendbarkeit des § 1 III KSchG im Wege der Auslegung

§ 1 III KSchG ist nicht im Wege der erweiternden Auslegung auf die verhaltensbedingte Kündigung anzuwenden. Insofern kann auf die Ausführungen zur personenbedingten Kündigung verwiesen werden: Der Wortlaut des § 1 III KSchG („betriebliche Erfordernisse im Sinne des Absatzes 2") steht dem klar entgegen.[363]

b) Anwendbarkeit des § 1 III KSchG im Wege der gesetzesergänzenden Rechtsfortbildung

Die gesetzesergänzende Rechtsfortbildung verlangt eine „Lücke", d. h. eine Unvollständigkeit des geschriebenen Gesetzes- sowie des ungeschriebenen Gewohnheitsrechts, die als planwidrig zu bezeichnen ist.[364]

§ 1 III KSchG ist weder ausdrücklich noch im Wege der erweiternden Auslegung auf die verhaltensbedingte Kündigung anwendbar; auch das Gewohn-

---

361 HK-KSchG/*Dorndorf*, § 1, Rn. 516; KR-*Etzel*, § 1 KSchG, Rn. 513; *Hueck/v. Hoyningen-Huene*, KSchG, § 1, Rn. 271.

362 KR-*Etzel*, § 1 KSchG, Rn. 513; *Scholz*, Gleichbehandlung bei der Kündigung, S. 103; LAG Düsseldorf v. 17.6.1997 - 16 Sa 346/97 in LAGE Nr. 58 zu § 1 KSchG 1969 Verhaltensbedingte Kündigung [unter 1.a) der Gründe].

363 Dazu oben: 3. Kapitel, § 9, III.1.b)aa).

364 Dazu oben: 3. Kapitel, § 9, II.2.c)bb).

heitsrecht oder die Generalklauseln des Zivilrechts können dem Arbeitgeber keine Sozialauswahl nach den Maßstäben des § 1 III KSchG auferlegen. Die Rechtsordnung ist im Hinblick auf eine strenge Sozialauswahl unvollständig.

Der Analogieschluß zu § 1 III KSchG hängt von der Planwidrigkeit der Unvollständigkeit ab. Eine teleologische Lücke, die durch Analogie zu schließen ist, liegt vor, wenn der Grundsatz der Sozialauswahl nicht auf die betriebsbedingte Kündigung beschränkt, sondern wegen der vergleichbaren Interessenlage auf die verhaltensbedingte Kündigung ausgedehnt werden sollte. Eine Analogie ist zu bejahen, wenn die der Sozialauswahl (§ 1 III KSchG) zugrundeliegende Interessenlage auch bei der verhaltensbedingten Kündigung gegeben ist. Die Auswahl- und Ausgleichsfunktion der Sozialauswahl müßte die verhaltensbedingte Kündigung erfassen.[365]

Der Arbeitgeber entscheidet mit seiner Auswahl, welche Arbeitnehmer ihren Arbeitsplatz verlieren: Er wählt aus einem Kreis von vergleichbar betroffenen Arbeitnehmern diejenigen aus, die den Betrieb verlassen müssen. Die Auswahlfunktion ist wegen der gleichen Ausgangsbetroffenheit der Arbeitnehmer gegeben. Bei der verhaltensbedingten Kündigung haben die Arbeitnehmer aber durch ihre gleichartigen Vertragsverletzungen dem Arbeitgeber Anlaß geboten, das Arbeitsverhältnis zu lösen. Eine Sozialauswahl als Ausgleich für den entschädigungslosen Verzicht auf den Arbeitsplatz ist nicht erforderlich. Die Zurückstellung aller anderen Differenzierungskriterien - vor allem der betrieblichen Belange (vgl. § 1 III 2 KSchG) - ist nur bei Auswahlentscheidungen angemessen, die aus wirtschaftlichen, betriebsbedingten Gründen notwendig werden und aus der Sphäre des Arbeitgebers stammen. Eine soziale Verteilung des Arbeitsplatzrisikos ist nicht angebracht, wenn die Arbeitnehmer freiwillig das Risiko eingegangen sind, ihren Arbeitsplatz zu verlieren. Beschließt der Arbeitgeber, bei mehreren gleichartigen Vertragsverletzungen nicht allen Arbeitnehmern zu kündigen, ist eine strenge Sozialauswahl nach § 1 III KSchG bei der verhaltensbedingten Kündigung unangemessen.

Die Interessenlage bei der verhaltensbedingten Kündigung ist nicht mit derjenigen einer betriebsbedingten Kündigung zu vergleichen: Es fehlt die gleiche Betroffenheit aus *betrieblichen* Gründen und damit die Ausgleichsfunktion der Sozialauswahl. Eine planwidrige Gesetzeslücke liegt nicht vor; eine Analogie zu § 1 III KSchG kommt nicht in Betracht.

---

[365] Dazu oben: 2. Kapitel, § 5, II.2.

c) Soziale Auswahlkriterien im Rahmen des allgemeinen Gleichbehandlungsgrundsatzes

Da sich der Grundsatz des § 1 III KSchG nicht auf die verhaltensbedingte Kündigung übertragen läßt, ist nachfolgend zu untersuchen, ob das Sozialstaatsprinzip und Art. 12 GG dem Arbeitgeber aufgeben können, soziale Aspekte bei der Auswahl zu beachten. Das allgemeine Rechtsprinzip „Sozialauswahl" könnte im Rahmen des arbeitsrechtlichen Gleichbehandlungsgrundsatzes den vorliegenden Fall erfassen. Die Kündigung könnte gegen den Gleichbehandlungsgrundsatz verstoßen, wenn der Arbeitgeber soziale Gesichtspunkte außer acht gelassen hat. Dazu müßte der allgemeine Gleichbehandlungsgrundsatz anwendbar sein [dazu unter aa)] und das allgemeine Rechtsprinzip „Sozialauswahl" zu sozialen Differenzierungskriterien drängen [dazu unter bb)].

aa) Anwendbarkeit des allgemeinen Gleichbehandlungsgrundsatzes

Der Gleichbehandlungsgrundsatz ist im Kündigungsrecht anwendbar und schreibt dem Arbeitgeber vor, nach sachlichen Gesichtspunkten zu differenzieren. Obwohl wegen der individualistischen Ausprägung des Kündigungsrechts nur selten vergleichbare Fallgestaltungen vorliegen, besteht kein Anlaß, in Fällen wie diesem, in denen ein homogener Kündigungssachverhalt vorliegt, den Gleichbehandlungsgrundsatz kategorisch abzulehnen.[366] Begehen mehrere Arbeitnehmer aufgrund eines engen sachlichen und zeitlichen Zusammenhangs gleichartige Pflichtverletzungen, besteht eine vergleichbare Ausgangslage, so daß die einzelne Kündigung am Gleichbehandlungsgrundsatz zu messen ist.

bb) Konkretisierung des allgemeinen Gleichbehandlungsgrundsatzes

Bei mehreren gleichartigen und gleich schwerwiegenden Verfehlungen verschiedener Arbeitnehmer sollte nicht mehr fraglich sein, dem Arbeitgeber die willkürliche Differenzierung zu untersagen. Er muß die Arbeitnehmer, sofern er sich dazu entschließt, nicht allen zu kündigen, nach sachlichen Gesichtspunkten auswählen.

---

366 Dazu ausführlich oben: 2. Kapitel, § 6, II.1.a).

Die Pflicht des Arbeitgebers, nach sozialen Kriterien auszuwählen oder überhaupt soziale Aspekte zu berücksichtigen, wird unter den Anhängern im Schrifttum, die den Gleichbehandlungsgrundsatz im Kündigungsrecht anwenden, unterschiedlich beurteilt: Während eine Ansicht nur solche Differenzierungsgründe zulassen will, die aus dem zugrundeliegenden Sachverhalt herrühren - wie z. B. die Tatsache, daß ein Arbeitnehmer wiederholt gegen die arbeitsvertragliche Pflicht verstoßen oder eine herausragende Rolle bei der Pflichtverletzung gespielt hat -[367], sprechen sich andere Vertreter der Literatur dafür aus, ähnlich wie bei der Sozialauswahl zu differenzieren, wie hart die jeweiligen Arbeitnehmer von der Kündigung betroffen werden.[368] Das LAG Düsseldorf erklärte eine Kündigung für unwirksam, weil der Arbeitgeber bei gleichen vertragsverletzenden Tatbeständen nur einem Arbeitnehmer kündigte, ohne vorher soziale Erwägungen über die Härte der Entlassung angestellt zu haben.[369]

Der Arbeitgeber könnte angehalten sein, zumindest in abgeschwächter Form nach sozialen Gesichtspunkten zu differenzieren, wenn das Rechtsprinzip „Sozialauswahl" von der Grundtendenz her paßt. Der Gesetzgeber verwirklichte bei § 1 III KSchG seine Wertvorstellungen, indem er die Interessenkollision zugunsten der sozialen Kriterien auflöste. Er nahm eine Interessenabwägung zwischen den Belangen des Arbeitgebers auf der einen und den Interessen der Arbeitnehmer auf der anderen Seite vor, die das gesamte Arbeitsrecht durchzieht und beherrscht. Der Gleichbehandlungsgrundsatz sollte mit diesen Wertungen ausgefüllt und konkretisiert werden, wenn die Grundtendenz dieser Interessenabwägung die jeweils zu beurteilende Fallgruppe berührt. Bei der Inhaltsumschreibung sollte auf gesetzgeberische Wertentscheidungen abgestellt werden, die ähnliche Fallkonstellationen erfassen.[370]

Maßgeblicher Zweck der Sozialauswahl ist der Ausgleichsgedanke, der bei der verhaltensbedingten Kündigung fehlt: Die Arbeitnehmer haben durch ihre Vertragsverletzungen die Auswahlsituation selbst herbeigeführt. Soziale Auswahlkriterien können bei der verhaltensbedingten Kündigung daher keine

---

367 So *Preis*, Prinzipien des Kündigungsrechts, S. 386 (insb. Fn. 62).

368 *Gamillscheg*, Arbeitsrecht I, S. 53; *Scholz*, Gleichbehandlung bei der Kündigung, S. 139 f. So auch LAG Düsseldorf v. 12.7.1961 - 1 Sa 508/60 in DB 1961, 1459, das sogar eine Abwägung mit den betrieblichen Auswahlbelangen des Arbeitgebers vornimmt.

369 LAG Düsseldorf v. 12.7.1961 - 1 Sa 508/60 in Auszügen in DB 1961, 1459. Das Gericht blieb der Linie der Rechtsprechung treu und erklärte die Kündigung für sozial ungerechtfertigt (§ 1 II KSchG), anstatt unmittelbar den Gleichbehandlungsgrundsatz anzuwenden.

370 Dazu oben: 2. Kapitel, § 7, II.

dominante Rolle spielen. Insofern gilt das gleiche wie für den Analogieschluß: Eine abgeschwächte Sozialauswahl geht zu weit; das Rechtsprinzip „Sozialauswahl“ paßt auch von der Grundtendenz her nicht.

Das bedeutet andererseits nicht, bei der Auswahl soziale Aspekte völlig auszublenden. Das Sozialstaatsprinzip und die Grundrechte der Arbeitnehmer können sich nicht gegen die betrieblichen oder sonstigen Interessen durchsetzen und zu sozialen Aspekten drängen; sie verschwinden aber nicht völlig von der Bildfläche. *Preis* ist zwar zuzustimmen, daß bei der verhaltensbedingten Kündigung andere Differenzierungskriterien sachgerechter und naheliegender sind, d. h. aber nicht, soziale Gesichtspunkte vollständig zu vernachlässigen.[371] Bei gleichen Vertragsverletzungen mehrerer Arbeitnehmer sollte beispielsweise danach differenziert werden, wie schwer der Tatbeitrag eines jeden Arbeitnehmers wiegt, ob der einzelne Arbeitnehmer die Pflicht hatte, die eingetretene Vertragsverletzung zu verhindern oder ob der zu kündigende Arbeitnehmer schon wiederholt gegen ähnliche Pflichten verstoßen hat.[372] Diese Differenzierungskriterien, die eng mit dem Kündigungstatbestand zusammenhängen, sind sachnäher als eine reine soziale Billigkeitsabwägung. Auf der anderen Seite spricht nichts dagegen, daß der Arbeitgeber die soziale Härte für jeden Arbeitnehmer berücksichtigt und seiner Kündigungsentscheidung zugrunde legt.[373] Der Arbeitgeber muß soziale Kriterien im Einzelfall berücksichtigen, wenn sonstige Differenzierungsgründe nicht ersichtlich sind. Die betrieblichen Arbeitgeberbelange stehen beispielsweise gleichberechtigt neben den Sozialdaten der Arbeitnehmer wie andere Differenzierungskriterien auch.[374]

d) Ergebnis

Der Arbeitgeber ist verpflichtet, bei gleichartigen Vertragsverletzungen mehrerer Arbeitnehmer nach sachlichen Gesichtspunkten auszuwählen, wenn er nur einen Teil der Arbeitnehmer entlassen will. Im Rahmen des allgemeinen Gleichbehandlungsgrundsatzes sind die sozialen Auswahlkriterien ein Differenzierungskriterium unter vielen und können sich bei der Konkretisierung des

---

371 So aber *Preis*, Prinzipien des Kündigungsrechts, S. 386 (insb. Fn. 62).

372 *Gamillscheg*, Arbeitsrecht I, S. 53. So ausschließlich *Preis*, Prinzipien des Kündigungsrechts, S. 386.

373 So auch *Gamillscheg*, Arbeitsrecht I, S. 53.

374 Vgl. dazu auch die Ausführungen des LAG Düsseldorf v. 12.7.1961 - 1 Sa 508/60 in DB 1961, 1459.

Gleichbehandlungsgrundsatzes nicht durchsetzen: Das Rechtsprinzip „Sozialauswahl" spielt keine übergeordnete Rolle.

Im Ausgangsfall ist die Kündigung des B wirksam, wenn er beispielsweise eine übergeordnete Rolle als Anstifter bei der Zuwiderhandlung gegen das Rauchverbot gespielt hat. Seine extreme soziale Schutzbedürftigkeit könnte ihm in diesem Fall nicht weiterhelfen; es läge ein sachlicher Grund für die Differenzierung vor. Sind derartige oder andere sachliche Gründe nicht ersichtlich, muß sich die soziale Schutzbedürftigkeit des B durchsetzen. Die Kündigung verstieße gegen den Gleichbehandlungsgrundsatz und wäre unwirksam.[375] Soziale Auswahlkriterien müssen berücksichtigt werden; sie spielen nur keine dominante Rolle wie bei § 1 III KSchG.

V. Kündigungen im Rahmen des besonderen Kündigungsschutzes (§ 15 IV, V KSchG)

Der besondere gesetzliche Kündigungsschutz für Arbeitnehmer, die im Bereich der Betriebsverfassung oder der Personalvertretung tätig sind, ist im zweiten Abschnitt des KSchG in den §§ 15, 16 geregelt.

1. Sinn und Zweck des Sonderkündigungsschutzes

Gem. § 15 I, II KSchG ist die ordentliche Kündigung eines Mitglieds der betrieblichen oder personalvertretungsrechtlichen Arbeitnehmervertretung während der Dauer der Amtsperiode und im Zeitraum des nachwirkenden Kündigungsschutzes ausgeschlossen. Zulässig ist lediglich die außerordentliche Kündigung, die neben den Voraussetzungen des § 626 BGB erfordert, daß der Betriebsrat der Kündigung zugestimmt hat (§ 103 BetrVG) oder die Zustimmung durch gerichtliche Entscheidung des Arbeitsgerichts ersetzt worden ist.[376]

---

[375] Zur Nichtigkeit der Kündigung bei einem Verstoß gegen den Gleichbehandlungsgrundsatz: ErfKomm-*Preis*, § 611 BGB, Rn. 872; *Kempff* in DB 1977, 1413 (1414); *Scholz*, Gleichbehandlung bei der Kündigung, S. 109.

[376] HK-KSchG/*Dorndorf*, § 15, Rn. 5; KR-*Etzel*, § 15 KSchG, Rn. 19; *K/B/K*, Handbuch, 21. Kap., Rn. 1.

Diese Regelung verfolgt zwei verschiedene Zwecke: Zum einen sollen die Arbeitnehmervertreter ihr Amt völlig unbefangen ausüben, ohne ständig Befürchtungen ausgesetzt zu sein, ihren Arbeitsplatz durch ordentliche Kündigung zu verlieren.[377] Zum anderen bezweckt § 15 KSchG mit diesem Individualschutz in erster Linie den Schutz der Funktionsfähigkeit der Betriebsverfassung und dient damit dem kollektiven Interesse der Belegschaft an einer wirkungsvollen Repräsentation.[378]

Diesen besonderen Kündigungsschutz hat der Gesetzgeber bei der ordentlichen Kündigung in zwei Fällen durchbrochen: Bei der Betriebsstillegung (§ 15 IV KSchG) und bei der Stillegung einer Betriebsabteilung, sofern für den jeweiligen Amtsträger keine Weiterbeschäftigungsmöglichkeit in einer anderen Betriebsabteilung besteht (§ 15 V KSchG). In diesen beiden Fällen wäre es unbillig, den Arbeitgeber auf die außerordentliche Kündigung zu verweisen, die bei der Betriebsstillegung ohnehin in aller Regel unzulässig ist.[379] Darüber hinaus fehlt bei der Stillegung des ganzen Betriebs und dem gleichzeitigen Ende der regulären Amtszeit des Vertretungsorgans der Schutzzweck des besonderen Kündigungsschutzes.[380] § 15 IV und V KSchG normieren Voraussetzungen für die ordentliche Kündigung des Arbeitgebers.

2. Sozialauswahl im Rahmen von § 15 KSchG

Im Bereich des § 15 KSchG scheint es darum zu gehen, den Kündigungsschutz der Amtsträger im einzelnen Arbeitsverhältnis zu verwirklichen. Eine vergleichbare Betroffenheit mehrerer Arbeitnehmer und damit Raum für eine Auswahlentscheidung ist auf den ersten Blick nicht zu erkennen. Ähnlich wie bei der personenbedingten Kündigung stellt sich jedoch auch hier das Problem, ob nicht zum Schutz der Amtsträger unter gewissen Voraussetzungen andere Arbeitnehmer ihren vergleichbaren Arbeitsplatz freimachen müssen.

Beispiel: Der Arbeitgeber A beschließt, seine Fertigungsabteilung zum Ende des Jahres stillzulegen. Unter den fünf dort beschäftigten

---

[377] *Bernstein* in NZA 1993, 728 (728); KR-*Etzel*, § 15 KSchG, Rn. 9; *Matthes* in DB 1980, 1165 (1165).

[378] KR-*Etzel*, § 15 KSchG, Rn. 10; *Hueck/v.Hoyningen-Huene*, KSchG, § 15, Rn. 1a.

[379] *Bernstein* in NZA 1993, 728 (729).

[380] *Hassenpflug*, Die Kündigung von Betriebsratsmitgliedern, S. 5.

> und gekündigten Arbeitnehmern befindet sich auch das Betriebsratsmitglied B, da freie Arbeitsplätze in einer anderen Betriebsabteilung oder in einem anderen Betrieb des Unternehmens nicht vorhanden sind. Der einzige gleichwertige Arbeitsplatz in einer anderen Betriebsabteilung ist mit dem Arbeitnehmer C besetzt. C ist seit dreißig Jahren im Betrieb des A beschäftigt, verheiratet und hat vier Kinder. Der ledige B, der vor kurzem sein zehnjähriges Dienstjubiläum feierte, verlangt die Kündigung des C, um seinerseits weiterbeschäftigt zu werden, obwohl er - wie die übrigen vier Arbeitnehmer - laut Arbeitsvertrag nur für die Fertigungsabteilung eingestellt wurde.[381]

§ 15 V 2 KSchG läßt durch den Verweis auf Abs. 4 die ordentliche Kündigung eines Betriebsratsmitglieds zu, wenn die Betriebsabteilung stillgelegt wird und die Übernahme in eine andere Betriebsabteilung aus betrieblichen Gründen nicht in Betracht kommt. Ist dagegen in einer anderen Betriebsabteilung ein gleichwertiger Arbeitsplatz frei, muß der Arbeitgeber das Betriebsratsmitglied dorthin versetzen oder ihm eine Vertragsänderung anbieten.[382] Dieser Fall bereitet keine Schwierigkeiten und wird einhellig anerkannt; einer Übernahme entgegenstehende Gründe sind nicht ersichtlich.

Umstritten ist die Frage, ob der Arbeitgeber verpflichtet ist, einen gleichwertigen Arbeitsplatz freizukündigen, um den Amtsträger weiterzubeschäftigen. Bejahte man diese Pflicht, stellt sich das in der Literatur heftig umstrittene Folgeproblem: Besteht die Freikündigungspflicht in jedem Fall oder nur, wenn die durch § 15 KSchG geschützten Interessen und die Sozialdaten des Amtsträgers die sozialen Belange des anderen Arbeitnehmers überwiegen?[383] Im letzteren Fall käme es zu einer sozialen Interessenabwägung.

---

[381] Das gleiche Problem stellt sich bei einer Betriebsstillegung nach § 15 IV KSchG, wenn der Arbeitsplatz des Betriebsratsmitglieds bereits vor dem Stillegungszeitpunkt wegfällt und noch gleichwertige, aber besetzte Arbeitsplätze im Betrieb vorhanden sind, auf denen der Amtsträger bis zur endgültigen Stillegung beschäftigt werden könnte.

[382] HK-KSchG/*Dorndorf*, § 15, Rn. 154; *Hueck/v.Hoyningen-Huene*, KSchG, § 15, Rn. 170.

[383] Für einen absoluten Vorrang: HK-KSchG/*Dorndorf*, § 15, Rn. 156; *Hassenpflug*, Die Kündigung von Betriebsratsmitgliedern, S. 251; *Matthes* in DB 1980, 1165 (1169).
Für eine Sozialauswahl: KR-*Etzel*, § 15 KSchG, Rn. 126; *Hueck/v.Hoyningen-Huene*, KSchG, § 15, Rn. 170a; *Stahlhacke/Preis/Vossen*, Kündigungsschutz, Rn. 994a. Für eine Berücksichtigung von sozialen Aspekten in Ausnahmefällen: *Bernstein* in NZA 1993, 728 (733).

a) Freikündigungspflicht bei § 15 V 1 KSchG

Bevor der Frage nachgegangen wird, ob im Rahmen des § 15 V KSchG eine soziale Auswahl durchzuführen ist, ist vorab zu klären, ob überhaupt eine Freikündigungspflicht des Arbeitgebers besteht.

Die Rechtsprechung und die überwiegenden Stimmen in der Literatur gehen davon aus, daß zwingende betriebliche Gründe (§ 15 V 2 KSchG) erst dann vorliegen, wenn der Arbeitgeber auch durch Versetzung oder Kündigung keinen Arbeitsplatz in einer anderen Betriebsabteilung für das Betriebsratsmitglied frei machen kann. Der Arbeitgeber ist notfalls zur Freikündigung eines gleichwertigen Arbeitsplatzes verpflichtet, um den Amtsträger in einer anderen Betriebsabteilung weiterzubeschäftigen.[384] Dagegen wird vereinzelt in der Literatur vorgebracht, eine „Freikündigungspflicht" sei in § 15 V KSchG nicht vorgesehen und laufe auf eine unzulässige Austauschkündigung hinaus.[385]

Die vorgebrachten Gegenargumente können nicht überzeugen. Eine unzulässige Austauschkündigung liegt in den meisten Fällen nicht vor. Das zeigt allein ein Blick auf den auswahlrelevanten Personenkreis bei einer betriebsbedingten Kündigung: Das „Freikündigungsproblem" stellt sich in den meisten Fällen nicht.[386] Die Sozialauswahl nach § 1 III KSchG beschränkt sich nicht auf die einzelne von der unternehmerischen Maßnahme betroffene Betriebsabteilung, sondern erstreckt sich auf alle vergleichbaren Arbeitsplätze im Betrieb. Der Arbeitgeber muß bei der betrieblichen Auswahl alle vergleichbaren Arbeitsplätze im Betrieb ermitteln.[387] Der Arbeitnehmer, dessen Arbeitsplatz „freigekündigt" werden soll, ist demnach in eine Sozialauswahl mit allen Arbeitnehmern einzubeziehen, die aus der zu schließenden Betriebsabteilung mit ihm vergleichbar sind. Er ist im Fall der Vergleichbarkeit der Arbeitsplätze von der

---

384 BAG v. 25.11.1981 - 7 AZR 382/79 in AP Nr. 11 zu § 15 KSchG 1969 [unter III.3) der Gründe] = BAGE 37, 128 = NJW 1982, 1719 = DB 1982, 809; BAG v. 18.10.2000 - 2 AZR 494/44 in EzA Nr. 51 zu § 15 KSchG n.F. [unter B.I.1.) der Gründe] = BB 2001, 476 (Leitsatz 1 und 2); MünchArbR-*Berkowsky*, § 157, Rn. 78; *Bernstein* in NZA 1993, 728 (732); KR-*Etzel*, § 15 KSchG, Rn. 126; *Hassenpflug*, Die Kündigung von Betriebsratsmitgliedern, S. 244; *Hueck/v.Hoyningen-Huene*, KSchG, § 15, Rn. 170a.

385 *Schleusener* in DB 1998, 2368 (2369). Im Ergebnis auch *Schaub*, Arbeitsrechts-Handbuch, § 143, Rn. 35.

386 Auf diesen Aspekt wird in der Literatur - soweit ersichtlich - nirgends hingewiesen. Auch das BAG setzte sich in einem neueren Urteil zur Freikündigung nicht mit dem nachfolgenden Ansatz auseinander: vgl. BAG v. 18.10.2000 - 2 AZR 494/44 in EzA Nr. 51 zu § 15 KSchG n.F. [unter B.I.1.b) der Gründe] = BB 2001, 476 (Leitsatz 1 und 2).

387 Dazu oben: 2. Kapitel, § 5, II.3.

unternehmerischen Maßnahme (Betriebsabteilungsstillegung) betroffen. Von einer unzulässigen Austauschkündigung kann keine Rede sein. Diese Betroffenheit besteht auch im Verhältnis zum Betriebsratsmitglied; anderenfalls stünde der Amtsträger schlechter als ohne gesetzlichen Kündigungsschutz. Die Übernahme des Amtsträgers (§ 15 V 1 KSchG) ist wie bei jedem anderen Arbeitnehmer zu erwägen, der sich bei einer Sozialauswahl nach § 1 III KSchG gegenüber anderen vergleichbaren Arbeitnehmern in anderen Betriebsabteilungen durchsetzt. Die Übernahmemöglichkeit ergibt sich aus allgemeinen Erwägungen zu § 1 KSchG. Die Kündigung des anderen Arbeitnehmers wäre eine betriebsbedingte Kündigung und keine unzulässige Austauschkündigung.[388]

Die Vergleichbarkeit der Arbeitsplätze i.S.d. § 1 III KSchG dürfte in den meisten Fällen auch gegeben sein, da die Freikündigungspflicht des Arbeitgebers im Rahmen des § 15 V KSchG auf *gleichwertige* Arbeitsplätze beschränkt wird.[389] Damit sind sowohl gleichartige als auch - von der Betriebshierarchie her gesehen - gleichwertige Arbeitsplätze gemeint.[390] Das Betriebsratsmitglied muß in der Lage sein, die dort ausgeübten Tätigkeiten zu verrichten; anderenfalls käme kaum eine Übernahmepflicht des Arbeitgebers in Betracht. Es werden ähnliche Anforderungen gestellt, die bei der Vergleichbarkeit im Rahmen von § 1 III KSchG die entscheidende Rolle spielen.[391] Die Vergleichbarkeit ist bei gleichwertigen Arbeitsplätzen gegeben, es sei denn, der Arbeitgeber kann den Amtsträger nicht im Wege seines Direktionsrechts auf den gleichwertigen Arbeitsplatz versetzen, weil der Amtsträger - wie im Ausgangsfall - nur für die einzelne Betriebsabteilung eingestellt wurde.[392]

Nur im letzteren Fall müßte man sich mit dem Einwand der unzulässigen Austauschkündigung auseinandersetzen, da der gleichwertige Arbeitsplatz in der anderen Betriebsabteilung nicht von der unternehmerischen Maßnahme be-

---

388 Die Auffassung *Schleuseners* in DB 1998, 2368 (2369), daß die Kündigung des anderen Arbeitnehmers für den Arbeitgeber unmöglich wäre, wenn das KSchG eingriffe, ist damit für diesen Fall widerlegt.

389 KR-*Etzel*, § 15 KSchG, Rn. 126; *Hueck/v.Hoyningen-Huene*, KSchG, § 15, Rn. 170a.

390 BAG v. 1.2.1957 - 1 AZR 478/54 in AP Nr. 5 zu § 13 KSchG 1951 [Bl. 357 R.] m. Anm. *Buhring* = BAGE 3, 341 = NJW 1957, 887 = SAE 1957, 194 m. Anm. *Bohm; Berkowsky*, Die betriebsbedingte Kündigung, § 19, Rn. 69; KR-*Etzel*, § 15 KSchG, Rn. 126.

391 Dazu oben: 2. Kapitel, § 5, II.3.b).

392 Vgl. dazu: BAG v. 28.10.1999 - 2 AZR 437/98 in EzA Nr. 48 zu § 15 KSchG n.F. Zur Erweiterung und zugleich Begrenzung der Vergleichbarkeit durch das Direktionsrecht oben: 2. Kapitel, § 5, II.3.b), S. 30 f.

troffen wäre. Der Sonderkündigungsschutz (§ 15 KSchG) sollte jedoch auch in diesen Fällen möglichst umfassend verwirklicht werden, vorausgesetzt der Amtsträger stimmt seiner Versetzung zu.[393] § 15 V 1 KSchG, der grundsätzlich eine Übernahme des Amtsträgers vorsieht, sorgt für eine gesetzliche Erweiterung der zu vergleichenden Arbeitnehmer: Der Personenkreis, der von der unternehmerischen Maßnahme betroffen ist, wird zugunsten der Amtsträger auf gleichwertige Arbeitsplätze i.S. des § 15 KSchG erweitert. Die Freikündigung des Arbeitsplatzes könnte immer noch als betriebsbedingte Kündigung (§ 1 II KSchG) angesehen werden, da zumindest ein gleichwertiger Arbeitsplatz in der zu schließenden Betriebsabteilung weggefallen ist.[394] Anderenfalls hinge der Sonderkündigungsschutz der Amtsträger davon ab, wie detailliert ihr Tätigkeitsbereich im Arbeitsvertrag definiert ist. § 15 KSchG muß wegen seines hohen Stellenwerts die Argumente überwinden, die für eine unzulässige Austauschkündigung sprechen. Eine Freikündigungspflicht ist wegen der überragenden Bedeutung des Sonderkündigungsschutzes mit der herrschenden Meinung anzuerkennen.

b) Sozialauswahl im Rahmen von § 15 V KSchG

Da die Pflicht zur Freikündigung in jedem Fall besteht, stellt sich die Folgeproblematik, ob überwiegende soziale Belange des gleichwertigen Arbeitsplatzinhabers der Freikündigung entgegenstehen können. Eine nicht unerhebliche Anzahl von Stimmen in der Literatur verlangt eine Korrektur des oben anerkannten Grundsatzes, wenn die sozialen Belange des von der Kündigung betroffenen Arbeitnehmers und die berechtigten betrieblichen Interessen an seiner Weiterbeschäftigung höher wiegen als die sozialen Belange des Amts-

---

393 Das BAG hat kürzlich dargelegt, daß unter Übernahme i.S. von § 15 V KSchG nur eine Umsetzung bzw. Versetzung zu verstehen ist, die einvernehmlich oder im Wege des Direktionsrechts vorgenommen wird: BAG v. 28.10.1999 - 2 AZR 437/98 in EzA Nr. 48 zu § 15 KSchG n.F. [unter II.2. der Gründe].

394 Damit können die von *Schleusener* in DB 1998, 2368 (2369) gegen eine Freikündigungspflicht vorgebrachten Argumente bei Arbeitnehmern mit allgemeinem Kündigungsschutz entkräftet werden.
So auch BAG v. 18.10.2000 - 2 AZR 494/44 in EzA Nr. 51 zu § 15 KSchG n.F. [unter B.I.1.b) der Gründe] = BB 2001, 476 (Leitsatz 1 und 2). Aus der Entscheidung geht allerdings nicht hervor, wie weit das Direktionsrecht des Arbeitgebers reichte.

trägers und die durch § 15 KSchG geschützten Interessen.[395] Ähnlich wie bei der Sozialauswahl nach § 1 III KSchG soll dem Arbeitnehmer gekündigt werden, der am wenigsten sozial hart von der Kündigung betroffen ist.[396] Das BAG ließ die Frage in einem neueren Urteil zur Freikündigung offen, da eine soziale Korrektur offensichtlich nicht in Betracht kam.[397]

§ 15 V 1 KSchG, der nicht einmal eine Freikündigung erwähnt, enthält keine soziale Ausnahmebestimmung; Satz 2 der Vorschrift spricht nur von entgegenstehenden *betrieblichen* Gründen.[398] Zur Beantwortung der Frage, ob in vorliegender Fallkonstellation eine Sozialauswahl angebracht wäre, gilt es zu klären, ob eine Auswahl nach sozialen Kriterien angemessen und vor allem im Wege der juristischen Methodenlehre zu verwirklichen wäre.[399]

aa) Direkte Anwendbarkeit des § 1 III KSchG

Die Absätze 4 und 5 des § 15 KSchG stellen Ausnahmetatbestände vom ordentlichen Kündigungsverbot gegenüber Amtsträgern (§ 15 I KSchG) dar: Es handelt sich um besondere betriebsbedingte Kündigungsgründe.[400] Daher könnte man auf den Gedanken kommen, § 1 III KSchG auf die Auswahl bei § 15 V 1 KSchG anzuwenden. § 1 III KSchG fordert jedoch eine Kündigung aus „dringenden betrieblichen Erfordernissen im Sinne des Absatzes 2" und damit eine betriebsbedingte Kündigung nach § 1 KSchG. Der Wortlaut und die systematische Stellung stehen einer erweiternden Auslegung auf die Stillegungskündigung nach § 15 KSchG entgegen.

§ 1 III KSchG könnte direkt herangezogen werden, wenn sich ein Amtsträger neben dem besonderen Kündigungsschutz (§ 15 KSchG) auch auf den allgemeinen Kündigungsschutz nach § 1 berufen könnte. Das Verhältnis des beson-

---

395 KPK-*Bengelsdorf*, Teil H, § 15, Rn. 92; KR-*Etzel*, § 15 KSchG, Rn. *126; Fitting/Auffarth/Kaiser/Heither/Engels*, BetrVG, § 103, Rn. 16; *Hueck/v.Hoyningen-Huene*, KSchG, § 15, Rn. 170a; *Stahlhacke/Preis/Vossen*, Kündigungsschutz, Rn. 994a.

396 *Hueck/v.Hoyningen-Huene*, KSchG, § 15, Rn. 170a.

397 BAG v. 18.10.2000 - 2 AZR 494/44 in EzA Nr. 51 zu § 15 KSchG n.F. [unter B.I.1.b) der Gründe] = BB 2001, 476 (nur Leitsatz 1 und 2).

398 HK-KSchG/*Dorndorf*, § 15, Rn. 157.

399 Zweifelnd HK-KSchG/*Dorndorf*, § 15, Rn. 157.

400 KPK-*Bengelsdorf*, Teil H, § 15, Rn. 54; *Bernstein* in NZA 1993, 728 (729); KR-*Etzel*, § 15 KSchG, Rn. 73; *Hueck/v.Hoyningen-Huene*, KSchG, § 15, Rn. 154.

deren (§ 15 KSchG) zum allgemeinen Kündigungsschutz (§§ 1 ff. KSchG) wird in der Rechtslehre nicht einheitlich beurteilt: Während die herrschende Auffassung im Schrifttum die Vorschriften des 2. Abschnitts (§§ 15, 16 KSchG) als abschließende Sonderregelungen ansieht[401], will eine andere Ansicht die Vorschriften der §§ 1 ff. KSchG ergänzend heranziehen, wenn der allgemeine Kündigungsschutz weitergehende Schutzbestimmungen enthält als der Sonderkündigungsschutz nach § 15 KSchG.[402] Aus diesem Grund hat das BAG beispielsweise § 1 III KSchG auf die Kündigung eines Betriebsratsmitglieds angewandt, als es um die Konkurrenz zwischen mehreren Arbeitnehmern hinsichtlich einer kurzfristigen Weiterbeschäftigung mit Abwicklungsarbeiten nach einer Betriebsstillegung ging.[403] In dieser Entscheidung spielte das Betriebsratsamt aber keine Rolle mehr; die Sozialauswahl konnte sich nur positiv für den Amtsträger auswirken und den Kündigungsschutz nach § 15 KSchG erweitern.

In vorliegender Fallkonstellation könnte sich eine soziale Interessenabwägung nur zu Lasten des Amtsträgers auswirken: Die sozialen Belange anderer Arbeitnehmer könnten die Umsetzung des Betriebsratsmitglieds in die andere Betriebsabteilung verhindern. § 1 III KSchG kann demnach auch nach Ansicht des BAG nicht ergänzend herangezogen werden. Das Problem, ob bei der Übernahme des Amtsträgers in eine andere Betriebsabteilung eine soziale Interessenabwägung durchzuführen ist, kann nicht durch § 1 III KSchG gelöst werden. Die Vorschrift ist im Rahmen des § 15 V KSchG nach beiden Ansätzen unanwendbar.

---

401 KR-*Etzel*, § 15 KSchG, Rn. 140 f.; *Hueck/v.Hoyningen-Huene*, KSchG, § 15, Rn. 164; *Stahlhacke/Preis/Vossen*, Kündigungsschutz, Rn. 995.

402 HK-KSchG/*Dorndorf*, § 15, Rn. 145; *Hassenpflug*, Die Kündigung von Betriebsratsmitgliedern, S. 138.

403 BAG v. 14.10.1982 - 2 AZR 568/80 in AP Nr. 1 zu § 1 KSchG 1969 Konzern [unter B.I.4. der Gründe] m. Anm. *Wiedemann* = BAGE 41, 72 = NJW 1984, 381 = SAE 1984, 139 m. Anm. *Windbichler*.

bb) Anwendbarkeit des § 1 III KSchG im Wege der gesetzesergänzenden Rechtsfortbildung

Die gesetzesergänzende Rechtsfortbildung umfaßt die teleologischen Lücken, die mit der immanenten Teleologie einer Gesetzesvorschrift - durch Analogieschluß - geschlossen werden.[404]

Im Rahmen des Sonderkündigungsschutzes käme eine analoge Anwendung von § 1 III KSchG in Betracht; eine andere analogiefähige Norm ist nicht ersichtlich. Eine strenge Sozialauswahl bei der Freikündigung eines Arbeitsplatzes nach den Kriterien des § 1 III KSchG könnte jedoch nicht die durch § 15 KSchG geschützten Interessen zugunsten der Amtsträger berücksichtigen. Die Funktionsfähigkeit der Arbeitnehmervertretungen ließe sich weder den sozialen Gesichtspunkten nach § 1 III 1 KSchG noch den betrieblichen Interessen nach Satz 2 zuordnen.[405] Eine Analogie könnte dem Schutzzweck des § 15 KSchG keine Rechnung tragen. Eine Übertragung der Grundsätze des § 1 III KSchG wird in der Literatur deshalb nicht vertreten. Es kann offen bleiben, ob die beiden Sachverhalte in den für die rechtliche Bewertung maßgebenden Gründen übereinstimmen. Eine soziale Interessenabwägung unter Berücksichtigung des Schutzzwecks des § 15 KSchG ist nicht durch Analogie im Wege der gesetzesergänzenden Rechtsfortbildung zu realisieren.

cc) Soziale Auswahlkriterien im Rahmen des allgemeinen Gleichbehandlungsgrundsatzes

Die Rechtsfolgen des § 1 III KSchG können bei der Freikündigung eines Arbeitsplatzes im Rahmen des § 15 KSchG wegen der Beteiligung eines Amtsträgers nicht übertragen werden. Es ist daher zu untersuchen, ob die von Teilen der Literatur geforderte soziale Interessenabwägung über die Ausfüllung und Konkretisierung des allgemeinen Gleichbehandlungsgrundsatzes erfolgen kann. Dazu müßte der Gleichbehandlungsgrundsatz einschlägig sein [dazu unter (1)] und das Rechtsprinzip der Sozialauswahl den Gleichbehandlungsgrundsatz entsprechend beeinflussen [dazu unter (2)].

---

404 Dazu oben: 3. Kapitel, § 9, II.2.c)bb).

405 Anders nur *Bernstein* in NZA 1993, 728 (732 f.), der die durch § 15 KSchG geschützten Interessen zu Unrecht unter § 1 III 2 KSchG subsumiert.

(1) Anwendbarkeit des allgemeinen Gleichbehandlungsgrundsatzes

Der allgemeine arbeitsrechtliche Gleichbehandlungsgrundsatz verlangt eine vergleichbare Ausgangslage zwischen mehreren Arbeitnehmern. Wenn sich mindestens zwei Arbeitnehmer in einer vergleichbaren Lage befinden, stellt sich die Frage der Gleichbehandlung.[406] Vergleichbar sind dabei Arbeitnehmer mit vergleichbaren Arbeitsplätzen, wobei die überwiegend auszuübende Tätigkeit entscheidend ist.[407] Da sich die Freikündigung im Rahmen des § 15 KSchG auf gleichwertige Arbeitsplätze beschränkt[408], dürften die jeweils ausgeübten Tätigkeiten in aller Regel ähnlich, wenn nicht sogar gleich sein. Das Betriebsratsmitglied wird kaum mit völlig anderen Aufgaben betraut werden als bisher. Es liegen mindestens zwei vergleichbare Arbeitsplätze vor.

Der Abschnitt zur personenbedingten Kündigung hat jedoch gezeigt, daß zwei ähnliche oder gleiche Arbeitsplatzinhaber noch nicht ausreichen: Zu einer vergleichbaren Lage muß noch die gleiche *Betroffenheit* treten. Die vergleichbaren Arbeitsplätze müssen beide von dem Kündigungsanlaß betroffen sein; die Betroffenheit darf nicht erst durch die Auswahl hergestellt werden. Die gleiche Betroffenheit ergibt sich hier - anders als bei der personenbedingten Kündigung - aus der unternehmerischen Maßnahme des Arbeitgebers: Gleichartige Arbeitsplätze werden von einer Umstrukturierungsmaßnahme des Arbeitgebers betrieblich betroffen. Es besteht die gleiche Ausgangslage wie bei § 1 III KSchG: Entweder sind die Arbeitsplätze vergleichbar i.S. des § 1 III KSchG[409] oder die Betroffenheit wird wegen der Bedeutung des Sonderkündigungsschutzes über § 15 KSchG gesetzlich hergestellt.[410] Von zwei gleichartigen Arbeitsplatzinhabern muß einer den Betrieb verlassen; für einen besteht nach wie vor ein Beschäftigungsbedürfnis. Die Frage der Gleichbehandlung ist berührt, wenn nur einem Arbeitnehmer gekündigt wird. Eine vergleichbare Ausgangslage ist gegeben; der allgemeine arbeitsrechtliche Gleichbehandlungsgrundsatz ist einschlägig.

---

406 *Preis*, Prinzipien des Kündigungsrechts, S. 376.

407 ErfKomm-*Preis*, § 611 BGB, Rn. 842.

408 BAG v. 1.2.1957 - 1 AZR 478/54 in AP Nr. 5 zu § 13 KSchG 1951 [Bl. 357 R.] m. Anm. *Buhrig* = BAGE 3, 341 = NJW 1957, 887 = SAE 1957, 194 m. Anm. *Bohm*; *Berkowsky*, Die betriebsbedingte Kündigung, § 19, Rn. 69.

409 Dann besteht der einzige Unterschied zu § 1 III KSchG darin, daß ein Arbeitnehmer den Sonderkündigungsschutz aus § 15 KSchG genießt.

410 Dazu oben: 3. Kapitel, § 9, V.2.a).

(2) Konkretisierung des allgemeinen Gleichbehandlungsgrundsatzes

Der Arbeitgeber hat die Auswahl zwischen mindestens zwei vergleichbaren Arbeitnehmern. Da er nicht willkürlich auswählen darf, ist zu untersuchen, nach welchen sachlichen Kriterien der Arbeitgeber seine Auswahlentscheidung zu treffen hat: Setzt sich der Sonderkündigungsschutz des § 15 KSchG auch bei der Auswahl des Arbeitnehmers durch[411] oder sind die durch § 15 KSchG geschützten Interessen mit den sozialen Interessen der beteiligten Arbeitnehmer abzuwägen?[412] Es ist zu klären, welcher Aspekt im Rahmen der Generalklausel „Gleichbehandlungsgrundsatz" den sachlichen Grund im Einzelfall beeinflußt und konkretisiert. Innerhalb des Gleichbehandlungsgrundsatzes ist anhand einer Interessenabwägung der sachliche Differenzierungsgrund zu bestimmen.

Zunächst streitet das Prinzip der Sozialauswahl für eine Abwägung nach sozialen Interessen: Der Kündigungsanlaß stammt aus der betrieblichen Sphäre (Stillegung einer Betriebsabteilung); aus diesem Grund fordern das Sozialstaatsprinzip und Art. 12 GG als Ausgleich soziale Gerechtigkeit bei der Auswahlentscheidung des Arbeitgebers. Dafür spricht auch die Möglichkeit, dem Rechtsanwender ein flexibles Instrument an die Hand zu geben, um auch in krassen Ausnahmefällen - wie im obigen Beispielsfall - zu einem gerechten sozialen Interessenausgleich zu kommen. Das Betriebsratsmitglied könnte beispielsweise nicht die Freikündigung eines Schwerbehinderten verlangen.[413] Der soziale Zweck des Kündigungsschutzes - das Sozialstaatsprinzip - wäre umfassend verwirklicht.[414] Die Existenz von § 15 V 2 KSchG unterstreicht nach einer Literaturansicht, daß dem Sonderkündigungsschutz kein absoluter Vorrang zukäme.[415]

Anders als bei § 1 III KSchG ist aber auch das Funktionsinteresse an einer ordnungsgemäßen Betriebsratsvertretung betroffen: Die durch § 15 KSchG geschützten Interessen müssen mit den sozialen Belangen der Arbeitnehmer in Bezug gesetzt werden. Es ist zu untersuchen, wie stark das Gewicht des Son-

---

411 HK-KSchG/*Dorndorf*, § 15, Rn. 156; *Hassenpflug*, Die Kündigung von Betriebsratsmitgliedern, S. 251.

412 So KR-*Etzel*, § 15 KSchG, Rn. 126; *Hueck/v.Hoyningen-Huene*, KSchG, § 15, Rn. 170a; *Stahlhacke/Preis/Vossen*, Kündigungsschutz, Rn. 994a.

413 *Hueck/v.Hoyningen-Huene*, KSchG, § 15, Rn. 170a; *K/B/K*, Handbuch, 21. Kap., Rn. 16. Anders *Bernstein* in NZA 1993, 728 (733); *Hassenpflug*, Die Kündigung von Betriebsratsmitgliedern, S. 250.

414 KR-*Etzel*, § 15 KSchG, Rn. 126.

415 *Hueck/v.Hoyningen-Huene*, KSchG, § 15, Rn. 170a.

derkündigungsschutzes im Rahmen der Abwägung ist. Verdrängt § 15 KSchG das Sozialauswahlprinzip völlig oder muß die Funktionsfähigkeit der Arbeitnehmervertretung mit den sozialen Belangen im Einzelfall abgewogen werden?

§ 15 V 2 KSchG enthält keinen Hinweis auf eine Interessenabwägung, insbesondere nicht auf einen sozialen Ausgleich.[416] Die Vorschrift spricht von entgegenstehenden betrieblichen Gründen und nicht von überwiegenden sozialen Belangen eines anderen Arbeitnehmers. Über § 15 V 2 KSchG können nur betriebliche Belange des Arbeitgebers berücksichtigt werden.[417] Der Gesetzgeber hält die Begriffe „sozial" und „betrieblich" deutlich auseinander (vgl. § 1 III KSchG). Die Existenz des § 15 V 2 KSchG kann nicht als Argument für die Berücksichtigung von sozialen Kriterien angeführt werden.

Eine soziale Interessenabwägung im Einzelfall würde den Sonderkündigungsschutz (§ 15 KSchG) erheblich entwerten: Alle Anstrengungen, eine Freikündigungspflicht des Arbeitgebers anzunehmen, wären umsonst, wenn man durch eine Interessenabwägung die gleiche Freikündigung im Einzelfall wieder zu Fall brächte. Bejaht man die überragende Bedeutung des § 15 KSchG bei der Freikündigung, sollte man die Funktionsfähigkeit der Arbeitnehmervertretung auch bei der Auswahl der Arbeitnehmer anerkennen. Der Zweck des Sonderkündigungsschutzes könnte ansonsten nicht verwirklicht werden: § 15 KSchG will den Betriebsratsmitgliedern absoluten Vorrang einräumen.[418]

Gegen eine soziale Interessenabwägung spricht vor allem der Vergleich mit § 1 II, III KSchG.[419] In der Rechtslehre ist anerkannt, daß ein Betriebsratsmitglied wegen seines Sonderkündigungsschutzes (§ 15 KSchG) nicht mit anderen Arbeitnehmern vergleichbar ist, wenn außerhalb des Anwendungsbereichs des § 15 IV, V KSchG Arbeitsplätze im Betrieb abgebaut werden.[420] Das Betriebsratsmitglied nimmt an der Auswahl nicht teil, sollten die anderen Arbeitnehmer noch so sozial schutzbedürftig sein. Diese Wertung muß sich auch in dem Fall durchsetzen, in dem das Betriebsratsmitglied mit einem vergleichbaren Arbeitsplatzinhaber außerhalb der zu schließenden Betriebsabteilung verglichen

---

416 HK-KSchG/*Dorndorf*, § 15, Rn. 157; *Matthes* in DB 1980, 1165 (1169).

417 So auch *Hassenpflug*, Die Kündigung von Betriebsratsmitgliedern, S. 248 f.

418 ArbG Mainz v. 4.12.1985 - 4 Ca 1747/85 in DB 1986, 754 (754); HK-KSchG/*Dorndorf*, § 15, Rn. 157.

419 Darauf stützen sich vor allem *Hassenpflug*, Die Kündigung von Betriebsratsmitgliedern, S. 249 f. und *Matthes* in DB 1980, 1165 (1168 f.).

420 Vgl. nur KR-*Etzel*, § 1 KSchG, Rn. 678; *Hueck/v.Hoyningen-Huene*, KSchG, § 1, Rn. 453.

werden soll. Warum sollte sich anderenfalls § 15 KSchG durchsetzen, wenn beispielsweise in einer Betriebsabteilung vier von fünf Arbeitsplätzen abgebaut werden, während bei der Stillegung einer Betriebsabteilung und einem vergleichbaren Arbeitsplatz außerhalb der stillzulegenden Abteilung nach sozialen Belangen differenziert werden müßte? In beiden Fallkonstellationen besteht ein Überhang von einem Arbeitsplatz. Es darf keinen Unterschied machen, ob der zu vergleichende Arbeitnehmer innerhalb oder außerhalb der stillzulegenden Betriebsabteilung beschäftigt ist.

Anders könnte man entscheiden, wenn - wie im Beispielsfall - eine Freikündigung auch bei nicht vergleichbaren, aber gleichwertigen Arbeitsplätzen angenommen wird. Dann würden sich die beiden Fallkonstellationen unterscheiden. Trotz dieses Unterschiedes sollte sich der besondere Kündigungsschutz aus § 15 KSchG durchsetzen, um die Freikündigungspflicht aus obigen Gründen nicht zu entwerten. Die Durchführung einer sozialen Interessenabwägung darf nicht davon abhängen, wie weit das Direktionsrecht des Arbeitgebers reicht. Die Freikündigungspflicht des Arbeitgebers besteht in jedem Fall. Das Prinzip der Sozialauswahl muß hinter den durch § 15 KSchG geschützten Interessen zurücktreten. Die Eigenschaft „Betriebsratsmitglied" stellt im vorliegenden Fall das sachliche Differenzierungskriterium dar. Der Arbeitnehmer verliert seinen Arbeitsplatz nicht willkürlich, sondern weil er mit einem Amtsträger konkurriert.

3. Ergebnis

Der Sonderkündigungsschutz der Amtsträger (§ 15 KSchG) geht dem Sozialauswahlprinzip im Rahmen einer Interessenabwägung vor. Eine soziale Auswahl kann auch nicht über den Gleichbehandlungsgrundsatz gefordert werden. Im Ausgangsfall kann B die Kündigung des C trotz dessen höherer sozialer Schutzbedürftigkeit verlangen.

§ 10: Kündigungen außerhalb des Anwendungsbereichs des KSchG

Nachdem in § 9 der Anwendungsbereich der Sozialauswahl bei personen-, verhaltens- und betriebsbedingten Kündigungen aufgezeigt wurde, soll nachfolgend untersucht werden, ob der Grundsatz der Sozialauswahl auch außerhalb des KSchG zu beachten ist.

Das KSchG kann aus zwei Gründen nicht anwendbar sein: Zum einen können besondere Kündigungsschutzbestimmungen den allgemeinen Kündigungsschutz verdrängen (dazu unter I.), zum anderen kann der Anwendungsbereich des KSchG in persönlicher oder betrieblicher Hinsicht (§§ 1, 23 KSchG) im einzelnen Arbeitsverhältnis nicht gegeben sein (dazu unter II.).

I. Sonderkündigungsschutz nach dem Einigungsvertrag (EinV)

Ein spezieller Kündigungstatbestand, der das KSchG verdrängt, ist der Sonderkündigungsschutz nach dem EinV.

1. Bedeutung des Sonderkündigungsschutzes

Mit dem Beitritt der Deutschen Demokratischen Republik zur Bundesrepublik Deutschland am 3.10.1990 ist gem. Art. 8 EinV das bisherige Bundesrecht auch in den neuen Bundesländern in Kraft getreten, sofern der EinV nichts Abweichendes bestimmte.[421] Die Arbeitnehmer in den neuen Bundesländern können sich seitdem auf den allgemeinen Kündigungsschutz (KSchG) berufen. Der EinV enthielt jedoch in Anlage I eine Vielzahl von Bestimmungen, die vom allgemeinen Kündigungsschutz abwichen: Die Abs. 4 und 5 der Anlage I Kapitel XIX, Sachgebiet A, Abschnitt III, Nr. 1 zu Art. 20 EinV (künftig Abs. 4 und 5 EinV) stellten besondere Kündigungstatbestände für die Rechtsverhältnisse der Arbeitnehmer des öffentlichen Dienstes auf dem Gebiet der früheren DDR auf.[422]

---

421 *Fenski/Linck* in NZA 1992, 337 (338); *Meyer*, Die ordentliche Kündigung von Arbeitsverhältnissen im öffentlichen Dienst der neuen Bundesländer nach dem Einigungsvertrag, S. 1.

422 *Fenski/Linck* in NZA 1992, 337 (337); *Hueck/v.Hoyningen-Huene*, KSchG, Einl., Rn. 75a; *Vollmer* in AuR 1993, 17 (18).

Die Bestimmungen der Abs. 4, 5 EinV sollten die Strukturanpassung der öffentlichen Verwaltung erleichtern und ein politisches Signal setzen, das von der Erwägung getragen war, bei den Bürgern auf Dauer Vertrauen in eine rechtsstaatliche Verwaltung zu erzeugen.[423] Die erleichterten Kündigungsmöglichkeiten verfolgten den Zweck, in den neuen Bundesländern möglichst rasch eine moderne, effektive Verwaltung aufzubauen.[424] Angesichts der beschränkten finanziellen Leistungsfähigkeit von Bund und Ländern sollte der erheblich übersetzte Personalbestand der öffentlichen Verwaltung der ehemaligen DDR auf ein notwendiges Maß zurückgeführt werden.[425]

Die Möglichkeit für die öffentlichen Arbeitgeber, nach dem EinV zu kündigen, endete zum 31.12.1993[426]; die bisher anhängigen Gerichtsverfahren dürften mittlerweile abgeschlossen sein. Es besteht eigentlich kein praktisches Bedürfnis mehr, die Frage einer sozialen Auswahl im Rahmen der vorliegenden Arbeit zu erörtern. Das BAG hat jedoch erstmals in dieser Fallkonstellation eine Sozialauswahl außerhalb des KSchG anerkannt. Aus diesem Grund sollen die unterschiedlichen Ansätze im Schrifttum und vor allem die Auffassung des BAG, die aufgrund dogmatischer Bedenken bereits an früherer Stelle abgelehnt wurde[427], kurz dargelegt werden. Die Rechtsprechung des BAG könnte Rückschlüsse auf eine Sozialauswahl im Kleinbetrieb zulassen, worauf im nachfolgenden Abschnitt näher einzugehen ist.

2. Sozialauswahl bei der Bedarfskündigung (Abs. 4 Nr. 2 EinV)

Abs. 4 EinV regelte die ordentliche Arbeitgeberkündigung. Danach war eine Kündigung u.a. zulässig, wenn der Arbeitnehmer wegen mangelnden Bedarfs nicht mehr verwendbar war (Abs. 4 Nr. 2 EinV). Der Kündigungstatbestand setzte voraus, daß ein Arbeitsplatz weggefallen und dadurch ein Überhang an Arbeitskräften entstanden war.[428] Abs. 4 Nr. 2 EinV entsprach weitgehend den dringenden betrieblichen Erfordernissen nach § 1 II KSchG und verdrängte -

---

423 Erl. BReg., BT-Drs. 11/7818, S. 179 f.
424 KR-*Etzel*, § 1 KSchG, Rn. 772; *Holzhauer* in NJ 1991, 494 (495).
425 *Vollmer* in AuR 1993, 17 (18).
426 KR-*Etzel*, § 1 KSchG, Rn. 772.
427 Dazu oben: 2. Kapitel, § 6, II.2. / 3.
428 *Fenski/Linck* in NZA 1992, 337 (341); *Vollmer* in AuR 1993, 17 (18).

soweit sein Anwendungsbereich reichte - § 1 KSchG.[429] Da Abs. 4 Nr. 2 EinV keine Bestimmung über die Auswahl des zu kündigenden Arbeitnehmers enthielt, war in Rechtsprechung und Literatur umstritten, ob insoweit der Grundsatz des § 1 III KSchG ergänzend anzuwenden war.

Beispiel: Der im Jahre 1938 geborene Lehrer P war seit dem 1.8.1964 im Schuldienst der ehemaligen DDR tätig. Im Schuljahr 1991/1992 unterrichtete er an der Realschule die Fächer Geschichte und Sozialkunde. P ist verheiratet und drei Kindern unterhaltspflichtig. Sein Dienstherr kündigte das Arbeitsverhältnis ordentlich zum 30.9.1992 wegen mangelnden Bedarfs, da an der Schule ein Überhang an Lehrern mit der Fächerkombination des P bestand. Von der Kündigung verschont blieb u.a. die G, die ebenfalls Geschichte und Sozialkunde unterrichtete. Sie ist 32 Jahre alt, verheiratet und kinderlos. Der Dienstherr begründete die Kündigung des P mit besseren Leistungen der G.

Die Kündigung des P wegen mangelnden Bedarfs war nach Abs. 4 Nr. 2 EinV zulässig: Es bestand ein Überhang an Lehrern mit der Fächerkombination Geschichte/Sozialkunde. Fraglich ist, ob die Auswahl des Arbeitgebers zulässig war. Hätte er eine Sozialauswahl nach den Kriterien des § 1 III KSchG durchführen müssen, wäre die größere Leistungsfähigkeit der G - angesichts der höheren sozialen Schutzbedürftigkeit des P - nur unter den strengen Anforderungen des § 1 III 2 KSchG berücksichtigt worden.

a) Direkte Anwendbarkeit des § 1 III KSchG

Der allgemeine Kündigungsschutz nach § 1 KSchG wurde nur insoweit verdrängt wie der Anwendungsbereich der Bestimmungen des EinV reichte.[430] Umstritten war, wie das Schweigen des EinV zur Sozialauswahl aufzufassen war.

---

[429] BAG v. 19.1.1995 - 8 AZR 914/93 in AP Nr. 12 zu Art. 13 EinV [unter B.III.2.a) der Gründe] = BAGE 79, 128 = NZA 1996, 586 = AuA 1995, 350 mit Anm. *Berkowsky*; *Fenski/Linck* in NZA 1992, 337 (340).

[430] *Fenski/Linck* in NZA 1992, 337 (340).

Nach einer Auffassung im Schrifttum sollte § 1 III KSchG nicht verdrängt werden.[431] Eine Sozialauswahl sei den Zwecken des EinV nicht entgegengelaufen: Der nominelle Stellenabbau in der öffentlichen Verwaltung sei nicht behindert worden.[432] Darüber hinaus habe für die Arbeitgeber die Möglichkeit bestanden, über § 1 III 2 KSchG betriebliche Belange geltend zu machen.[433] Die öffentlichen Arbeitgeber hätten daher auch bei einem Stellenabbau nach Abs. 4 EinV eine Sozialauswahl gem. § 1 III KSchG durchführen müssen.

Das BAG und ein Teil der Literatur sahen Abs. 4 EinV dagegen als abschließend an: Der Sonderkündigungsschutz habe § 1 KSchG insgesamt ersetzen sollen und einen eigenständigen Kündigungstatbestand dargestellt.[434] Anderenfalls wäre eine besondere Regelung im EinV sinnlos gewesen, da bei einem mangelnden Bedarf nach Abs. 4 Nr. 2 EinV immer auch ein dringendes betriebliches Erfordernis nach § 1 II KSchG bestanden hätte.[435] Die Besonderheit des Abs. 4 EinV habe gerade darin bestanden, die zusätzlichen Kündigungsbeschränkungen nach dem KSchG zu umgehen.

Der Schutzzweck der Bestimmungen des EinV sprach gegen eine Sozialauswahl nach § 1 III KSchG. Die Abs. 4, 5 EinV sollten nicht nur den Abbau der Überkapazitäten gewährleisten, sondern auch den raschen und vor allem effektiven Aufbau einer leistungsorientierten Verwaltung fördern.[436] Dieser Zweck wäre durch eine Sozialauswahl nach § 1 III KSchG nicht zu verwirklichen gewesen: Die nur sekundär zu berücksichtigenden betrieblichen Belange (§ 1 III 2 KSchG), an die insbesondere das BAG nach wie vor strenge Anforderun-

---

[431] *Fenski/Linck* in NZA 1992, 337 (342); *Hamer* in PersR 1993, 158 (159); *Künzl* in AuR 1992, 204 (208); MünchKomm-*Sacker/Oetker*, Ergänzungsband: EinV, Rn. 998.

[432] *Hamer* in Der PersR 1993, 158 (159); *Hueck/v.Hoyningen-Huene*, KSchG, Einl. Rn. 75j; *Fenski/Linck* in NZA 1992, 337 (342).

[433] *Hueck/v.Hoyningen-Huene*, KSchG, Einl., Rn. 75j.

[434] BAG v. 24.9.1992 - 8 AZR 557/91 in AP Nr. 3 zu Anlage I Kap. XIX EinV [unter I.3. der Gründe] = BAGE 71, 221 = DB 1992, 2094 = NZA 1993, 362; BAG v. 19.1.1995 - 8 AZR 914/93 in AP Nr. 12 zu Art. 13 EinV [unter B.III.2.a) der Gründe] = BAGE 79, 128 = NZA 1996, 586 = AuA 1995, 350 mit Anm. *Berkowsky*.
So auch *Holzhauer* in NJ 1991, 494 (495); *Weiß* in Die PV 1991, 97 (106).

[435] BAG v. 19.1.1995 - 8 AZR 914/93 in AP Nr. 12 zu Art. 13 EinV [unter B.III.2.a) der Gründe] = BAGE 79, 128 = NZA 1996, 586 = AuA 1995, 350 mit Anm. *Berkowsky*.

[436] *Holzhauer* in NJ 1991, 494 (495); *Vollmer* in AuR 1993, 17 (18).
Zum effektiven Aufbau einer leistungsstarken Verwaltung als überragend wichtiges Gemeinschaftsgut: BVerfG v. 24.4.1991 - 1 BvR 1341/90 in AP Nr. 70 zu Art. 12 GG [unter C.III.3.c der Gründe] = BVerfGE 84, 133 = NJW 1991, 1667 = DB 1991, 1021.

gen stellt[437], hätten den Aufbau einer effektiven, leistungsorientierten Verwaltung erheblich behindert.[438] Ferner hätte die generalklauselartige Formulierung von § 1 III 1 KSchG zu großer Prozeßunsicherheit und damit zu u.U. langwierigen Gerichtsverfahren und kostspieligen Vergleichen geführt.[439] Dem BAG war daher zuzustimmen, Abs. 4 Nr. 2 EinV teleologisch abschließend auszulegen. § 1 III KSchG konnte nicht direkt herangezogen werden.

b) Anwendbarkeit des § 1 III KSchG im Wege der gesetzesergänzenden Rechtsfortbildung

Die gesetzesergänzende Rechtsfortbildung orientiert sich an der immanenten Teleologie einer Gesetzesvorschrift und umfaßt den Lückenbereich der Analogie.[440]

Abs. 4 Nr. 2 EinV war im Wege der Auslegung zu entnehmen, daß die Vorschrift abschließend die Bedarfskündigung regelte. Der Gesetzgeber wollte die Umstrukturierungsmaßnahmen innerhalb der öffentlichen Verwaltung in den neuen Bundesländern erleichtern und schuf bewußt einen Sonderfall der betriebsbedingten Kündigung ohne Sozialauswahl. Dieser Wille des Gesetzgebers mußte auch bei der Rechtsfortbildung beachtet werden: Der Richter darf sich nicht eigenmächtig über den Willen des demokratisch legitimierten Gesetzgebers hinwegsetzen. Es kann offen bleiben, ob eine vergleichbare Interessenlage gegeben war: Es lag keine *planwidrige* Regelungslücke vor („argumentum e contrario").

c) Soziale Auswahlkriterien im Rahmen des allgemeinen Gleichbehandlungsgrundsatzes

Eine Sozialauswahl nach den strengen Grundsätzen des § 1 III KSchG lief nach hier vertretener Auffassung dem Schutzzweck des EinV entgegen. Es blieb nur

---

437 Dazu oben: 2. Kapitel, § 5, II.5.

438 Ähnlich *Weiß* in Die PV 1991, 97 (106), der eine Sozialauswahl ablehnte, um den öffentlichen Arbeitgebern die Trennung von unqualifiziertem Personal zu ermöglichen.

439 So LAG Berlin v. 19.2.1992 - 8 Sa 71 und 13/92 in LAGE Nr. 2 zu Art. 13 EinV [unter IV.1. der Gründe].

440 Dazu oben: 3. Kapitel, § 9, II.2.c)bb) (2).

die Möglichkeit, durch Konkretisierung des Gleichbehandlungsgrundsatzes zumindest zu einer Berücksichtigung von sozialen Kriterien bei der Auswahl der zu kündigenden Arbeitnehmer zu kommen. Das Rechtsprinzip „Sozialauswahl“ hätte den allgemeinen arbeitsrechtlichen Gleichbehandlungsgrundsatz beeinflussen können.

Die Rechtsprechung[441], dem ein Teil der Literatur beipflichtete[442], wählte einen ähnlichen Weg: Das BAG verpflichtete den Arbeitgeber, über §§ 242, 315 BGB i.V.m. dem Sozialstaatsprinzip und dem Gleichheitssatz soziale Gesichtspunkte zu berücksichtigen. Die Rechtsprechung des BAG wurde bereits abgelehnt: Der Gleichbehandlungsgrundsatz ist im Verhältnis zu §§ 242, 315 BGB das speziellere Institut.[443] Um dem BAG wenigstens im Ergebnis zuzustimmen, müßte der Gleichbehandlungsgrundsatz anwendbar sein [dazu unter aa)] und das Rechtsprinzip der Sozialauswahl zu sozialen Aspekten drängen [dazu unter bb)].

aa) Anwendbarkeit des allgemeinen Gleichbehandlungsgrundsatzes

Der Anwendungsbereich des arbeitsrechtlichen Gleichbehandlungsgrundsatzes ist eröffnet, wenn eine vergleichbare Ausgangslage zwischen mehreren Arbeitnehmern besteht.[444] Bei der Bedarfskündigung nach Abs. 4 Nr. 2 EinV bestand - genau wie bei der betriebsbedingten Kündigung - eine vergleichbare Lage zwischen denjenigen Arbeitnehmern, die auf den weggefallenen Arbeitsplätzen beschäftigt waren. Die Arbeitnehmer, die das Anforderungsprofil in Bezug auf die überschüssigen Arbeitsplätze erfüllten - also eine vergleichbare Tätigkeit ausübten - waren von der unternehmerischen Maßnahme ihres Dienstherrn betroffen. Zwischen diesen Arbeitnehmern stellte sich die Frage der Gleichbehandlung, wenn nur ein Teil der betroffenen Arbeitnehmer entlassen werden mußte. Der allgemeine arbeitsrechtliche Gleichbehandlungsgrundsatz war damit einschlägig.

---

441 BAG v. 19.1.1995 - 8 AZR 914/93 in AP Nr. 12 zu Art. 13 EinV [unter B.III.2.b) der Gründe] = BAGE 79, 128 = NZA 1996, 586 = AuA 1995, 350 mit Anm. *Berkowsky*.

442 *Ascheid*, Kündigungsschutzrecht, Rn. 857. Ähnlich *Vollmer* in AuR 1993, 17 (21); *Germelmann* in NJ 1992, 390 (392).

443 Dazu oben: 2. Kapitel, § 6, II. 2. / 3.

444 Preis, Prinzipien des Kündigungsrechts, S. 376.

bb) Konkretisierung des allgemeinen Gleichbehandlungsgrundsatzes

Die Konkretisierung der Generalklausel „Gleichbehandlungsgrundsatz" mußte durch eine Interessenabwägung im Einzelfall vorgenommen werden.[445]

(1) Abwägung der beteiligten Interessen

Abs. 4 Nr. 2 EinV war ein Spezialfall der betriebsbedingten Kündigung im öffentlichen Dienst.[446] Die Bedarfskündigung knüpfte an Umstände an, die aus der Sphäre des Arbeitgebers stammten: Die Auswahl mußte aus betrieblichen Gründen durchgeführt werden. Das Rechtsprinzip der Sozialauswahl drängte daher zu einer Auswahl nach sozialen Kriterien. Der Auswahl- und Ausgleichsgedanke der Sozialauswahl war einschlägig. Lediglich der abschließende Charakter des Abs. 4 Nr. 2 EinV verhinderte eine direkte Anwendung des § 1 III KSchG.

Auf der anderen Seite mußte der Wille des Gesetzgebers beachtet werden, zur Förderung des Aufbaus der Verwaltung in den neuen Bundesländern bewußt auf eine Sozialauswahl nach § 1 III KSchG bei der Bedarfskündigung zu verzichten. Der Schutzzweck des gelockerten Kündigungsschutzes nach dem EinV stand einer Sozialauswahl nach § 1 III KSchG entgegen. Die Konkretisierung des Gleichbehandlungsgrundsatzes durfte nicht dazu führen, daß § 1 III KSchG durch die Hintertür „Gleichbehandlungsgrundsatz" zu einer echten Sozialauswahl führte. Eine derartige Auslegung wäre unzulässig gewesen. Es ging darum, den Schutzzweck des EinV zu realisieren, ohne soziale Aspekte vollständig zu vernachlässigen: Die beiden gegenläufigen Interessen mußten zu einem Ausgleich gebracht werden. Das Gewicht der sozialen Auswahlbelange hing davon ab, wie schwer das Gegengewicht „Aufbau der öffentlichen Verwaltung" wog. Innerhalb des Gleichbehandlungsgrundsatzes stritt das Sozialauswahlprinzip mit dem Schutzzweck des Abs. 4 Nr. 2 EinV.

In die gleiche Richtung steuerte das BAG, indem es eine Interessenabwägung zwischen dienstlichen und sozialen Belangen forderte: Der Arbeitgeber mußte nicht nur nebenbei soziale Aspekte berücksichtigen, den dienstlichen Auswahl-

---

445 Dazu oben: 2. Kapitel, § 7, II.

446 Vgl. *Hueck/v.Hoyningen-Huene*, KSchG, Einl., Rn. 75 h; *Fenski/Linck* in NZA 1992, 337 (340).

belangen kam nicht einmal der Vorrang zu.[447] Einen Abwägungsmaßstab gab das BAG dagegen nicht an; das genaue Wertverhältnis zwischen den sozialen und dienstlichen Belangen sollten die Instanzgerichte bestimmen.[448]

Dieser Entscheidung wurde zu Recht vorgeworfen, die Arbeitgeber im unklaren darüber zu lassen, nach welchen Maßstäben sie die zu kündigenden Arbeitnehmer auszuwählen hatten.[449] Um auf Nummer sicher zu gehen, bot sich für die öffentlichen Arbeitgeber eine Orientierung an der strengen Rechtsfolge des § 1 III KSchG an.[450] Dadurch bestand jedoch die Gefahr, den gelockerten Sonderkündigungsschutz des EinV erheblich zu entwerten. Das BAG hätte im Sinne der Rechtssicherheit die Abwägung zwischen dienstlichen und sozialen Belangen selbst vornehmen müssen.

(2) Konkreter Abwägungsmaßstab

Es bestand Einigkeit zwischen den Vertretern einer abgeschwächten Sozialauswahl, dem Arbeitgeber einen größeren Beurteilungsspielraum zuzubilligen als bei § 1 III KSchG.[451] Der Arbeitgeber sollte einerseits nicht vollständig freigestellt werden, soziale Gesichtspunkte zu berücksichtigen, andererseits war keine Analogie zu § 1 III KSchG gewollt.[452] Eine konkrete Gewichtung der unterschiedlichen Belange nahm dagegen - soweit ersichtlich - niemand vor. Die Praxis bekam keine Auswahlkriterien an die Hand. Lediglich vereinzelt hielt man die Kündigung für unwirksam, wenn die soziale Schwäche des Gekündigten gegenüber stärkeren Arbeitnehmern evident war[453] oder wenn gravierende Unterschiede in der sozialen Schutzbedürftigkeit außer acht gelassen

---

447 BAG v. 19.1.1995 - 8 AZR 914/93 in AP Nr. 12 zu Art. 13 EinV [unter B.III.2.c) der Gründe] = BAGE 79, 128 = NZA 1996, 586 = AuA 1995, 350 mit Anm. *Berkowsky*.

448 BAG v. 19.1.1995 - 8 AZR 914/93 in AP Nr. 12 zu Art. 13 EinV [unter B.III.2.c) der Gründe]= BAGE 79, 128 = NZA 1996, 586 = AuA 1995, 350 mit Anm. *Berkowsky*.

449 *Berkowsky* in AuA 1995, 333 (334).

450 *Berkowsky* in AuA 1995, 333 (334).

451 *Ascheid*, Kündigungsschutzrecht, Rn. 857; *Germelmann* in NJ 1992, 390 (392); *Vollmer* in AuR 1993, 17 (21); LAG Berlin v. 19.2.1992 - 8 Sa 71 und 13/92 in LAGE Nr. 2 zu Art. 13 EinV [unter IV.1. der Gründe].

452 BAG v. 19.1.1995 - 8 AZR 914/93 in AP Nr. 12 zu Art. 13 EinV [unter B.III.2.b) der Gründe] = BAGE 79, 128 = NZA 1996, 586 = AuA 1995, 350 mit Anm. *Berkowsky*.

453 *Ascheid*, Kündigungsschutzrecht, Rn. 857.

wurden.[454] Angesichts dieser Rechtsunsicherheit und dem damit verbundenen Prozeßrisiko ließ sich der Schutzzweck der Bestimmungen des EinV schwerlich verwirklichen: Für einen raschen Aufbau der öffentlichen Verwaltung war die unsichere Praxis kontraproduktiv. Das BAG räumte den dienstlichen Auswahlbelangen nicht einmal eine Vorrangtendenz ein; sie waren in eine Abwägung mit den sozialen Belangen einzustellen.[455] Diesem gleichberechtigten Nebeneinander von sozialen und dienstlichen Belangen konnte nicht gefolgt werden. Der gesetzgeberische Wille wäre nur schwer zu verwirklichen gewesen.

Statt dessen hätte sich folgende Regelung angeboten:

- Zunächst einmal hätten soziale Aspekte überhaupt keine Rolle spielen dürfen, wenn der jeweilige Dienstherr seine Auswahlentscheidung auf betriebliche Belange i.S.d. § 1 III 2 KSchG gestützt hätte. Im Rahmen des Einigungsvertrages hätte die strenge Wertung des § 1 III 2 KSchG bei der abgeschwächten Sozialauswahl erst recht gelten müssen.

- Darüber hinaus hätte das Verhältnis von sozialen und dienstlichen Belangen einfach umgekehrt werden müssen: Zur Rechtfertigung einer Bedarfskündigung hätte es genügt, plausible betriebliche Erfordernisse - z. B. die höhere Leistungsfähigkeit oder die bessere fachliche Qualifikation eines Arbeitnehmers - vorzutragen. Diese betrieblichen Belange hätten einen sachlichen Grund i.S.d. arbeitsrechtlichen Gleichbehandlungsgrundsatzes dargestellt.

- Erst sekundär hätten sich die sozialen Gesichtspunkte auf die Wirksamkeit der Kündigung auswirken können, aber erst, wenn der Unterschied in der sozialen Schutzbedürftigkeit evident gewesen wäre. In diesem Fall hätte das Rechtsprinzip „Sozialauswahl" die betrieblichen Belange des Arbeitgebers verdrängt.

Dieses Verhältnis hätte zum einen den schnellen und effektiven Aufbau einer leistungsstarken Verwaltung nicht behindert, zum anderen die sozialen Aspekte nicht völlig vernachlässigt. Eine gleichberechtigte Abwägung zwischen den sozialen und dienstlichen Belangen hätte dazu geführt, daß leistungsstärkere

---

454 LAG Chemnitz v. 12.5.1993 - 6 Sa 36/92 in AuA 1994, 87 (88) für eine Versetzung nach Abs. 4 Nr. 3 EinV.

455 BAG v. 19.1.1995 - 8 AZR 914/93 in AP Nr. 12 zu Art. 13 EinV [unter B.III.2.c) der Gründe] = BAGE 79, 128 = NZA 1996, 586 = AuA 1995, 350 mit Anm. *Berkowsky*.

Arbeitnehmer zu leicht aus dem öffentlichen Dienst gedrängt worden wären. Alles andere wäre dem Willen des Gesetzgebers, die Bedarfskündigung von einer Sozialauswahl nach § 1 III KSchG freizustellen, nicht gerecht geworden. Der Gesetzgeber hat im Rahmen des EinV von seinem weiten Gestaltungsspielraum gegenüber dem Sozialstaatsprinzip (Artt. 20 I, 28 GG) und den grundrechtlichen Schutzpflichten Gebrauch gemacht.

d) Ergebnis

Bei einer Bedarfskündigung nach Abs. 4 Nr. 2 EinV war nach dem gesetzgeberischen Willen § 1 III KSchG weder direkt noch analog anzuwenden. Innerhalb des allgemeinen arbeitsrechtlichen Gleichbehandlungsgrundsatzes forderte das Rechtsprinzip „Sozialauswahl" aber die Berücksichtigung von sozialen Kriterien bei der Auswahlentscheidung des Arbeitgebers. Um den raschen und effektiven Aufbau einer öffentlichen Verwaltung zu gewährleisten, kehrte sich das Verhältnis zwischen sozialen und dienstlichen Gesichtspunkten aber im Gegensatz zu § 1 III KSchG um. Nur eine evident höhere soziale Schutzbedürftigkeit hätte einer Auswahl nach dienstlichen Belangen entgegenstehen können. Im Ausgangsfall wäre die Kündigung des P aufgrund des gravierenden Unterschieds in der sozialen Schutzbedürftigkeit unwirksam gewesen, es sei denn, der Arbeitgeber hätte sich auf § 1 III 2 KSchG berufen können.

II. Kündigungen von Arbeitsverhältnissen außerhalb des persönlichen oder des betrieblichen Anwendungsbereichs des KSchG

Die zweite Fallgruppe, bei der eine Sozialauswahl außerhalb des KSchG diskutiert wird, ist die Kündigung von Arbeitsverhältnissen, die nicht unter den persönlichen oder betrieblichen Anwendungsbereich des KSchG fallen. Das KSchG ist im einzelnen Arbeitsverhältnis unanwendbar, wenn der Arbeitnehmer nach § 1 I KSchG in demselben Betrieb oder Unternehmen nicht länger als 6 Monate beschäftigt ist (dazu unter 1.) oder der Betrieb nicht die Anforderungen des § 23 I 2 KSchG erfüllt (dazu unter 2.).

1. Sozialauswahl bei Arbeitsverhältnissen außerhalb des persönlichen Anwendungsbereichs, § 1 I KSchG

Die sechsmonatige Wartezeit nach § 1 I KSchG verfolgt den Zweck, dem Arbeitgeber die Möglichkeit zu geben, den Arbeitnehmer zu erproben.[456] Aus diesem Grund erwirbt der Arbeitnehmer erst nach sechs Monaten eine geschützte Rechtsposition hinsichtlich seines Arbeitsplatzes.[457] Kündigungen in den ersten sechs Monaten unterliegen keinen besonderen verfassungsrechtlichen Beschränkungen.[458] Innerhalb der ersten sechs Monate gibt es (noch) kein schutzwürdiges Vertrauen in den Fortbestand des Arbeitsverhältnisses, da der Arbeitnehmer in dieser Phase naturgemäß keine lange Betriebszugehörigkeit oder sonstige soziale Aspekte für sich in Anspruch nehmen kann.[459]

Arbeitnehmer, welche die sechsmonatige Wartezeit noch nicht zurückgelegt haben, sind nicht in den auswahlrelevanten Personenkreis bei einer Sozialauswahl einzubeziehen; sie sind mit den übrigen Arbeitnehmern, die den allgemeinen individuellen Kündigungsschutz genießen, nicht vergleichbar und deshalb vor den geschützten Arbeitnehmern zu entlassen.[460] Die Frage der Sozialauswahl außerhalb des KSchG stellt sich nicht bei Arbeitsverhältnissen, welche die Wartezeit des § 1 I KSchG noch nicht erfüllt haben, sondern nur in Kleinbetrieben.

2. Sozialauswahl bei Arbeitsverhältnissen außerhalb des betrieblichen Anwendungsbereichs, § 23 I 2 KSchG

Nach § 23 I 2 KSchG sind die Kleinbetriebe vom KSchG ausgenommen (sog. „Kleinbetriebsklausel"): Das KSchG gilt nur in Betrieben mit mehr als fünf Arbeitnehmern ausschließlich der zu ihrer Berufsausbildung Beschäftigten.

---

456 *Hueck/v.Hoyningen-Huene*, KSchG, § 1, Rn. 64.

457 BAG v. 16.2.1995 - 8 AZR 714/93 in AP Nr. 1 zu EinV Anlage II Kap. VI [unter B.I.2.b) der Gründe] = NZA 1995, 881 = DB 1995, 1519; KR-*Etzel*, § 1 KSchG, Rn. 103; *Preis*, Arbeitsrecht, S. 621.

458 *Linck* in FA 1999, 382 (385).

459 *Kittner* in NZA 1998, 731 (733). Ähnlich einschränkend *Wank* in FS für Hanau, S. 295 (314).

460 KR-*Etzel*, § 1 KSchG, Rn. 676; *Hueck/v.Hoyningen-Huene*, KSchG, § 1, Rn. 460.

a) Sinn und Zweck der Privilegierung

Der Kleinbetriebsklausel kommt als Ausnahmevorschrift von dem strengen Bestandsschutz des KSchG eine große arbeitsmarktpolitische und wirtschaftliche Bedeutung zu. Das belegen allein die Gesetzesänderungen 1996 und 1998, die parallel zu den Änderungen des § 1 III KSchG erfolgten: Während § 23 I 2 KSchG von seinem Inkrafttreten bis zum September 1996 von einem Schwellenwert von fünf Arbeitnehmern ausging, wurde die Arbeitnehmeranzahl durch das BeschFG mit Wirkung vom 1.10.1996 auf zehn erhöht. Der damalige Gesetzgeber lockerte den allgemeinen Kündigungsschutz zur Bekämpfung der Arbeitslosigkeit, um vermehrte Neueinstellungen und einen beschäftigungspolitischen Aufschwung zu erreichen.[461] Der Versuch, auf diese Art die Arbeitslosigkeit zu senken, währte allerdings nicht lange: Der im Herbst 1998 neu gewählte Gesetzgeber schraubte den Schwellenwert mit Wirkung zum 1.1.1999 wieder auf den alten ursprünglichen Wert zurück. Ähnlich wie bei § 1 III KSchG vollzog man eine Rückkehr zur ursprünglichen Gesetzesfassung.[462] Nach heutiger Rechtslage reichen wieder mehr als fünf Arbeitnehmer im Betrieb aus, um das KSchG im einzelnen Arbeitsverhältnis anzuwenden. Lediglich die anteilige Anrechnungsklausel von Teilzeitbeschäftigten wurde modifiziert übernommen, nachdem auch das BVerfG die Rechtslage vor dem 1.10.1996 im Hinblick auf die geringfügig Beschäftigten teilweise für verfassungswidrig hielt.[463] Die Schwelle zum Kündigungsschutz ist überschritten, wenn im Betrieb regelmäßig die rechnerische Zahl von 5,25 Arbeitnehmern erreicht wird.[464]

Der Gesetzgeber nahm die Kleinbetriebe aus dem Kündigungsschutz heraus, um den nachfolgenden Besonderheiten Rechnung zu tragen, die sich in vier Hauptkategorien einteilen lassen[465]:

---

461 BT-Drs. 13/4612, S. 8 f.

462 HK-KSchG/*Kriebel*, § 23, Rn. 1.

463 Vgl. zur äußerst zweifelhaften methodischen verfassungskonformen Auslegung: BVerfG v. 27.1.1998 - 1 BvL 22/93 in AP Nr. 18 zu § 23 KSchG 1969 [unter B.I.5. der Gründe] = BVerfGE 97, 186 = NZA 1998, 469 = NJW 1998, 1478.

464 *Preis*, Arbeitsrecht, S. 626; *Stahlhacke/Preis/Vossen*, Kündigungsschutz, Rn. 606b.

465 Umfassend zu den Privilegierungsgründen: BAG v. 19.4.1990 - 2 AZR 487/89 in AP Nr. 8 zu § 23 KSchG 1969 [unter II.2.a)bb) der Gründe] = BAGE 64, 315 = NZA 1990, 724 = NJW 1990, 2405; BVerfG v. 27.1.1998 - 1 BvL 15/87 in AP Nr. 17 zu § 23 KSchG 1969 [unter B.I.3.b)bb) der Gründe] = BVerfGE 97, 169 = NZA 1998, 470 = NJW 1998, 1475

- **Gewährleistung der Leistungsfähigkeit des einzelnen Arbeitnehmers** (der Geschäftserfolg hängt anders als bei Großbetrieben von jedem einzelnen Arbeitnehmer ab)

- **Schutz des betrieblichen Vertrauensverhältnisses** (Störungen des Betriebsklimas können zu Leistungsminderungen führen, die sich bei geringem Geschäftsvolumen spürbar auf das Ergebnis niederschlagen; gerade durch die regelmäßige Mitarbeit des Geschäftsinhabers besteht ein besonderes Vertrauensverhältnis zu jedem Mitarbeiter)

- **Gewährleistung größerer arbeitsmarktpolitischer Freizügigkeit** (bei Schwankungen der Auftragslage müssen Kleinbetriebe flexibel reagieren können)

- **Schutz der Finanzausstattung** (aufgrund der regelmäßig geringen Finanzausstattung sind die kleineren Betriebe nicht in der Lage, weniger benötigte und leistungsschwächere Arbeitnehmer weiterzubeschäftigen; die kleineren Betriebe sollen vor dem erhöhten Verwaltungsaufwand und vor allem vor dem erhöhten Kostenaufwand eines Kündigungsschutzprozesses bewahrt werden).

Sowohl das BAG als auch das BVerfG rechtfertigten mit obigen Argumenten die Ungleichbehandlung der Arbeitnehmer in Kleinbetrieben und erklärten § 23 I 2 KSchG in der Fassung bis zum 1.10.1996 und damit auch in der seit 1999 geltenden Fassung für verfassungskonform.[466] Das BVerfG stellte jedoch heraus, daß eine am Sinn und Zweck der Kleinbetriebsklausel orientierte Interpretation des Betriebsbegriffs zu erfolgen habe.[467]

466 BAG v. 19.4.1990 - 2 AZR 487/89 in AP Nr. 8 zu § 23 KSchG 1969 (1. Leitsatz) = BAGE 64, 315 = NZA 1990, 724 = NJW 1990, 2405; BVerfG v. 27.1.1998 - 1 BvL 15/87 in AP Nr. 17 zu § 23 KSchG 1969 (Leitsatz) = BVerfGE 97, 169 = NZA 1998, 470 = NJW 1998, 1475.

467 BVerfG v. 27.1.1998 - 1 BvL 15/87 in AP Nr. 17 zu § 23 KSchG 1969 = BVerfGE 97, 169 = NZA 1998, 470 = NJW 1998, 1475.

b) Kündigungsschutz im Kleinbetrieb

Der Bestandsschutz für Arbeitsverhältnisse außerhalb des KSchG, der bis zum 1.10.1996 nur stiefmütterlich behandelt wurde[468], rückte in den Mittelpunkt des arbeitsrechtlichen Interesses, als der Gesetzgeber des BeschFG den Schwellenwert für Kleinbetriebe zeitweilig auf mehr als zehn Arbeitnehmer erhöhte. Durch diese Gesetzesänderung fielen nach unterschiedlichen Angaben zwischen 80 und 93% der Betriebe und ca. 30% der Arbeitnehmer nicht mehr unter das KSchG.[469] Es mangelte nicht an rechtswissenschaftlichen Abhandlungen zu einem Kündigungsschutz außerhalb des KSchG[470], die durch die Rücknahme der Gesetzesänderung zum 1.1.1999 etwas an Aktualität einbüßten. Gerade das Urteil des BVerfG zur Kleinbetriebsklausel und das Urteil des BAG aus dem Jahre 1996 zum EinV waren Wasser auf die Mühlen derer, die einen weitergehenden Kündigungsschutz im Kleinbetrieb und damit auch eine weitergehende Sozialauswahl über die zivilrechtlichen Generalklauseln befürworteten.[471]

Jenseits des allgemeinen Kündigungsschutzes sind die Kündigungsschranken zu beachten, die nicht an das KSchG anknüpfen, wie z. B. die §§ 102 I BetrVG, 9 MuSchG, 15 ff. SchwbG oder die allgemeinen Diskriminierungs- und Benachteiligungsverbote der §§ 611a, 612 a BGB.[472] Umstritten ist, inwieweit aus den zivilrechtlichen Generalklauseln (§§ 138, 242 BGB) unter Einwirkung der staatlichen Schutzpflicht aus Art. 12 GG ein abgeschwächter Kündigungsschutz für Arbeitnehmer in Kleinbetrieben hergeleitet werden kann. Treffender als mit der von *Hanau* geprägten Metapher eines „richterrechtlichen Kündigungsschutzes 2. Klasse" läßt sich diese Diskussion nicht bezeichnen.[473]

Umstritten sind die Grenzen des § 242 BGB (Prinzip von Treu und Glauben) und das Verhältnis zu dem durch das KSchG vermittelten Bestandsschutz. Während eine Literaturansicht den Anwendungsbereich des § 242 BGB nur auf

---

468 Vgl. nur *Ramm* in AuR 1991, 257 (257).

469 Zu den unterschiedlichen Angaben: *Lakies* in DB 1997, 1078 (1078) und *Oetker* in AuR 1997, 41 (41) jeweils m.w.N.

470 *Lakies* in DB 1997, 1078 ff.; *Lowisch* in BB 1997, 782 ff.; *Oetker* in AuR 1997, 41 ff.; *Otto* in FS für Wiese, S. 353 ff.; *Preis* in NZA 1997, 1256 ff.; *Stahlhacke* in FS für Wiese, S. 513 ff.

471 Vgl. nur K/D/Z-*Däubler*, KSchR, § 242 BGB, Rn. 25.
Aus diesem Grund kritisch zur Rechtsprechung des BAG zum EinV: *Hueck/v.Hoyningen-Huene*, KSchG, Einl., Rn. 75 l.

472 Umfassend *Preis* in NZA 1997, 1256 (1258 ff.); *Stahlhacke* in FS für Wiese, S. 513 (517 ff.).

473 *Hanau* in ZRP 1996, 349 (353).

allgemeine Verstöße gegen Treu und Glauben (z. B. Einsatz zu vertragswidrigen Zwecken, Verbot widersprüchlichen Verhaltens) beschränkt[474], versucht eine andere - im Vordringen befindliche - Auffassung, mit unterschiedlicher Akzentuierung aus § 242 BGB eine abgeschwächte Inhaltskontrolle herzuleiten.[475] *Oetker* spricht sehr anschaulich von „dem Einbau gepolsterter Bänke in der 2. Klasse".[476]

Die Diskussion um eine abgeschwächte Überprüfung des Kündigungsgrundes soll hier nicht vertieft werden; insofern sei auf die zitierten Abhandlungen verwiesen. Im Rahmen der vorliegenden Arbeit interessiert das Parallelproblem, inwiefern über die Generalklauseln des Zivilrechts eine abgeschwächte Sozialauswahl durchgeführt werden kann, wenn mehrere Arbeitnehmer aus betriebsbedingten Gründen zur Entlassung anstehen.

c) Sozialauswahl im Kleinbetrieb

Auf den ersten Blick scheint es im Kleinbetrieb zu keiner Auswahl des Arbeitgebers zu kommen: Der Kleinbetrieb ist durch eine Anzahl von 5 oder weniger Arbeitnehmern gekennzeichnet. Die bisherigen fehlenden Urteile zur Sozialauswahl im Kleinbetrieb schienen die mangelnde Praxisrelevanz zu unterstreichen. Das BAG hat sich jedoch in einem neuren Urteil mit einer Sozialauswahl im klassischen Kleinbetrieb mit fünf Arbeitnehmern auseinandergesetzt.[477] Angesichts der nur anteiligen Berücksichtigung von Teilzeitbeschäftigten (vgl. § 23 I 3 KSchG) kann es weiterhin auch durchaus zu Situationen kommen, in denen der Arbeitgeber aus betriebsbedingten Gründen vor einer Auswahl unter mehreren vergleichbaren Arbeitnehmern steht.

---

474 KR-*Friedrich*, § 13 KSchG, Rn. 233; *Hetzel*, Das Arbeitsverhältnis im Kleinbetrieb, S. 211; *Hueck/v.Hoyningen-Huene*, KSchG, § 13, Rn. 91 f.; *Lowisch* in BB 1997, 782 (786 f.); *Spinti* in AR-Blattei SD, 1020.1, Rn. 163; *Stahlhacke* in FS für Wiese, S. 513 (524).

475 So K/D/Z-*Daubler*, KSchR, § 242 BGB, Rn. 27; *Kittner* in AuR 1997, 182 (190); *Lakies* in DB 1997, 1078 (1081).
Für eine Evidenz- bzw. Willkürkontrolle *Oetker* in AuR 1997, 41 (52); *Otto* in FS für Wiese, S. 353 (367); *Wank* in FS für Hanau, S. 295 (306).

476 *Oetker* in AuR 1997, 41 (54).

477 BAG v. 21.2.2001 - 2 AZR 15/00 in AuR 2001, 143 (Pressemitteilung).

Beispiel: Der im Jahre 1950 geborene Arbeitnehmer A ist seit dem 1.8.1980 als Verpacker in dem einzigen Betrieb des B beschäftigt. A ist verheiratet und drei Kindern unterhaltspflichtig. Seine wöchentliche Arbeitszeit beträgt wegen der Kinderbetreuung nur 20 Stunden. Neben seinem in Vollzeit mitarbeitenden Arbeitgeber arbeiten noch 7 weitere Teilzeitbeschäftigte zwanzig Stunden in der Woche in dem Betrieb des B. Darunter befindet sich auch der ledige dreißigjährige C, der seit 1996 bei B beschäftigt ist. Aufgrund der Kündigung eines Großauftrags sieht sich B im März 2000 gezwungen, sich von zwei Teilzeitkräften zu trennen. Seine Wahl fällt auf A, da letzterer wegen seines hohen Alters krankheitsanfälliger und damit nicht mehr so leistungsfähig ist wie beispielsweise sein Kollege C. Der A wendet dagegen seine hohe soziale Schutzbedürftigkeit ein.

Die Kündigung des A ist nicht am KSchG zu messen: Die insgesamt 8 Teilzeitbeschäftigten mit einer wöchentlichen Stundenzahl von nicht mehr als zwanzig Stunden sind gem. § 23 I 3 KSchG nur mit einem Faktor von 0,5 zu berücksichtigen. Der Betrieb des B erreicht nicht die Schwelle von mindestens 5,25 Arbeitnehmern (§ 23 I 2 KSchG). Zu untersuchen ist die Frage, ob das Auswahlermessen des Arbeitgebers im Kleinbetrieb völlig unbeschränkt ausgeübt werden darf, um die zu kündigenden Arbeitnehmer zu bestimmen. Kann sich der Arbeitgeber nur von betrieblichen Nützlichkeitserwägungen leiten lassen oder darf er sogar völlig willkürlich die zu kündigenden Arbeitnehmer auswählen oder muß er auf der anderen Seite nicht auch soziale Aspekte bei seiner Auswahlentscheidung berücksichtigen?

§ 1 III KSchG ist augenscheinlich nicht anwendbar, so daß lediglich die Möglichkeit besteht, im Wege der Analogie oder der Konkretisierung von Generalklauseln zu einer Sozialauswahl oder zumindest zu einer Berücksichtigung von sozialen Auswahlaspekten zu gelangen. Zu einem anderen Ergebnis käme man, wenn man es mit *Däubler* für möglich hielte, nach einer Betriebszugehörigkeit von drei bzw. fünf Jahren von einer konkludenten Vereinbarung des allgemeinen Kündigungsschutzes im einzelnen Arbeitsverhältnis auszugehen.[478] Da es sich bei dieser stillschweigenden „Vereinbarung" zwischen Arbeitgeber und Arbeitnehmer allerdings um eine reine Fiktion handelt und der gesetzgeberische Wille durch diesen juristischen Kunstgriff unterlaufen wird, erscheint eine weitere Auseinandersetzung mit dieser Auffassung nicht angezeigt.[479]

---

478 K/D/Z-*Daubler*, KSchR, § 242 BGB, Rn. 36.
479 Ebenso ablehnend *Linck* in FA 1999, 382 (384).

aa) Anwendbarkeit des § 1 III KSchG im Wege der gesetzesergänzenden Rechtsfortbildung

Eine gesetzesergänzende Rechtsfortbildung - ein Analogieschluß zu § 1 III KSchG - kommt bei einer Auswahl im Kleinbetrieb nicht in Betracht: Der Gesetzgeber hat sich bewußt dafür entschieden, die Kleinbetriebe wegen ihrer strukturellen Besonderheiten von dem allgemeinen Kündigungsschutz auszunehmen. Der Wille des Gesetzgebers darf nicht durch eine analoge Anwendung der gesetzlichen Bestimmungen ausgehöhlt oder unterlaufen werden.[480]

bb) Soziale Auswahlkriterien im Rahmen des allgemeinen Gleichbehandlungsgrundsatzes

Die Auswahlfreiheit des Arbeitgebers könnte im Kleinbetrieb durch den allgemeinen arbeitsrechtlichen Gleichbehandlungsgrundsatz beschränkt sein.

Da der Arbeitgeber zwei von insgesamt acht Teilzeitkräften entlassen will, stellt sich die Frage der Gleichbehandlung. Die acht Teilzeitkräfte sind nach arbeitsplatzbezogenen Merkmalen vergleichbar[481] und befinden sich wegen der unternehmerischen Maßnahme des Arbeitgebers in einer gleichen Ausgangslage. Der allgemeine arbeitsrechtliche Gleichbehandlungsgrundsatz ist auch im Kündigungsrecht einschlägig und verhindert eine willkürliche Auswahl des Arbeitgebers.[482] Es fragt sich, ob der Arbeitgeber im Kleinbetrieb verpflichtet ist, nach sozialen Aspekten auszuwählen.

Die Ausfüllung des Gleichbehandlungsgrundsatzes mit sozialen Auswahlgesichtspunkten hängt von zwei Kriterien ab: Zum einen muß das allgemeine Rechtsprinzip „Sozialauswahl" einschlägig sein [dazu unter (1)], zum anderen dürfen die weiteren Abwägungskriterien nicht so stark sein, daß sie im Rahmen einer Interessenabwägung einer Auswahl nach sozialen Aspekten entgegenstehen [dazu unter (2)].

---

480 *Hetzel*, Das Arbeitsverhältnis im Kleinbetrieb, S. 191; *Otto* in FS für Wiese, S. 353 (369).

481 Da es sich ausschließlich um Teilzeitkräfte handelt, stellt sich nicht das Problem der Vergleichbarkeit von Vollzeit- und Teilzeitbeschäftigten im Rahmen des § 1 III KSchG. Dazu BAG v. 3.12.1998 - 2 AZR 341/98 in AP Nr. 39 zu § 1 KSchG 1969 [unter II.4. der Gründe] = BAGE 90, 236 = NZA 1999, 431 = NJW 1999, 1733.

482 Dazu oben: 2. Kapitel, § 6, II.1.a).

(1) Einwirkung des allgemeinen Rechtsprinzips „Sozialauswahl"

Das im Arbeitsrecht allgemein anerkannte Sozialauswahlprinzip[483] ist von der Interessenlage her bei der Auswahl im Kleinbetrieb einschlägig: Der Arbeitgeber muß eine Auswahlentscheidung unter mehreren vergleichbaren Arbeitnehmern aus betrieblichen Gründen treffen, die der Sphäre des Arbeitgebers zuzurechnen sind (Auswahl- und Ausgleichsgedanke).[484] Der Ähnlichkeitsbezug zu § 1 III KSchG liegt auf der Hand; der einzige Unterschied ist in der Größe des Kündigungsbetriebs zu sehen.

Die Diskussion um den Kündigungsschutz im Kleinbetrieb - und damit auch um die Sozialauswahl - wurde durch das Urteil des BVerfG zur Verfassungsmäßigkeit der Kleinbetriebsklausel verstärkt: Das BVerfG hält § 23 I 2 KSchG u.a. für verfassungskonform, weil die Arbeitnehmer jenseits des gesetzlichen Kündigungsschutzes nicht vollkommen schutzlos gestellt seien. Die Arbeitsgerichte müßten den verfassungsrechtlich gebotenen Mindestschutz des Arbeitsplatzes (Art. 12 GG) über die zivilrechtlichen Generalklauseln gewährleisten und auch bei der Auswahl im Kleinbetrieb dafür sorgen, daß ein *gewisses Maß an sozialer Rücksichtnahme* vom Arbeitgeber beachtet werde.[485] Das BVerfG färbt damit den sachlichen Grund im Rahmen des Gleichbehandlungsgrundsatzes „sozial" ein. Diesen verfassungsrechtlichen Gedanken aufgegriffen, forderte auch das BAG - allerdings auch über § 242 BGB - in einer neueren Entscheidung die Berücksichtigung von sozialen Gesichtspunkten im Kleinbetrieb.[486] Angesichts dieser Urteile ist zu vermuten, daß Auswahlentscheidungen des Arbeitgebers aus betrieblicher Veranlassung in der Praxis zukünftig mehr Bedeutung erlangen werden.[487]

Das spricht zunächst dafür, - ähnlich wie bei § 1 III KSchG - nach sozialen Gesichtspunkten zu differenzieren. Die gesetzgeberische Wertentscheidung ist außerhalb des gesetzlichen Anwendungsbereichs bei der Konkretisierung von Generalklauseln zu berücksichtigen.[488] Wenn § 1 III KSchG nicht einschlägig ist, bleibt der Gleichbehandlungsgrundsatz zurück.[489] Der Grundsatz der Sozi-

---

483 Dazu oben: 2. Kapitel, § 6, II.1.

484 Dazu oben: 2. Kapitel, § 5, II.2.

485 BVerfG v. 27.1.1998 - 1 BvL 15/87 in AP Nr. 17 zu § 23 KSchG 1969 [unter B.I.3.b)cc) der Gründe] = BVerfGE 97, 169 = NZA 1998, 470 = NJW 1998, 1475.

486 BAG v. 21.2.2001 - 2 AZR 15/00 in AuR 2001, 143 (Pressemitteilung).

487 So *Gragert* in NZA 2000, 961 (968).

488 Dazu oben: 2. Kapitel, § 7, II.

489 *Stahlhacke/Preis/Vossen*, Kündigungsschutz, Rn. 196.

alauswahl muß außerhalb des KSchG - unabhängig vom Ausmaß der gesetzlichen Konkretisierung - als verfassungsfest angesehen werden.[490]

(2) Abwägung mit den entgegenstehenden Belangen des Arbeitgebers

Zwischen der Rechtsprechung und dem arbeitsrechtlichen Schrifttum besteht Einigkeit, die Generalklauseln des Zivilrechts nicht zur Errichtung eines Kündigungsschutzes zu mißbrauchen, der inhaltlich dem allgemeinen Kündigungsschutz (KSchG) entspricht.[491] Über welche Generalklausel auch immer darf - gewissermaßen durch die Hintertür - keine strenge Sozialauswahl nach dem Maßstab des § 1 III KSchG konstruiert werden.[492] Damit wären die Grenzen der Rechtsfortbildung überschritten, da die Entscheidung des Gesetzgebers dahin geht, die Kleinbetriebe vom KSchG auszunehmen.[493]

Damit ist noch nicht entschieden, eine Pflicht des Arbeitgebers zur Berücksichtigung von sozialen Aspekten generell abzulehnen. Zu dieser Frage hat sich der Gesetzgeber nicht geäußert.[494] Die Regelung in § 23 I 2 KSchG zwingt nicht zu einem Umkehrschluß, der zu einem „Alles-oder-Nichts-Prinzip" führt.[495] Zwischen einer Sozialauswahl nach § 1 III KSchG und einem Freibrief des Arbeitgebers zur willkürlichen Auswahl ist genügend Platz, um eine Lösung im Rahmen der Konkretisierung von Generalklauseln zu finden, welche die gegenläufigen Interessen im Einzelfall zu einem gerechten Ausgleich bringt. Die sozialen und betrieblichen Auswahlbelange sind unter besonderer Berücksichtigung der oben dargelegten Besonderheiten der Kleinbetriebe gegeneinander abzuwägen.

---

490 *Preis* in NZA 1997, 1256 (1268).

491 BVerfG v. 27.1.1998 - 1 BvL 15/87 in AP Nr. 17 zu § 23 KSchG 1969 [unter B.I.3.b)cc) der Gründe] = BVerfGE 97, 169 = NZA 1998, 470 = NJW 1998, 1475; ArbG Reutlingen v. 20.10.1998 - 1 Ca 397/86 in NZA-RR 1999, 82 (82); *Otto* in FS für Wiese, S. 353 (366); *Preis* in NZA 1997, 1256 (1264).

492 *Oetker* in AuR 1997, 41 (52); *Otto* in FS für Wiese, S. 353 (366); *Wank* in FS für Hanau, S. 295 (313).

493 *Preis* in NZA 1997, 1256 (1267); *Stahlhacke* in FS für Wiese, S. 513 (532, Fn. 77).

494 Zur allgemeinen Inhaltskontrolle über § 242 BGB: *Wank* in FS für Hanau, S. 294 (305).

495 K/D/Z-*Daubler*, KSchR, § 242 BGB, Rn. 24; *Oetker* in AuR 1997, 41 (51).

(a) Ansichten im arbeitsrechtlichen Schrifttum

Ist man sich in der Literatur noch darüber einig, daß der Arbeitgeber kein Recht zur willkürlichen Auswahl hat, gehen bei der Frage, wie die Vorgaben des BVerfG umgesetzt werden sollen, die Meinungen im Schrifttum auseinander: Wie ist das gewisse Maß an sozialer Rücksichtnahme zu verstehen? Welches Gewicht besitzen die betrieblichen Belange des Arbeitgebers? Alles Fragen, auf die das BVerfG keine Antwort gab und auf die Arbeitsgerichte verwies.[496] Das Meinungsspektrum im Schrifttum reicht von einer bloßen Willkürkontrolle bis hin zu einer gleichberechtigten Abwägung zwischen sozialen und betrieblichen Belangen.

Eine Auffassung im Schrifttum gewährt dem Arbeitgeber bei seiner Auswahlfreiheit das größte Ermessen: Danach sei § 242 BGB bei der Auswahl unter mehreren Arbeitnehmern auf seinen allgemeinen Anwendungsbereich (z. B. die Auswahl zu vertragsfremden Zwecken) beschränkt. Eine abgeschwächte Sozialauswahl über die Generalklauseln komme nicht in Betracht.[497] Der Gesetzgeber habe der Kündigungsfreiheit des Arbeitgebers im Kleinbetrieb den Vorrang eingeräumt, der weder durch § 242 BGB noch durch eine Billigkeitskontrolle über den im Kündigungsrecht ohnehin nicht anwendbaren allgemeinen arbeitsrechtlichen Gleichbehandlungsgrundsatz unterlaufen werden dürfe.[498]

Im Gegensatz dazu will eine recht großzügige Auffassung im Schrifttum die Rechtsprechung des BAG zum EinV auf die Sozialauswahl im Kleinbetrieb übertragen.[499] Danach dürfe der Arbeitgeber nicht nur betriebliche Belange berücksichtigen; er müsse eine Interessenabwägung durchführen, wobei den betrieblichen Belangen nicht einmal eine Vorrangtendenz zukäme.[500]

---

496 Vgl. BVerfG v. 27.1.1998 - 1 BvL 15/87 in AP Nr. 17 zu § 23 KSchG 1969 [unter B.I.3.b)cc) der Gründe] = BVerfGE 97, 169 = NZA 1998, 470 = NJW 1998, 1475.

497 So *Lowisch* in BB 1997, 782 (788) vor Erlaß des BVerfG-Urteils zur Kleinbetriebsklausel. § 242 BGB generell ablehnend: *Stahlhacke* in FS für Wiese, S. 513 (533). Ähnlich *Hueck/v.Hoyningen-Huene*, KSchG, § 13, Rn. 92e.

498 *Löwisch* in BB 1997, 782 (788).

499 *K/D/Z-Däubler*, KSchR, § 242 BGB, Rn. 33; HK-KSchG/*Dorndorf*, § 13, Rn. 123a; *Lakies* in DB 1997, 1078 (1082).

500 So das BAG zur Sozialauswahl bei einer Bedarfskündigung nach Abs. 4 Nr. 2 EinV: BAG v. 19.1.1995 - 8 AZR 914/93 in AP Nr. 12 zu Art. 13 EinV [unter B.III.2.c) der Gründe] = BAGE 79, 128 = NZA 1996, 586 = AuA 1995, 350 mit Anm. *Berkowsky*.

Die meisten Vertreter der Literatur nehmen eine vermittelnde Stellung zwischen den beiden obigen Ansichten ein, indem die Überprüfung der Auswahlentscheidung des Arbeitgebers auf eine Mißbrauchs- oder Willkürkontrolle beschränkt wird.[501] Dabei wird der Kontrollmaßstab unterschiedlich weit verstanden: Während *Preis* nur einen irgendwie einleuchtenden Grund - ein „berechtigtes betriebliches Interesse des Arbeitgebers" - fordert[502], verlangt *Oetker*, daß der Arbeitgeber seine Auswahlentscheidung auf sachliche Gesichtspunkte stützt, die erkennen lassen, daß er die Belange besonders schutzbedürftiger Arbeitnehmer nicht unberücksichtigt gelassen hat.[503] Wiederum andere erklären die Kündigung für unwirksam, wenn der gekündigte Arbeitnehmer offensichtlich sozial schutzwürdiger[504] oder die Auswahl evident sozialwidrig ist.[505]

(b) Ansicht des BAG

Das BAG mußte sich - wie bereits oben erwähnt - in einer neueren Entscheidung vom 21.2.2001 mit einer „Sozialauswahl" im Kleinbetrieb auseinandersetzen. Dabei ging aus der Pressemitteilung hervor, daß der Arbeitgeber soziale Gesichtspunkte zu berücksichtigen hat: „Ist bei einem Vergleich der grundsätzlich vom Arbeitnehmer vorzutragenden Sozialdaten evident, daß dieser erheblich sozial schutzbedürftiger ist als ein vergleichbarer weiterbeschäftigter Arbeitnehmer, so spricht dies zunächst dafür, daß der Arbeitgeber das erforderliche Mindestmaß an sozialer Rücksichtnahme außer acht gelassen hat und deshalb die Kündigung treuwidrig (§ 242 BGB) ist. Setzt der Arbeitgeber dem schlüssigen Vortrag des Arbeitnehmers weitere (betriebliche, persönliche, etc.) Gründe entgegen, die ihn zu der getroffenen Auswahl bewogen haben, so hat unter dem Gesichtspunkt von Treu und Glauben eine Abwägung zu erfolgen. Es ist zu prüfen, ob auch unter Berücksichtigung der vom Arbeitgeber geltend gemachten Gründe die Kündigung die sozialen Belange des betroffenen Arbeitnehmers in treuwidriger Weise unberücksichtigt läßt. Der unternehme-

---

501 *Gragert/Kreutzfeldt* in NZA 1998, 567 (568); *Preis* in NZA 1997, 1256 (1266 f.); *Oetker* in AuR 1997, 41 (52); *Otto* in FS für Wiese, S. 353 (370); *Wank* in FS für Hanau, S. 295 (313).

502 *Preis* in NZA 1997, 1256 (1266, 1268).

503 *Oetker* in AuR 1997, 41 (52). Ähnlich *Linck* in FA 1999, 382 (385).

504 *Gragert/Kreutzfeldt* in NZA 1998, 567 (568).

505 *Otto* in FS für Wiese, S. 353 (370).

rischen Freiheit des Arbeitgebers im Kleinbetrieb kommt bei dieser Abwägung ein erhebliches Gewicht zu".[506]

(c) Interessenbewertung und eigener Abwägungsmaßstab

Das BAG[507] und die meisten Auffassungen im Schrifttum stellen auf § 242 BGB[508] - teilweise auch auf § 315 BGB[509] - ab, um die Berücksichtigung von sozialen Kriterien bei der Auswahl im Kleinbetrieb zu fordern. § 315 BGB betrifft aber nicht die Fälle der austeilenden Gerechtigkeit; ein Rückgriff auf § 242 BGB ist bei der Sozialauswahl nicht nötig. Der thematisch näher liegende allgemeine arbeitsrechtliche Gleichbehandlungsgrundsatz ist auch im Kündigungsrecht anwendbar. Es besteht bei der betriebsbedingten Kündigung kein Bedürfnis, eine Kontrolle - dem Gleichbehandlungsgrundsatz ausweichend - über § 242 BGB zu fordern. Insofern kann auf die ausführliche Diskussion im 2. Kapitel verwiesen werden.[510]

Angesichts der unterschiedlichen Ansätze in der Literatur und den eine Abwägung nur andeutenden Ansätzen des BAG muß ein angemessener Maßstab herausgearbeitet werden, der beiden Interessen im Kleinbetrieb gerecht wird. Wieviel soziale Rücksichtnahme vom Arbeitgeber erwartet werden kann, hängt davon ab, welches Gewicht den Arbeitnehmerinteressen im Rahmen der Abwägung mit den betrieblichen Belangen zukommt. Je stärker Art. 12 GG und vor allem das Sozialstaatsprinzip innerhalb des Gleichbehandlungsgrundsatzes für einen sozialen Ausgleich streiten, um so größer muß das Gewicht der sozialen Auswahlaspekte gegenüber den betrieblichen Belangen des Arbeitgebers sein.[511] Innerhalb des Gleichbehandlungsgrundsatzes ist eine Interessenabwägung durchzuführen, wobei verstärkt die Interessen des Arbeitgebers berücksichtigt werden müssen, die durch die Kleinbetriebsklausel geschützt werden sollen.[512]

---

506 BAG v. 21.2.2001 - 2 AZR 15/00 in AuR 2001, 143 (Pressemitteilung).

507 BAG v. 21.2.2001 - 2 AZR 15/00 in AuR 2001, 143 (Pressemitteilung).

508 K/D/Z-*Däubler*, KSchR, § 242 BGB, Rn. 33; *Oetker* in RdA 1997, 41 (52). Im Kleinbetrieb wohl auch *Otto* in FS für Wiese, S. 353 (369).

509 *Linck* in FA 1999, 382 (384). Ebenso HK-KSchG/*Dorndorf*, § 13, Rn. 123a, der auf die Rechtsprechung des BAG zum EinV verweist.

510 Dazu oben: 2. Kapitel, § 6, II. 1.a).

511 Zur Interessenabwägung: 2. Kapitel, § 6, II. 4. / 5.

512 BAG v. 21.2.2001 - 2 AZR 15/00 in AuR 2001, 143 (Pressemitteilung).

(aa) Keine abgeschwächte Sozialauswahl über die Generalklauseln

Zunächst bleibt festzuhalten, daß die Auffassung von *Löwisch*[513] nach dem Erlaß des BVerfG-Urteils zur Kleinbetriebsklausel nicht mehr zu halten ist. Das BVerfG hat dem Arbeitgeber aufgegeben, bei der Auswahl im Kleinbetrieb ein gewisses Maß an sozialer Rücksichtnahme an den Tag zu legen.[514] Man kann die Grenzen der Auswahlfreiheit des Arbeitgebers daher nicht erst bei den speziellen Diskriminierungsverboten ziehen. Der Kündigungsfreiheit kommt zwar der Vorrang zu, nicht aber der absolute Vorrang. Die mit der Einschränkung des KSchG (§ 23 I 2 KSchG) bezweckte Sicherung der Kündigungsfreiheit des Arbeitgebers kann auch in anderer Weise als durch den vollständigen Ausschluß sozialer Auswahlkriterien entsprochen werden.

(bb) Übertragung der Rechtsprechung des BAG zum EinV

Auf der anderen Seite geht es zu weit, die Rechtsprechung des BAG zum EinV auf die Sozialauswahl im Kleinbetrieb zu übertragen.[515] Die vom BAG beim EinV geforderte *gleichberechtigte* Abwägung zwischen sozialen und betrieblichen Belangen, die nach hier vertretener Auffassung schon für die Bedarfskündigung zu weit ging, kann den besonderen Gegebenheiten der Kleinbetriebe nicht genügend Rechnung tragen und geht im Kleinbetrieb erst recht zu weit. Soziale Aspekte müssen nach den Vorgaben des BVerfG zwar beachtet werden, das darf jedoch nicht dazu führen, daß die betrieblichen Aspekte ihre Vorrangstellung verlieren und durch die Abwägung mit den sozialen Auswahlkriterien eingeebnet werden. Anderenfalls kann man nicht gebührend berücksichtigen, daß der Arbeitgeber im Kleinbetrieb stärker als in Großbetrieben auf die persönliche Mitarbeit eines jeden einzelnen Arbeitnehmers angewiesen ist. Die Vorrangstellung der betrieblichen Interessen wäre gefährdet, wenn der Arbeitgeber soziale Belange im Rahmen einer umfassenden Abwägung gleichberechtigt berücksichtigen müßte. Das gleichberechtigte Miteinander von sozialen und betrieblichen Auswahlkriterien geht viel zu weit, so daß der Auffassung nicht gefolgt werden kann.

---

513 *Löwisch* in BB 1997, 782 (787 f.).

514 BVerfG v. 27.1.1998 - 1 BvL 15/87 in AP Nr. 17 zu § 23 KSchG 1969 [unter B.I.3.b)cc) der Gründe] = BVerfGE 97, 169 = NZA 1998, 470 = NJW 1998, 1475.

515 So auch *Hueck/v.Hoyningen-Huene*, KSchG, § 13, Rn. 92e; *Lowisch* in BB 1997, 782 (788); *Preis* in NZA 1997, 1256 (1268); MünchArbR-*Wank*, § 122, Rn. 38.

(cc) Willkür- bzw. Mißbrauchskontrolle

Der konkrete, angemessene Abwägungsmaßstab ist im Rahmen der vermittelnden Ansichten zu suchen: Mehr als eine Mißbrauchskontrolle kann unter Berücksichtigung der Grundrechte der Arbeitnehmer und des Sozialstaatsprinzips nicht gefordert werden. Das Hauptaugenmerk sollte darauf gelegt werden, den Arbeitgebern im Kleinbetrieb einen verläßlichen und vor allem transparenten Maßstab vorzugeben, um die zu kündigenden Arbeitnehmer zu bestimmen. Alles andere führt sonst zu der Rechtsunsicherheit, die gerade von den Kleinbetrieben ferngehalten werden soll.

Das BVerfG hat in der Entscheidung zur Kleinbetriebsklausel angedeutet, daß der durch die Generalklauseln vermittelte Grundrechtsschutz um so schwächer wirkt, je stärker die mit der Kleinbetriebsklausel geschützten Grundrechtspositionen des Arbeitgebers im Einzelfall betroffen sind.[516] Man könnte an einen flexiblen Abwägungsmaßstab denken: Soziale Aspekte spielen um so eher eine Rolle, je weniger die mit der Kleinbetriebsklausel geschützten Interessen im einzelnen Betrieb betroffen sind. Ein Arbeitgeber im Kleinbetrieb mit zehn Teilzeitbeschäftigten müßte stärker nach sozialen Kriterien auswählen als ein Arbeitgeber, der drei Arbeitnehmer beschäftigt.[517] Dieser flexible Abwägungsmaßstab bietet den Vorteil, den jeweiligen Einzelfall berücksichtigen zu können. Die Grundrechte der Arbeitnehmer müssen nur insoweit zurücktreten als es die Interessen des Arbeitgebers im jeweiligen Kleinbetrieb erfordern. Eine möglichst schonende Abwägung, die auf den ersten Blick überzeugt.

Diese Flexibilität hat auf der anderen Seite gewichtige Nachteile: Man läßt die Arbeitgeber völlig im unklaren, nach welchen Kriterien sie die Arbeitnehmer auswählen müssen. Die Rechtsunsicherheit einer jeden Sozialauswahl ist wegen eines fehlenden allgemeingültigen Maßstabs um ein Vielfaches höher. Wer wollte verbindlich festlegen, wieviel soziale Rücksichtnahme in einem Betrieb mit vier Vollzeitbeschäftigten oder in einem Betrieb mit sechs Teilzeitbeschäftigten gewährt werden müsse? Diese Unwägbarkeit führt zwangsläufig dazu, daß sich die Arbeitnehmer im Kleinbetrieb auf eine mangelhafte Sozialauswahl berufen, um vielleicht auf diese Art ihren Arbeitsplatz zu retten. Die Gefahr langwieriger Gerichtsverfahren und u.U. kostspieliger Abfindungen wären die Folge, wovor die Kleinbetriebe wegen ihrer geringeren Personal- und Verwal-

---

516 BVerfG v. 27.1.1998 - 1 BvL 15/87 in AP Nr. 17 zu § 23 KSchG 1969 [unter B.I.3.b)cc) der Gründe] = BVerfGE 97, 169 = NZA 1998, 470 = NJW 1998, 1475.

517 So K/D/Z-*Daubler*, KSchR, § 242 BGB, Rn. 29.

tungsausstattung gerade bewahrt werden sollen. Schwer überschaubare Kündigungsvoraussetzungen, die das Kündigen zum Risikogeschäft machen, sind von den Kleinbetrieben fernzuhalten.[518] Anderenfalls kann die finanzielle Zusatzbelastung für die Kleinbetriebe den Ruin bedeuten. Ein flexibler Abwägungsmaßstab ist daher abzulehnen.

Es führt kein Weg daran vorbei, einen verbindlichen und für alle geltenden Maßstab einzuführen. Alles andere ginge über die von der Rechtsprechung und von der h.L. geforderte „Willkürkontrolle" hinaus. Zur Lösung des Problems kann zunächst an die obigen Ausführungen zur Sozialauswahl bei einer Bedarfskündigung nach dem EinV angeknüpft werden[519]:

- Soziale Kriterien auf Arbeitnehmerseite sind vollständig auszublenden, wenn die Weiterbeschäftigung eines bestimmten Arbeitnehmers erforderlich i.S.d. § 1 III 2 KSchG ist. Alles andere liefe auf einen Wertungswiderspruch hinaus.

- Das Verhältnis von sozialen und betrieblichen Kriterien muß bei der Sozialauswahl im Kleinbetrieb umgekehrt werden: Die betrieblichen Belange, die durch die Kleinbetriebsklausel besonders geschützt werden sollen, müssen bei der Auswahl im Kleinbetrieb vorgehen. Die sozialen Aspekte sind erst sekundär zu berücksichtigen, wenn der Unterschied in der sozialen Schutzbedürftigkeit evident ist. Um diese evident unterschiedliche Schutzbedürftigkeit verläßlich zu ermitteln, sind die zu berücksichtigenden sozialen Kriterien im Kleinbetrieb auf die drei Grunddaten zu beschränken, die § 1 III 1 KSchG in der Fassung des BeschFG vorsah.[520]

Dieser Ansatz entspricht ungefähr der h.L. im Schrifttum, die sich bei der Sozialauswahl im Kleinbetrieb auf eine reine Willkürkontrolle beschränkt.[521] Aus der Pressemitteilung des BAG geht nicht deutlich hervor, ob die Kontrollabwägung mit den betrieblichen Interessen nur vorgenommen wird, wenn die Unterschiede in der sozialen Schutzbedürftigkeit evident sind[522] oder ob der Arbeitgeber auch geringere Unterschiede bei den Sozialdaten der betroffenen

---

518 *Stahlhacke* in FS für Wiese, S. 513 (530); *Wank* in FS für Hanau, S. 295 (305).

519 Dazu oben: 3. Kapitel, § 10, I.2.c)bb) (2).

520 So auch *Wank* in FS für Hanau, S. 295 (313).
Zu den Kriterien oben: 2. Kapitel, § 5, II.4.a), S. 38 f.

521 *Gragert/Kreutzfeldt* in NZA 1998, 567 (568); *Otto* in FS für Wiese, S. 353 (370); MünchArbR-*Wank*, § 122, Rn. 38.

522 So der Fall des BAG v. 21.2.2001 - 2 AZR 15/00 in AuR 2001, 143 (Pressemitteilung).

Arbeitnehmer rechtfertigen muß. Sollte das Urteil im letztgenannten Sinne zu interpretieren sein, wäre der Ansatz auf jeden Fall abzulehnen: Der Gesetzgeber wollte bewußt die Kleinbetriebe von schwierigen undurchsichtigen Abwägungen freistellen.

Wegen des besonderen Schutzes der Kleinbetriebe, müssen die betrieblichen Interessen aber - anders als im Rahmen des EinV - zusätzlich aufgewertet werden. Das BAG unterstrich ebenfalls das erhebliche Gewicht der Arbeitgeberinteressen im Rahmen der Abwägung, ohne jedoch einen konkreten Maßstab vorzugeben.[523] Die Kleinbetriebsklausel soll u.a. der Besonderheit Rechnung tragen, daß der Geschäftserfolg - anders als in Großbetrieben - häufig von jedem einzelnen Arbeitnehmer abhängt.[524] Leistungsschwächere und damit nicht so geeignete Arbeitnehmer können auch wegen der geringen Finanzausstattung nicht mitgetragen werden: Die enge persönliche Beziehung erfordert eine verstärkte Rücksichtnahme auf eine gedeihliche Zusammenarbeit.[525] Dem Arbeitgeber muß deshalb ein stärkerer Beurteilungsspielraum zugebilligt werden als bei der Sozialauswahl nach dem EinV. Ansonsten bestünde die Gefahr, einen Arbeitnehmer zu verlieren, auf den der Arbeitgeber lediglich aus objektiv nachvollziehbaren Gründen angewiesen ist. Der Arbeitgeber müßte auf einen Mitarbeiter verzichten, wenn anderenfalls einem evident sozial schutzwürdigen Arbeitnehmer gekündigt werden müßte und die betrieblichen Interessen nicht den Anforderungen des § 1 III 2 KSchG gerecht werden.

Daher sollten im Kleinbetrieb die Anforderungen an „die einer Sozialauswahl entgegenstehenden betrieblichen Belange i.S. des § 1 III 2 KSchG" nicht so hoch geschraubt werden. Um einen konkreten Maßstab vorzugeben, könnte man sich an den milderen Anforderungen orientieren, die der Gesetzgeber kurzzeitig durch das BeschFG in das KSchG aufgenommen hatte.[526] Legt der Arbeitgeber ein berechtigtes betriebliches Interesse (vgl. § 1 III 2 KSchG a.F.) an der Weiterbeschäftigung eines bestimmten Arbeitnehmers dar, erscheint seine Entscheidung mit anderen Worten objektiv nachvollziehbar, kann die evident höhere soziale Schutzbedürftigkeit eines anderen Arbeitnehmers nicht

---

523 BAG v. 21.2.2001 - 2 AZR 15/00 in AuR 2001, 143 (Pressemitteilung).

524 BVerfG v. 27.1.1998 - 1 BvL 15/87 in AP Nr. 17 zu § 23 KSchG 1969 [unter B.I.3.b)bb) der Gründe] = BVerfGE 97, 169 = NZA 1998, 470 = NJW 1998, 1475.

525 BAG v. 19.4.1990 - 2 AZR 487/89 in AP Nr. 8 zu § 23 KSchG 1969 [unter II.2.a)bb) der Gründe] = BAGE 64, 315 = NZA 1990, 724 = NJW 1990, 2405; BVerfG v. 27.1.1998 - 1 BvL 15/87 in AP Nr. 17 zu § 23 KSchG 1969 [unter B.I.3.b)bb) der Gründe] = BVerfGE 97, 169 = NZA 1998, 470 = NJW 1998, 1475.

526 Dazu oben: 2. Kapitel, § 5, II.5.a).

zur Unwirksamkeit der Kündigung führen.[527] Wenn ein objektiv nachvollziehbarer Grund für die Weiterbeschäftigung eines bestimmten Arbeitnehmers gegeben ist, ist nicht einzusehen, warum eine höhere soziale Schutzbedürftigkeit zu einer willkürlichen Auswahl führen sollte.[528] Dem Ausspruch *Oetkers* - „die grundrechtliche Schutzpflicht verbiete es, daß die älteren Arbeitnehmer, Schwerbehinderte und alleinerziehenden Arbeitnehmer zu den ersten gehören, die aufgrund der Auswahlentscheidung des Arbeitgebers ihren Arbeitsplatz verlieren" - kann in der Weite nicht zugestimmt werden. Die offensichtlich schutzwürdigeren Sozialdaten setzen sich gegen die betrieblichen Belange des Arbeitgebers nur dann durch, wenn die Weiterbeschäftigung eines Arbeitnehmers aus der Sicht eines verständigen Arbeitgebers keinen erheblichen betrieblichen Vorteil oder Nutzen bringt. Erst unterhalb dieser Schwelle kann man bei einer höheren sozialen Schutzbedürftigkeit von „Mißbrauch" oder „Willkür" sprechen.

Damit wäre ein transparenter, feststehender Maßstab gefunden, der den Willen des Gesetzgebers gebührend berücksichtigt, ohne soziale Aspekte vollständig zu vernachlässigen. Der Wille des Gesetzgebers muß aufgrund seines weiten Gestaltungsspielraums hinsichtlich der staatlichen Schutzpflichten und vor allem des Sozialstaatsprinzips anerkannt werden, wenngleich von einer Sozialauswahl nicht mehr viel übrig bleibt. Die Schutzzwecke der Kleinbetriebsklausel reduzieren das Rechtsprinzip „Sozialauswahl“ auf eine „soziale Mißbrauchskontrolle".

527 Ähnlich *Preis* in NZA 1997, 1256 (1268).
528 *Preis* in NZA 1997, 1256 (1268).

d) Ergebnis

Der allgemeine arbeitsrechtliche Gleichbehandlungsgrundsatz i.V.m. Art. 12 GG und dem Sozialstaatsprinzip ist auch im Kleinbetrieb aus verfassungsrechtlichen Gründen zu berücksichtigen und sichert einen Mindestkündigungsschutz bei der Auswahl der zu kündigenden Arbeitnehmer. Dieser Auswahlschutz ist auf eine Mißbrauchskontrolle zu beschränken: Soziale Belange setzen sich außerhalb des KSchG erst durch, wenn die unterschiedliche soziale Schutzbedürftigkeit evident ist und kein berechtigtes betriebliches Interesse (§ 1 III 2 KSchG a.F.) des Arbeitgebers einer Sozialauswahl entgegensteht. Um die Metapher von *Hanau* und *Oetker* fortzuführen, lassen sich die obigen Ausführungen anschaulich auf folgenden Punkt bringen: Die staatliche Schutzpflicht aus Art. 12 GG und das Sozialstaatsprinzip (Artt. 20, 28 I GG) sorgen für gepolsterte Bänke in der 2. Klasse.[529] Bei dem Komfort der Polsterung muß jedoch berücksichtigt werden, warum die Arbeitnehmer in der 2. Klasse fahren: Die Polsterung geht über ein dünnes Sitzkissen nicht hinaus.

Im Ausgangsfall liegt die evident höhere soziale Schutzbedürftigkeit des A auf der Hand. Die Wirksamkeit der Kündigung hängt davon ab, ob der Arbeitgeber ein berechtigtes betriebliches Interesse an der Weiterbeschäftigung des C geltend machen kann. Bringt ihm die Weiterbeschäftigung einen objektiv nachvollziehbaren Vorteil, kann trotz der extrem höheren sozialen Schutzbedürftigkeit des A von einem Mißbrauch oder einer Willkürmaßnahme keine Rede sein. Beruft sich der Arbeitgeber auf eine höhere Leistungsfähigkeit, sollte von ihm gefordert werden, diese höhere Leistungsfähigkeit konkret zu begründen, wobei insbesondere auch die Art der auszuübenden Tätigkeit eine Rolle spielt. Anderenfalls könnten sich die Arbeitgeber bei einem erheblichen Altersunterschied zu leicht auf eine höhere Leistungsfähigkeit berufen.

---

[529] Insofern kann dem Ausspruch *Oetkers* in AuR 1997, 41 (54) nur beigepflichtet werden.

4. Kapitel: Anwendbarkeit der Grundsätze der Sozialauswahl bei Einstellungen und Wiedereinstellungsansprüchen

Im vorherigen Kapitel wurden die Grenzen der Sozialauswahl bei Arbeitgeberkündigungen gezogen; nachfolgend soll untersucht werden, ob der Arbeitgeber auch bei dem „actus contrarius“ - bei der Begründung eines Arbeitsverhältnisses - bei der Auswahl unter mehreren Arbeitnehmern an soziale Gesichtspunkte gebunden ist. Dabei ist zwischen der erstmaligen Einstellung (dazu § 11) und der Wiedereinstellung (dazu § 12) zu differenzieren.

§ 11: Der Grundsatz der Sozialauswahl bei Einstellungen

Ein Arbeitsverhältnis wird grundsätzlich durch den Abschluß eines Arbeitsvertrages zwischen Arbeitnehmer und Arbeitgeber begründet.[530] Aufgrund dieser schuldrechtlichen Vereinbarung verrichtet der Arbeitnehmer die geschuldeten Dienste und wird tatsächlich in die Betriebshierarchie des Arbeitgebers eingegliedert. Der Abschluß des Arbeitsvertrages wird i.d.R. umfassend vorbereitet[531]: Der Arbeitgeber schaltet eine Stellenausschreibung, muß ggf. den Betriebsrat nach § 99 BetrVG beteiligen und anhand von Auswahlgesprächen unter den Bewerbern diejenigen auswählen, mit denen er seinen unternehmerischen Zweck realisieren möchte. Die abgewiesenen Stellenbewerber verbleiben auf dem Arbeitsmarkt. Angesichts der jüngsten Arbeitslosenzahlen in der Bundesrepublik Deutschland[532] dürfte es bei Einstellungen zwangsläufig zu Situationen kommen, in denen der Arbeitgeber die Wahl unter mehreren - vielleicht gleich qualifizierten - Bewerbern hat. Ob der Bewerber einen Arbeitsplatz findet, hängt maßgeblich von der Entwicklung des Arbeitsmarktes und davon ab, ob er einen einstellenden Arbeitgeber findet. Das kann dazu führen, daß bestimmte Personengruppen - insbesondere ältere Arbeitnehmer - nur unter erschwerten Bedingungen einen Arbeitsplatz finden.[533]

---

530 *Hromadka/Maschmann*, Arbeitsrecht Bd 1, § 5, Rn. 62; *Preis*, Arbeitsrecht, S. 207; *Wollenschlager*, Arbeitsrecht, Rn. 54.

531 Zu den Vorstufen der Einstellung: *Dutz*, Arbeitsrecht, Rn. 76 ff.; *Otto*, Arbeitsrecht, Rn. 195 ff.

532 Im Oktober 2000 betrug die Zahl der Arbeitslosen 3, 61 Millionen, was einer Arbeitslosenquote von 8,9 % entsprach. Quelle: Bundesanstalt für Arbeit, abgedruckt in FAZ v. 8.11.2000, Nr. 260, Seite 17.

533 *Daubler*, Das Arbeitsrecht 2, S. 52.

Trotz zahlreicher Beschränkungen hält das Arbeitsrecht am Grundsatz der Vertragsfreiheit fest. Zur Vertragsfreiheit gehört insbesondere die Abschlußfreiheit: Der einzelne ist frei in seiner Entscheidung, ob und mit wem er ein Arbeitsverhältnis eingeht.[534] Ein Recht auf Arbeit im Sinne eines Individualanspruchs auf einen konkreten Arbeitsplatz gibt es nach heutigem Verständnis der Grundrechte (Artt. 12 GG i.V.m. 3 I, 20 I, 28 I GG) nicht.[535] Eine durch Gesetz verordnete Einstellungspflicht zu Lasten privater Arbeitgeber wäre - von Sonderfällen wie z. B. zugunsten Schwerbehinderter abgesehen - verfassungswidrig.[536] Unter dem Gesichtspunkt des sozialen Ausgleichs käme allenfalls eine Beschränkung des Auswahlermessens des Arbeitgebers in Betracht.[537] Angesichts des Überangebots an Arbeitskräften wurde schon am 52. Deutschen Juristentag 1978 in Wiesbaden die Frage gestellt, ob die Begründung und Beendigung der Arbeitsverhältnisse im Interesse einer gerechten Verteilung der Arbeitsplätze neu zu regeln sind.[538]

Man könnte auf den Gedanken kommen, den Arbeitgeber bei seiner einseitigen Auswahlentscheidung an soziale Auswahlkriterien zu binden: Der Arbeitgeber könnte nach § 1 III KSchG analog (dazu unter I.) oder im Rahmen des allgemeinen arbeitsrechtlichen Gleichbehandlungsgrundsatzes (dazu unter II.) zur Sozialauswahl verpflichtet sein.

I. Anwendbarkeit des § 1 III KSchG im Wege der gesetzesergänzenden Rechtsfortbildung

Die analoge Anwendung einer Gesetzesvorschrift setzt eine planwidrige Regelungslücke und eine vergleichbare Interessenlage voraus.[539] Nach § 1 III KSchG analog könnte der Arbeitgeber verpflichtet sein, nach sozialen Kriterien

---

534 MünchArbR-*Buchner*, § 39, Rn. 68; *Hromadka/Maschmann*, Arbeitsrecht Bd 1, § 5, Rn. 82.

535 *Dutz*, Arbeitsrecht, Rn. 69; *Zollner/Loritz*, Arbeitsrecht, S. 100. Umfasend *Schwerdtner* in ZfA 1977, 47 (49) m.w.N.

536 MünchArbR-*Buchner*, § 39, Rn. 33; *Marhold/Beckers*, AR-Blattei SD, 800.1, Rn. 171; *Schwerdtner* in ZfA 1977, 47 (67).

537 MünchArbR-*Buchner*, § 39, Rn. 46.

538 Vgl. den Sitzungsbericht der arbeitsrechtlichen Abteilung des 52. Deutschen Juristentages: Deutscher Juristentag, Sitzungsbericht M, Band II. Eine gesetzliche Ermessensbindung bei Einstellungsentscheidungen wurde mit großer Mehrheit abgelehnt (Beschluß 7.b., a.a.O.).

539 Dazu oben: 3. Kapitel, § 9, II.2.c)bb).

einzustellen. Diesen Gedanken aufzugreifen, heißt, ihn zu verwerfen: Einer Analogie zu § 1 III KSchG stehen mehrere Gründe entgegen; sie wird - soweit ersichtlich - nicht ernsthaft in der Literatur vertreten.

Während bei der betriebsbedingten Kündigung die zur Kündigung führenden Umstände aus der Sphäre des Arbeitgebers stammen, beruht die Nichtberücksichtigung von Arbeitnehmern bei der Einstellung auf anderen Gründen. Der Arbeitgeber kann nicht zur sozialen Rücksichtnahme verpflichtet werden, wenn keine vertraglichen Bindungen zwischen den Bewerbern und dem Arbeitgeber existieren. Der Ausgleichsgedanke der Sozialauswahl kann nicht zum Tragen kommen. Mangels schutzwürdiger Rechtspositionen ist kein Ausgleich möglich, geschweige denn erforderlich. Die Arbeitnehmer verlieren bei der Einstellung nicht ihren Arbeitsplatz entschädigungslos aus wirtschaftlichen Gründen: Sie bekommen erst gar keinen.

Eine Analogie scheitert bereits an allgemeinen wirtschaftspolitischen Erwägungen. In einem freien marktwirtschaftlichen System muß der Staat den Unternehmern die wesentlichen Entscheidungen über ihre Personalstruktur überlassen.[540] Zur Vertragsfreiheit gehört die freie Bestimmung über den Vertragspartner. Im Hinblick auf die soziale Komponente der Marktwirtschaft hat der Gesetzgeber zum Schutz bestimmter Arbeitnehmer bereits in die Auswahlfreiheit des Arbeitgebers eingegriffen: Die Abschlußfreiheit ist durch zahlreiche Abschlußgebote oder -verbote beschränkt.[541] Eine weitere Beschränkung des Auswahlermessens ist nicht angezeigt.[542] Der Grundsatz der Vertragsfreiheit genießt bei der Begründung eines Arbeitsverhältnisses absoluten Vorrang vor der Pflicht, nach sozialen Gesichtspunkten zu unterscheiden.[543] Eine strenge Sozialauswahl nach den Grundsätzen des § 1 III KSchG hätte fatale Auswirkungen auf die Produktivität der deutschen Wirtschaft. Die jeweilige Wirt-

---

540 MünchArbR-*Buchner*, § 39, Rn. 2.

541 Zu den Grenzen der Abschlußfreiheit des Arbeitgebers: *Otto*, Personale Freiheit und soziale Bindung, S. 13 ff.

542 So auch *Junker* in NZA 1997, 1305 (1310), der auf die bereits empfindlichen Einschränkungen der Auswahlfreiheit hinweist.
Gegen die Tendenzen im arbeitsrechtlichen Schrifttum, das Auswahlermessen des Arbeitgebers weiteren Bindungen zu unterwerfen: BAG v. 5.4.1984 - 2 AZR 513/82 in AP Nr. 2 zu § 17 BBiG [unter II.3. der Gründe] m. Anm. *Herschel* = NZA 1985, 329 = DB 1985, 602
Für eine weitere Beschränkung: *Otto*, Personale Freiheit und soziale Bindung, S. 28 ff.; *Gamillscheg* in AcP 164, S. 417 ff.

543 BAG v. 15.3.1984 - 2 AZR 24/83 in AP Nr. 2 zu § 1 KSchG 1969 Soziale Auswahl [unter 2.d) der Gründe] m. Anm. *Wank* = NZA 1984, 226 = NJW 1985, 342 = DB 1984, 2354.

schaftsordnung eines Landes sollte die Struktur der Arbeitsverfassung präjudizieren.[544]

Eine Analogie zu § 1 III KSchG kommt nicht in Betracht und wird in der arbeitsrechtlichen Literatur auch nicht ansatzweise in Erwägung gezogen. Nach Auffassung des BAG stellt eine Sozialauswahl (§ 1 III KSchG) bei der Einstellung eine unzulässige Rechtsfortbildung dar, für die es im geltenden Recht keine erweiterungsfähigen Ansätze gebe.[545] Das geltende Arbeitsrecht kenne weder eine sozialwidrige Einstellung noch eine sozial ungerechtfertigte Nichteinstellung.[546]

II. Soziale Auswahlkriterien im Rahmen des allgemeinen Gleichbehandlungsgrundsatzes

Die gleichen Erwägungen sprechen gegen eine Berücksichtigung von sozialen Kriterien im Rahmen des allgemeinen Gleichbehandlungsgrundsatzes. Wegen des fehlenden Ausgleichsgedankens können sich die Arbeitnehmerinteressen nicht gegen die berechtigten betrieblichen Interessen des Arbeitgebers durchsetzen. Ein abgeschwächter Ausgleichsgedanke - eine abgeschwächte Sozialauswahl - ist mangels schutzwürdiger Rechtspositionen der Arbeitnehmer nicht interessengerecht.

Ferner ist der Arbeitgeber bei der Einstellung nach einhelliger Ansicht nicht an den Gleichbehandlungsgrundsatz gebunden: Das Einstellungs- und Auswahlermessen wird nicht durch das Erfordernis einer sachlichen Rechtfertigung beschränkt.[547] Die Notwendigkeit, die Auswahl nach sachlichen Gesichtspunkten zu treffen und zu begründen, kann sich nur aus besonderen Normen erge-

---

544 MünchArbR-*Buchner*, § 39, Rn. 1. Ähnlich *Zollner/Loritz* (Arbeitsrecht, S. 11), die aufgrund des marktwirtschaftlichen Systems eine Selbstregelungsbefugnis der Unternehmen fordern.

545 BAG v. 15.3.1984 - 2 AZR 24/83 in AP Nr. 2 zu § 1 KSchG 1969 Soziale Auswahl [unter 2.d) der Gründe] m. Anm. *Wank* = NZA 1984, 226 = NJW 1985, 342 = DB 1984, 2354.

546 BAG v. 15.3.1984 - 2 AZR 24/83 in AP Nr. 2 zu § 1 KSchG 1969 Soziale Auswahl [unter 2.d) der Gründe] m. Anm. *Wank* = NZA 1984, 226 = NJW 1985, 342 = DB 1984, 2354.

547 MünchArbR-*Buchner*, § 39, Rn. 118; *Marhold/Beckers*, AR-Blattei SD, 800.1, Rn. 168; ErfKomm-*Preis*, § 611 BGB, Rn. 427; *Scholz*, Gleichbehandlung bei der Kündigung, S. 88.

ben.[548] Es gibt keine Pflicht, die Arbeit unter Beachtung des Gleichbehandlungsgrundsatzes nach sachlichen Kriterien zu verteilen.[549] Es fehlt schon am „Einwirkungsmedium" für die Abwägung zwischen den Arbeitnehmer- und den Arbeitgeberbelangen.

III. Ergebnis

Bei der Einstellung von Arbeitnehmern ist kein Raum für eine Sozialauswahl oder für eine Pflicht des Arbeitgebers, soziale Gesichtspunkte zu berücksichtigen. Das Interesse des Arbeitgebers - die Privatautonomie im Arbeitsrecht - geht bei der Einstellung zwingend vor. Die Einstellungsfreiheit des Arbeitgebers darf nicht mit einer sozialen Hypothek belastet werden.[550]

---

548 MünchKomm-*Muller-Gloge*, § 611 BGB, Rn. 310.
549 MünchArbR-*Buchner*, § 39, Rn. 120; MünchKomm-*Müller-Glöge*, § 611 BGB, Rn. 310.
550 *Frey* in BB 1963, 1139 (1140).

§ 12: Der Grundsatz der Sozialauswahl bei Wiedereinstellungsansprüchen

Die Rechtsprechung billigte einem gekündigten Arbeitnehmer lange Zeit nur bei der Verdachtskündigung[551] und nach der Beendigung eines Arbeitskampfes[552] einen Wiedereinstellungsanspruch zu. Erst durch zwei Urteile des BAG vom 27.2. und 6.8.1997 rückte ein allgemeiner Wiedereinstellungsanspruch auch bei anderen Beendigungstatbeständen - insbesondere bei der betriebsbedingten[553] und der personenbedingten[554] Kündigung - in den Mittelpunkt des arbeitsrechtlichen Interesses. Das Interesse an der „Wiedereinstellung“ belegt allein ein Blick auf die jüngsten Veröffentlichungen im arbeitsrechtlichen Schrifttum.[555]

I. Begriff des Wiedereinstellungsanspruchs

Bevor die Angemessenheit einer Sozialauswahl bei Wiedereinstellungsansprüchen untersucht wird, sind die Begriffe und der Untersuchungsgegenstand zu bestimmen.

---

551 BAG v. 14.12.1956 - 1 AZR 29/55 in AP Nr. 3 zu § 611 BGB Fürsorgepflicht (3. Leitsatz) m. Anm. *Larenz* = BAGE 3, 332 = RdA 1957, 117 = NJW 1957, 764; BAG v. 20.8.1997 - 2 AZR 620/96 in AP Nr. 27 zu § 626 BGB Verdacht strafbarer Handlung [unter II.4.b) der Gründe] = NJW 1998, 1171 = NZA 1997, 1340. So auch BGH v. 13.7.1956 - VI ZR 88/55 in AP Nr. 2 zu § 611 BGB Fürsorgepflicht (2. Leitsatz) m. Anm. *A. Hueck* = RdA 1957, 117 = NJW 1956, 1513.

552 BAG GS v. 21.4.1971 - GS 1/68 in AP Nr. 43 zu Art. 9 GG Arbeitskampf (3. Leitsatz) = BAGE 23, 292 = RdA 1971, 185 m. Anm. *Richardi* (S. 334) = NJW 1971, 1668.

553 BAG v. 27.2.1997 - 2 AZR 160/96 in AP Nr. 1 zu § 1 KSchG 1969 Wiedereinstellung [unter II.4.a) der Gründe] = BAGE 85, 194 = NZA 1997, 757 = EWiR 1997, 781 m. Anm. *Junker/Schnelle* = AiB 1997, 615 m. Anm. *Hinrichs*; BAG v. 6.8.1997 - 7 AZR 557/96 in AP Nr. 2 zu § 1 KSchG 1969 Wiedereinstellung [unter II. 1.b) der Gründe] = BAGE 86, 194 = NZA 1998, 254 = DB 1998, 423 = EWiR 1998, 323 m. Anm. *Boudon*; BAG v. 4.12.1997 - 2 AZR 140/96 in AP Nr. 4 zu § 1 KSchG 1969 Wiedereinstellung [unter B.II.2. der Gründe] = BAGE 87, 221 = NZA 1998, 701 = DB 1998, 85.

554 Nicht grundsätzlich ablehnend BAG v. 17.6.1999 - 2 AZR 639/98 in AP Nr. 37 zu § 1 KSchG 1969 Krankheit [unter II.3. der Gründe] = NZA 1999, 1328.

555 Vgl. nur *Beckschulze* in DB 1998, 417 ff.; *Boewer* in NZA 1999, 1121 ff., 1177 ff.; *Meinel/Bauer* in NZA 1999, 575 ff.; *Otto* in FS für Kraft, S. 451 ff.; *Zwanziger* in BB 1997, 42 ff.

Die Kündigung hat keinen Sanktionscharakter: Sie ist zukunftsbezogen ausgestaltet.[556] Voraussetzung für die soziale Rechtfertigung einer ordentlichen Kündigung ist die zukünftige Beeinträchtigung des Arbeitsverhältnisses.[557] Bei allen drei Kündigungsgründen (§ 1 II KSchG) hängt die soziale Rechtfertigung von einer Prognose ab (sog. Prognoseprinzip).[558] Diese Prognose ist i.d.R. mit einigen Unwägbarkeiten behaftet, da sich nicht mit allerletzter Sicherheit feststellen läßt, wie sich die zukünftige Lage entwickeln wird. Es kommt auf ein Wahrscheinlichkeitsurteil des Arbeitgebers an.[559] Maßgeblicher Zeitpunkt für die Beurteilung der Sozialwidrigkeit einer Kündigung - und damit auch des Wahrscheinlichkeitsurteils - ist ihr Wirksamwerden, also der Zugang der Kündigungserklärung (§ 130 BGB).[560] Nach Zugang der Erklärung eintretende Umstände können auf die Wirksamkeit der Erklärung keinen Einfluß mehr nehmen.[561] In diesen Fällen kommt ein *Wiedereinstellungsanspruch* des zunächst wirksam gekündigten Arbeitnehmers in Betracht, der ein notwendiges Korrektiv dafür darstellt, daß allein aus Gründen der Rechtssicherheit, Verläßlichkeit und Klarheit bei der Prüfung des Kündigungsgrundes auf den Zeitpunkt des Kündigungsausspruchs abgestellt wird.[562] Der Wiedereinstellungsanspruch löst das Spannungsverhältnis zwischen Rechtssicherheit und materieller Gerechtigkeit: Er entscheidet über die Weiterbeschäftigung, wenn die zunächst bei Zugang der Kündigungserklärung noch gegebenen Kündigungsgründe

---

556 *Ascheid*, Kündigungsrecht, Rn. 29; MünchArbR-*Berkowsky*, § 134, Rn. 75; HK-KSchG/*Dorndorf*, § 1 , Rn. 289; *Preis*, Prinzipien des Kündigungsrechts, S. 322.

557 K/D/Z-*Kittner*, KSchR, § 1 KSchG, Rn. 47; *Preis*, Prinzipien des Kündigungsrechts, S. 322.

558 Ausführlich *Preis*, Prinzipien des Kündigungsrechts, S. 322 ff.

559 *Hueck/v.Hoyningen-Huene*, KSchG, § 1, Rn. 131; *Preis*, Prinzipien des Kündigungsrechts, S. 323.

560 Ständige Rechtsprechung: vgl. nur BAG v. 10.10.1996 - 2 AZR 477/95 in AP Nr. 81 zu § 1 KSchG 1969 Betriebsbedingte Kündigung [unter II.1.b)(2) der Gründe] = DB 1997, 335; BAG v. 27.2.1997 - 2 AZR 160/96 in AP Nr. 1 zu § 1 KSchG 1969 Wiedereinstellung [unter II.2.b) der Gründe] = BAGE 85, 194 = NZA 1997, 757 = EWiR 1997, 781 m. Anm. *Junker/Schnelle* = AiB 1997, 615 m. Anm. *Hinrichs*. Ebenso die einhellige Ansicht in der Literatur: vgl. statt vieler KR-*Etzel*, § 1 KSchG, Rn. 259 m.w.N.

561 BAG v. 17.6.1999 - 2 AZR 639/98 in AP Nr. 37 zu § 1 KSchG 1969 Krankheit [unter II.2 b)aa) der Gründe] = NZA 1999, 1328.

562 BAG v. 27.2.1997 - 2 AZR 160/96 in AP Nr. 1 zu § 1 KSchG 1969 Wiedereinstellung [unter II.4.b) der Gründe] = BAGE 85, 194 = NZA 1997, 757 = EWiR 1997, 781 m. Anm. *Junker/Schnelle* = AiB 1997, 615 m. Anm. *Hinrichs*.

später wegfallen.[563] Eine Wiedereinstellung kommt nur nach wirksamer Kündigung in Betracht.

Die Rechtsgrundlagen für einen Wiedereinstellungsanspruch sind so vielfältig wie die Fallgruppen, in denen er diskutiert wird[564]: Ein Wiedereinstellungsanspruch kann auf eine vertragliche Zusage des Arbeitgebers, eine betriebliche Übung, auf Vertrauenshaftung oder allgemein auf § 242 BGB gestützt werden[565] und wird im Rahmen einer Verdachtskündigung, einer personen- und betriebsbedingten Kündigung sowie nach einer lösenden Aussperrung diskutiert.[566] Da es im Rahmen dieser Arbeit nicht möglich ist, sich mit allen Fallkonstellationen zu befassen, wird nachfolgend nur der Beendigungstatbestand untersucht, bei dem in aller Regel mehrere Arbeitnehmer betroffen sind und es überhaupt zu einer Auswahl kommen kann: die betriebsbedingte Kündigung. Bei der Verdachtskündigung und bei der personenbedingten Kündigung sind in aller Regel nur einzelne Arbeitnehmer von der Kündigung betroffen.[567] Hier ist von vornherein keine Auswahl denkbar. Ebenfalls vernachlässigt werden kann die lösende Aussperrung des Arbeitgebers, da die Wiedereinstellung der Arbeitnehmer zum einen i.d.R. umfassend tarifvertraglich geregelt ist[568] und zum anderen die lösende Aussperrung in der heutigen Praxis so gut wie keine Rolle

---

563 Sofern in der Literatur begrifflich zwischen einem Weiterbeschäftigungsanspruch und einem Wiedereinstellungsanspruch unterschieden wird, je nachdem, ob der Kündigungsgrund noch innerhalb der Kündigungsfrist oder erst danach entfällt (z. B. MünchArbR-*Wank*, § 121, Rn. 116), wird dem hier nicht gefolgt. Im Rahmen der vorliegenden Arbeit wird einheitlich für beide Fallgruppen der Begriff „Wiedereinstellungsanspruch" verwandt, um den Wiedereinstellungsanspruch deutlich zum Weiterbeschäftigungsanspruch eines Arbeitnehmers während eines Kündigungsrechtsstreits abzugrenzen. Vgl. *Boewer* in NZA 1999, 1177 (1178).

564 Im einzelnen ist hier noch vieles umstritten. Vgl. *Boewer* in NZA 1999, 1121 (1125 ff.).

565 Vgl. zu diesen und weiteren Rechtsgrundlagen für einen Wiedereinstellungsanspruch: *Hambitzer*, Der Wiedereinstellungsanspruch des Arbeitnehmers, S. 15 ff.

566 Der Wiedereinstellungsanspruch kommt bei jedem Kündigungsgrund in Betracht, bei dem Prognoseelemente eine Rolle spielen. Zutreffend *Preis*, Prinzipien des Kündigungsrechts, S. 349.

567 *Hambitzer*, Der Wiedereinstellungsanspruch des Arbeitnehmers, S. 140, Fn. 453.

568 Vgl. zu Wiedereinstellungsklauseln: *Zollner*, Maßregelungsverbote, S. 1 f.

mehr spielt.[569] Sollten die Arbeitgeber im Arbeitskampf zur lösenden Aussperrung greifen und es zu einer Auswahlentscheidung kommen, sei auf das Urteil des Großen Senats des BAG verwiesen.[570]

Die Arbeit beschränkt sich auf die Sozialauswahl bei Wiedereinstellungsansprüchen mehrerer Arbeitnehmer nach einer betriebsbedingten Kündigung. Die betriebsbedingte Wiedereinstellung steht auch im Mittelpunkt des arbeitsrechtlichen Interesses, wenn man die Sachverhalte analysiert, über die die Arbeitsgerichte in letzter Zeit entschieden haben.[571]

II. Sozialauswahl bei Wiedereinstellungsansprüchen nach betriebsbedingter Kündigung

Sowohl das BAG[572] als auch die überwiegende Ansicht in der Literatur[573] unterscheiden bei einem allgemeinen Wiedereinstellungsanspruch nach betriebsbedingter Kündigung zwei Fallkonstellationen: Der Kündigungsgrund fällt noch bis zum Ablauf der Kündigungsfrist weg (dazu unter 1.) oder erst danach (dazu unter 2.). Da sich die zwischenzeitliche tatsächliche Beendigung des Arbeitsverhältnisses auch auf die soziale Auswahl auswirken kann, wird der weiteren Abhandlung diese Unterscheidung zugrunde gelegt.

---

569 *Hambitzer*, Der Wiedereinstellungsanspruch des Arbeitnehmers, S. 1; *Marhold/Beckers*, AR-Blattei SD, 800.1, Rn. 175; *Zollner/Loritz*, Arbeitsrecht, S. 480.

570 Der Große Senat des BAG bejaht einen Wiedereinstellungsanspruch der lösend ausgesperrten Arbeitnehmer nach billigem Ermessen und verpflichtet den Arbeitgeber, die jeweiligen Arbeitnehmer nach sachgerechten - insbesondere auch sozialen - Aspekten auszuwählen: BAG GS v. 21.4.1971 GS 1/68 in AP Nr. 43 zu Art. 9 GG Arbeitskampf (3. Leitsatz) = BAGE 23, 292 = RdA 1971, 185 m. Anm. *Richardi* (S. 334) = NJW 1971, 1668.

571 *Otto* in FS für Kraft, S. 451 (452); *Raab* in RdA 2000, 147 (153).

572 Während bei Wegfall des Kündigungsgrundes während des Laufs der Kündigungsfrist ein Wiedereinstellungsanspruch angenommen wird [dazu unter 1.], ist dies innerhalb des BAG noch ungeklärt, wenn der Kündigungsgrund erst nach tatsächlicher Beendigung des Arbeitsverhältnisses wegfällt [dazu unten unter 2.a)].

573 Vgl. nur *Beckschulze* in DB 1998, 417 (418); *Boewer* in NZA 1999, 1177 (1178); *Hueck/v.Hoyningen-Huene*, KSchG, § 1, Rn. 156c. Einschränkend: *Meinel/Bauer* in NZA 1999, 575 (580); *Raab* in RdA 2000, 147 (155).

1. Wegfall des betriebsbedingten Kündigungsgrundes während der Kündigungsfrist

Bei einem Wegfall des betrieblichen Kündigungsgrundes während der laufenden Kündigungsfrist hat das BAG erstmals am 27.2.1997[574] einen allgemeinen - unabhängig von einem besonderen Vertrauenstatbestand[575] - Wiedereinstellungsanspruch aus § 242 BGB hergeleitet. Noch weitgehend ungeklärt ist der konkrete Maßstab zur Auswahl der Arbeitnehmer, wenn nur einige von ihnen aufgrund einer verbesserten betrieblichen Situation weiterbeschäftigt werden können.[576]

Beispiel: Der Arbeitgeber A faßt den ernsthaften Entschluß, wegen fehlender Auftragseingänge seine Fertigungsabteilung zum 1.1.2001 stillzulegen. Aus diesem Grund entläßt er am 11.5.2000 seine sechs dort beschäftigten Arbeitnehmer zum 31.12. des gleichen Jahres. Mitte August geht - für A unvorhersehbar - ein Auftrag ein, dauerhaft Ersatzteile für den Betrieb der X-GmbH zu produzieren. Die Produktion erfordert den Einsatz von vier vollzeitbeschäftigten Arbeitnehmern. A vereinbart daher mit den bereits gekündigten Arbeitnehmern B, C, D und F, daß sie über den 1.1.2001 hinaus weiterbeschäftigt werden. E, der bereits fünfundfünfzig Jahre alt, verheiratet und fünf Kindern unterhaltspflichtig ist, verlangt ebenfalls seine Weiterbeschäftigung und rügt eine fehlerhafte Sozialauswahl.

---

574 BAG v. 27.2.1997 - 2 AZR 160/96 in AP Nr. 1 zu § 1 KSchG 1969 Wiedereinstellung [unter II.4.a) der Gründe] = BAGE 85, 194 = NZA 1997, 757 = EWiR 1997, 781 m. Anm. *Junker/Schnelle* = AiB 1997, 615 m. Anm. *Hinrichs*.
Bestätigt in BAG v. 4.12.1997 - 2 AZR 140/96 in AP Nr. 4 zu § 1 KSchG 1969 Wiedereinstellung [unter B.II.2. der Gründe] = BAGE 87, 221 = NZA 1998, 701 = DB 1998, 85; BAG v. 28.6.2000 - 7 AZR 904/98 in ZIP 2000, 1781 m. Anm. *Oetker* [unter II.B.3.c)aa) der Gründe] = demnächst EzA Nr. 5 zu § 1 KSchG Wiedereinstellungsanspruch.

575 Vgl. zu besonderen Vertrauenstatbeständen: BAG v. 15.3.1984 - 2 AZR 24/83 in AP Nr. 2 zu § 1 KSchG 1969 Soziale Auswahl [unter 2. der Gründe] m. Anm. *Wank* = NZA 1984, 226 = NJW 1985, 342 = DB 1984, 2354.

576 Offen gelassen in BAG v. 4.12.1997 - 2 AZR 140/96 in AP Nr. 4 zu § 1 KSchG 1969 Wiedereinstellung [unter B.II.5.d) der Gründe] = BAGE 87, 221 = NZA 1998, 701 = DB 1998, 85.
Die Berücksichtigung der Umstände des Einzelfalls fordernd: BAG v. 28.6.2000 - 7 AZR 904/98 in ZIP 2000, 1781 m. Anm. *Oetker* [unter II.B.3.c)aa) der Gründe] = demnächst EzA Nr. 5 zu § 1 KSchG Wiedereinstellungsanspruch.

Die Stillegung des ganzen Betriebs oder eines Betriebsteils zählt zu den dringenden betrieblichen Erfordernissen gemäß § 1 II KSchG.[577] Der Arbeitgeber muß mit dem Ausspruch seiner Kündigungen nicht bis zur Durchführung der Stillegung warten, sondern kann die betriebsbedingte Kündigung auf die künftige Entwicklung der betrieblichen Verhältnisse stützen.[578] Das BAG läßt es genügen, wenn die betrieblichen Umstände greifbare Formen angenommen haben: Im Zeitpunkt des Ausspruchs der Kündigung muß aufgrund einer vernünftigen, betriebswirtschaftlichen Betrachtung davon auszugehen sein, daß zum Zeitpunkt des Kündigungstermins betriebliche Kündigungsgründe vorliegen.[579] Die Wirksamkeit der Kündigung hängt von den objektiven Verhältnissen zum Zeitpunkt des Kündigungszugangs ab. Nach alledem war die betriebsbedingte Kündigung im Ausgangsfall wirksam.

Die Frage der Weiterbeschäftigung hängt davon ab, ob ein Wiedereinstellungsanspruch besteht und der Arbeitgeber sein Auswahlermessen sachgemäß ausgeübt hat.

a) Voraussetzungen des Wiedereinstellungsanspruchs

Das BAG bejaht bei einer betriebsbedingten Kündigung einen allgemeinen Wiedereinstellungsanspruch, wenn sich die Prognose des Arbeitgebers noch während des Laufs der Kündigungsfrist als falsch herausstellt.[580] Der Arbeitnehmer habe einen Anspruch auf Fortsetzung des Arbeitsverhältnisses, wenn der Arbeitgeber mit Rücksicht auf die Wirksamkeit der Kündigung noch keine Dispositionen getroffen habe und ihm die unveränderte Fortsetzung des Ar-

---

577 *Berkowsky*, Die betriebsbedingte Kündigung, § 7, Rn. 74.

578 *Hueck/v. Hoyningen-Huene*, KSchG, § 1, Rn. 375.

579 BAG v. 19.6.1991 - 2 AZR 127/91 in AP Nr. 53 zu § 1 KSchG 1969 Betriebsbedingte Kündigung (1. Leitsatz) = NZA 1991, 891 = SAE 1992, 383; BAG v. 27.2.1997 - 2 AZR 160/96 in AP Nr. 1 zu § 1 KSchG 1969 Wiedereinstellung [unter II.2. der Gründe] = BAGE 85, 194 = NZA 1997, 757 = EWiR 1997, 781 m. Anm. *Junker/Schnelle* = AiB 1997, 615 m. Anm. *Hinrichs*.

580 BAG v. 27.2.1997 - 2 AZR 160/96 in AP Nr. 1 zu § 1 KSchG 1969 Wiedereinstellung [unter II.4.a) der Gründe] = BAGE 85, 194 = NZA 1997, 757 = EWiR 1997, 781 m. Anm. *Junker/Schnelle* = AiB 1997, 615 m. Anm. *Hinrichs*; BAG v. 4.12.1997 - 2 AZR 140/96 in AP Nr. 4 zu § 1 KSchG 1969 Wiedereinstellung [unter B.II.2. der Gründe] = BAGE 87, 221 = NZA 1998, 701 = DB 1998, 85.

beitsverhältnisses zumutbar sei.[581] Diesen allgemeinen Wiedereinstellungsanspruch stützt das BAG auf § 242 BGB: Der Arbeitgeber verhielte sich rechtsmißbräuchlich, wenn er den geänderten betrieblichen Umständen während der Kündigungsfrist keine Rechnung trüge.[582] Das Vertrauen der Arbeitnehmer, daß es nur zur Beendigung des Arbeitsverhältnisses komme, wenn im Zeitpunkt des Kündigungstermins tatsächlich betriebsbedingte Kündigungsgründe vorlägen, muß im Hinblick auf Art. 12 GG geschützt werden.[583] Aus diesem Grund setze ein Wiedereinstellungsanspruch voraus, daß der betreffende Arbeitnehmer unter das KSchG falle.[584] Die Literatur ist der Entscheidung des BAG zum größten Teil beigetreten, so daß der Wiedereinstellungsanspruch in dieser Fallkonstellation allgemein anerkannt ist.[585]

b) Anwendbarkeit der Grundsätze der Sozialauswahl

Stellt der Wegfall des Kündigungsgrundes den ursprünglichen Beschäftigungsbedarf wieder her, müssen alle Arbeitnehmer wiedereingestellt werden. Dieser Fall bereitet keine Schwierigkeiten. Fällt der Kündigungsanlaß aber nur zum Teil weg, steht der Arbeitgeber vor der Aufgabe, die Arbeitnehmer zu bestimmen, die tatsächlich weiterbeschäftigt werden: Er muß eine Auswahlentscheidung treffen. Ob der Arbeitgeber in diesem Fall an den Grundsatz der Sozialauswahl (§ 1 III KSchG) gebunden ist, wird kontrovers beurteilt. Während

---

[581] BAG v. 4.12.1997 - 2 AZR 140/96 in AP Nr. 4 zu § 1 KSchG 1969 Wiedereinstellung [unter B.II.2. der Gründe] = BAGE 87, 221 = NZA 1998, 701 = DB 1998, 85.

[582] BAG v. 27.2.1997 - 2 AZR 160/96 in AP Nr. 1 zu § 1 KSchG 1969 Wiedereinstellung [unter II.4.c) der Gründe] = BAGE 85, 194 = NZA 1997, 757 = EWiR 1997, 781 m. Anm. *Junker/Schnelle* = AiB 1997, 615 m. Anm. *Hinrichs*.

[583] BAG v. 27.2.1997 - 2 AZR 160/96 in AP Nr. 1 zu § 1 KSchG 1969 Wiedereinstellung [unter II.4.d) der Gründe] = BAGE 85, 194 = NZA 1997, 757 = EWiR 1997, 781 m. Anm. *Junker/Schnelle* = AiB 1997, 615 m. Anm. *Hinrichs*.

[584] Dies wird in der Literatur - wie *Otto* in FS für Kraft, S. 451 (453) zutreffend herausstellt - oft nicht genügend betont.

[585] Vgl. nur *Boewer* in NZA 1999, 1121 (1128); KR-*Etzel*, § 1 KSchG, Rn. 569; HK-KSchG/*Weller/Dorndorf*, § 1, Rn. 946. Bereits vorher: *Hueck/v. Hoyningen-Huene*, KSchG, § 1, Rn. 156c; *Bram/Rühl* in NZA 1990, 753 (754).
Gegen einen Wiedereinstellungsanspruch und für ein Festhalten an der Prognoseentscheidung im Zeitpunkt des Zugangs der Kündigung aus Gründen der Rechtssicherheit: *Otto* in FS für Kraft, S. 451 (464). Ebenso ablehnend: *Kaiser* in ZfA 2000, 205 (235).

einige Vertreter der Literatur § 1 III KSchG analog anwenden[586], lehnen andere einen Analogieschluß ab.[587]

Das BAG wählt - ähnlich wie bei der Bedarfskündigung nach dem EinV - einen Mittelweg: Es verpflichtet den Arbeitgeber, über §§ 242, 315 BGB bei seiner Auswahl soziale Gesichtspunkte zu berücksichtigen.[588] Einen konkreten Auswahlmaßstab gibt das BAG nicht an. Die „soziale Auswahl" solle nur nicht den strengen Maßstäben des § 1 III KSchG genügen müssen.[589] Erst in einem späteren Beschluß vom 2.12.1999 hat das BAG den Maßstab etwas deutlicher umrissen, ohne aber ein konkretes Wertverhältnis zwischen den sozialen und betrieblichen Belangen vorzugeben: Die soziale Auswahl bei Wiedereinstellungsansprüchen nach §§ 242, 315 BGB solle nicht so streng sein wie die Überprüfung der Sozialauswahl auf grobe Fehlerhaftigeit gem. § 1 V 2 KSchG i.d.F. des BeschFG vom 25.9.1996.[590] Das BAG läßt von einer Sozialauswahl daher nicht viel übrig; die §§ 242, 315 BGB stellen keine großen sozialen Schranken auf.

Die Frage, ob eine Sozialauswahl bei Wiedereinstellungsansprüchen angebracht ist, ist anhand des oben aufgezeigten Schemas zu beurteilen: Es kommt eine Anwendung des § 1 III KSchG im Wege der Rechtsfortbildung oder eine abgeschwächte Sozialauswahl im Rahmen des allgemeinen Gleichbehandlungsgrundsatzes in Betracht.

---

586 *Boemke*, Anm. zum Urteil des BAG v. 27.2.1997 in WiB 1997, 874 (874); KR-*Etzel*, § 1 KSchG, Rn. 569; *Hambitzer*, Der Wiedereinstellungsanspruch des Arbeitnehmers, S. 144; *Hergenroder*, Anm. zum Urteil des BAG v. 4.12.1997 in EzA Nr. 3 zu § 1 KSchG Wiedereinstellungsanspruch, S. 22; *Meinel/Bauer* in NZA 1999, 575 (579); *Nicolai/Noack* in ZfA 2000, 87 (108); *Preis*, Anm. zum Urteil des LAG Köln v. 10.1.1989 in LAGE Nr. 1 zu § 611 BGB Einstellung; HK-KSchG/*Weller/Dorndorf*, § 1, Rn. 947; *Zwanziger* in BB 1997, 42 (43).

587 *Eich*, Anm. zum Urteil des BAG v. 29.1.1987 in SAE 1988, 78 (80); *Mummenhoff*, Anm. zum Urteil des BAG v. 15.3.1984 in SAE 1985, 305 (307); *v. Stein* in RdA 1991, 85 (89).

588 BAG v. 4.12.1997 - 2 AZR 140/96 in AP Nr. 4 zu § 1 KSchG 1969 Wiedereinstellung [unter B.II.5.c) der Gründe] = BAGE 87, 221 = NZA 1998, 701 = DB 1998, 85; BAG v. 28.6.2000 - 7 AZR 904/98 in ZIP 2000, 1781 m. Anm. *Oetker* [unter II.B.3.c)aa) der Gründe] = demnächst EzA Nr. 5 zu § 1 KSchG Wiedereinstellungsanspruch.
Ähnlich *Boewer* in NZA 1999, 1177 (1179); *v. Stein* in RdA 1991, 85 (90); LAG Köln v. 10.1.1989 - 4/2 Sa 860/88 in LAGE Nr. 1 zu § 611 BGB Einstellung.

589 BAG v. 4.12.1997 - 2 AZR 140/96 in AP Nr. 4 zu § 1 KSchG 1969 Wiedereinstellung[unter B.II.5.d) der Gründe] = BAGE 87, 221 = NZA 1998, 701 = DB 1998, 85.

590 BAG v. 2.12.1999 - 2 AZR 757/98 in AP Nr. 45 zu § 1 KSchG 1969 Soziale Auswahl [unter V.2. der Gründe].

aa) Anwendbarkeit des § 1 III KSchG im Wege der gesetzes-ergänzenden Rechtsfortbildung

Zunächst ist zu untersuchen, ob der Grundsatz des § 1 III KSchG analog herangezogen werden kann.

(1) Vorliegen einer Gesetzeslücke

Ein Analogieschluß setzt eine planwidrige Unvollständigkeit der Rechtsordnung voraus.[591] Da die Wiedereinstellungsansprüche - als Ergänzung des gesetzlichen Kündigungsschutzes - nicht gesetzlich geregelt sind, existiert keine Vorschrift, wie der Arbeitgeber bei einem Überhang an Arbeitskräften zu verfahren hat. Die Analogie steht und fällt mit der Entscheidung, ob diese Unvollständigkeit der Rechtsordnung planwidrig ist, d. h., ob die Interessenlage des gesetzlich nicht geregelten Falles - die Auswahl der wiedereinzustellenden Arbeitnehmer nach einer wirksamen betriebsbedingten Kündigung - mit der des § 1 III KSchG vergleichbar ist.[592]

(2) Lückenausfüllung

Ob zwischen der Auswahl des Arbeitgebers bei der Wiedereinstellung und der Auswahl bei einer betriebsbedingten Kündigung eine vergleichbare Interessenlage besteht, wird nicht einheitlich beurteilt.

(a) Argumente der ablehnenden Ansicht

Das BAG hat in früheren Urteilen die analoge Anwendung des § 1 III KSchG auf einen Wiedereinstellungsanspruch nach einer betriebsbedingten Kündigung ausdrücklich abgelehnt. Da das geltende Arbeitsrecht weder eine „sozialwidrige Einstellung" noch eine „sozial ungerechtfertigte Nichteinstellung" kenne, bedeute eine Analogie zu § 1 III KSchG eine unzulässige Rechtsfortbildung,

---

591 Vgl. *Bydlinski*, Methodenlehre, S. 473 f.; *Canaris*, Lücken, S. 72.

592 Dazu oben: 3. Kapitel, § 9, II.2.c)bb).

für die es im geltenden Recht keine erweiterungsfähigen Ansätze gebe.[593] Ohne sich mit den Voraussetzungen der Analogie auseinanderzusetzen, scheint das BAG eine vergleichbare Interessenlage abzulehnen.[594] In diesen Entscheidungen ging es aber um die Frage, ob sich die Kläger nach Ablauf der Kündigungsfrist überhaupt auf einen Wiedereinstellungsanspruch berufen konnten: Das BAG verneinte eine Sozialauswahl *zur Begründung* eines Wiedereinstellungsanspruchs, äußerte sich aber nicht zu der Frage, ob der Grundsatz der Sozialauswahl angewandt werden kann, wenn es um die *Auswahl* unter mehreren Arbeitnehmern geht. Aus diesem Grund stehen die Urteile einer Sozialauswahl nach § 1 III KSchG analog nicht entgegen, wenn den Arbeitnehmern bereits aus anderen Gründen ein Wiedereinstellungsanspruch zukommt.[595]

Einige Vertreter der Literatur greifen auf die obige Rechtsprechung des BAG zurück und lehnen eine Analogie zu § 1 III KSchG nicht nur bei der Begründung eines Wiedereinstellungsanspruchs, sondern auch bei der Auswahl der Arbeitnehmer ab. Während *v. Stein* nur die Argumentation des BAG wiederholt („unzulässige Rechtsfortbildung")[596], verneint *Wank* die Analogie aufgrund des singulären Charakters des § 1 III KSchG mit dessen Bezug zur Privatsphäre.[597] Mit ähnlicher Argumentation spricht *Eich* § 1 III KSchG die Analogiefähigkeit ab.[598] Die in der Literatur angeführten Argumente können nicht überzeugen. Der „singuläre Charakter" einer Vorschrift oder die „Analogieunfähigkeit" einer Norm sind Scheinargumente, um die Voraussetzungen einer Analogie von vornherein zu umschiffen. Warum soll eine Norm generell nicht analogiefähig sein? Was sagt der singuläre Charakter einer Norm mit Bezug auf die Privatsphäre aus? Den Ansichten ist zuzugeben, daß die vergleichbare Interessenlage bei „Ausnahmebestimmungen" im Einzelfall streng zu prüfen ist, d. h. aber nicht, daß Ausnahmevorschriften generell nicht analogiefähig sind.[599]

---

593 BAG v. 15.3.1984 - 2 AZR 24/83 in AP Nr. 2 zu § 1 KSchG 1969 Soziale Auswahl [unter 2.d) der Gründe] m. Anm. *Wank* = NZA 1984, 226 = NJW 1985, 342 = DB 1984, 2354; BAG v. 21.2.1985 - 2 AZR 311/84 in DB 1985, 1746 (1746). LAG Nürnberg v. 16.8.1982 - 4 Sa 75/81 in ARSt 1984, 33 (33).

594 Zweifelnd *Hambitzer*, Der Wiedereinstellungsanspruch des Arbeitnehmers, S. 141.

595 So auch das BAG v. 4.12.1997 - 2 AZR 140/96 in AP Nr. 4 zu § 1 KSchG 1969 Wiedereinstellung [unter B.II.5.b) der Gründe] = BAGE 87, 221 = NZA 1998, 701 = DB 1998, 85; *Otto* in FS für Kraft, S. 451 (466).

596 *V. Stein* in RdA 1991, 85 (89).

597 *Wank*, Anm. zum Urteil des BAG v. 15.3.1984 in AP Nr. 2 zu § 1 KSchG 1969 Soziale Auswahl. Ähnlich *Mummenhoff*, Anm. zum Urteil des BAG v. 15.3.1984 in SAE 1985, 305 (307), der sich auf die abschließende Regelung des KSchG beruft.

598 *Eich*, Anm. zum Urteil des BAG v. 29.1.1987 in SAE 1988, 78 (80).

599 Vgl. *Larenz*, Methodenlehre, S. 355 f.

Warum sollte eine singuläre Vorschrift mit Bezug zur Privatsphäre nicht analog angewandt werden, wenn eine vergleichbare, ungeregelte Interessenlage mit Bezug zur Privatsphäre vorliegt? Über die Analogie entscheidet die vergleichbare Interessenlage und ggf. ein Umkehrschluß und nicht der Charakter einer Norm als Ausnahmebestimmung. Ob eine unzulässige Rechtsfortbildung vorliegt oder nicht, kann erst nach sorgfältiger Prüfung der Analogievoraussetzungen entschieden werden.

In einem neuen Urteil v. 28.6.2000 lehnt das BAG jetzt ausdrücklich eine Sozialauswahl nach § 1 III KSchG analog bei der Auswahl der wiedereinzustellenden Arbeitnehmer ab: § 1 III KSchG könne nur bei rechtsgestaltenden Kündigungserklärungen und nicht bei einem Vertragsschluß Anwendung finden.[600] Das BAG lehnt eine vergleichbare Interessenlage ab, so daß sich nachfolgend mit dieser neuen Rechtsprechung auseinanderzusetzen ist.

(b) Voraussetzungen der Analogie

Da der Gesetzgeber bereits den Wiedereinstellungsanspruch nach wirksamer Kündigung nicht geregelt hat, kann dem Schweigen nicht entnommen werden, daß eine Auswahl bewußt nicht nach den Rechtsfolgen des § 1 III KSchG erfolgen soll (Umkehrschluß).[601] Die Analogie hängt von der vergleichbaren Interessenlage ab. Eine vergleichbare Interessenlage besteht, wenn die Sachverhalte in rechtlicher Hinsicht übereinstimmen und der Normzweck einer Vorschrift auch den gesetzlich nicht geregelten Fall erfaßt.

Mit seiner Auswahl entscheidet der Arbeitgeber, welche vergleichbaren Arbeitnehmer ihren Wiedereinstellungsanspruch durchsetzen können. Die Entscheidung konkretisiert die Arbeitnehmer, die nach Ablauf der Kündigungsfrist weiterbeschäftigt werden und diejenigen, die dauerhaft auf ihren Arbeitsplatz verzichten müssen. Es sind mehrere vergleichbare Arbeitnehmer von der Entscheidung des Arbeitgebers betroffen. Der *Auswahl- und Konkretisierungsgedanke* der Sozialauswahl (§ 1 III KSchG) ist bei der Wiedereinstellungsauswahl gegeben.

---

600 BAG v. 28.6.2000 - 7 AZR 904/98 in ZIP 2000, 1781 m. Anm. *Oetker* [unter II.B.3.c)aa) der Gründe] = demnächst EzA Nr. 5 zu § 1 KSchG Wiedereinstellungsanspruch.

601 *Hambitzer*, Der Wiedereinstellungsanspruch des Arbeitnehmers, S. 142.

Weiterhin müßte der Hauptzweck der Sozialauswahl - *der Ausgleichsgedanke* - einschlägig sein. Während bei der erstmaligen Einstellung nur eine Hoffnung zerstört wird, führt die betriebsbedingte Kündigung zu dem Verlust einer bereits erworbenen Rechtsstellung: zu dem Verlust des Arbeitsplatzes. Aus diesem Grund sorgt § 1 III KSchG für eine soziale Kompensation bei der Kündigung, während das Einstellungsermessen des Arbeitgebers unberührt bleibt. Die vergleichbare Interessenlage sollte daher danach beurteilt werden, ob die Wiedereinstellung, die zwischen der Kündigung und der erstmaligen Einstellung anzusiedeln ist, eher mit der Kündigung oder mit der Einstellung verglichen werden kann.

Zunächst spricht viel für die Nähe zur Einstellung: Es liegt immerhin eine wirksame betriebsbedingte Kündigung vor. Der Wiedereinstellungsanspruch ist auf die Abgabe einer Willenserklärung gerichtet, die für einen das Arbeitsverhältnis fortsetzenden neuen Arbeitsvertrag erforderlich ist; nur aus prozeßökonomischen Gründen kann der Arbeitnehmer sofort den Klageantrag auf Erfüllung der Hauptverbindlichkeiten aus dem fortbestehenden Arbeitsverhältnis stellen.[602] Die Vertragsfreiheit des Arbeitgebers könnte gegen eine Analogie sprechen. Auf der anderen Seite muß man das Vertrauen der Arbeitnehmer berücksichtigen. Bei der erstmaligen Einstellung besteht lediglich die vage Hoffnung, einen Arbeitsplatz zu bekommen. Bei der Wiedereinstellung dagegen haben die Arbeitnehmer bereits einen *Anspruch* auf Abschluß eines neuen Arbeitsvertrags, der nur unter dem Vorbehalt der tatsächlichen Beschäftigungsmöglichkeit steht. Die bloße Aussicht der Arbeitnehmer, einen Arbeitsplatz zu finden, hat sich rechtlich verdichtet.[603] Die Analogie sollte nicht formal abgelehnt werden, weil es begrifflich um den Abschluß eines Arbeitsvertrages geht.[604] Beim Analogieschluß stehen materiellrechtliche Wertungen im Vordergrund. Die vergleichbare Interessenlage sollte danach beurteilt werden, in welchem Umfang sich die bloße Hoffnung, einen Arbeitsplatz zu finden, rechtlich verdichtet hat. Es ist zu klären, ob der Arbeitgeber berechtigtes Vertrauen der Arbeitnehmer bei der ablehnenden Wiedereinstellung ähnlich wie bei der betriebsbedingten Kündigung enttäuscht.

---

602 BAG v. 4.12.1997 - 2 AZR 140/96 in AP Nr. 4 zu § 1 KSchG 1969 Wiedereinstellung [B.II.2. der Gründe] = BAGE 87, 221 = NZA 1998, 701 = DB 1998, 85.

603 *Meinel/Bauer* in NZA 1999, 575 (579).

604 So aber BAG v. 28.6.2000 - 7 AZR 904/98 in ZIP 2000, 1781 m. Anm. *Oetker* [unter II.B.3.c)aa) der Gründe] = demnächst EzA Nr. 5 zu § 1 KSchG Wiedereinstellungsanspruch.

Das BAG stützt den Wiedereinstellungsanspruch auf § 242 BGB (Rechtsmißbrauch): Der Arbeitgeber dürfe das Vertrauen der Arbeitnehmer nicht enttäuschen, daß es nur zur Beendigung des Arbeitsverhältnisses komme, wenn im Zeitpunkt des Kündigungstermins tatsächlich betriebsbedingte Kündigungsgründe vorlägen.[605] Enttäuschtes Vertrauen spielt daher nach Ansicht des BAG eine wesentliche Rolle bei der *Begründung* des Wiedereinstellungsanspruchs. Dieses Vertrauen darf aber nicht auf das Vorliegen dringender betrieblicher Erfordernisse (§ 1 II KSchG) beschränkt bleiben: Eine betriebsbedingte Kündigung setzt daneben auch eine ordnungsgemäße Sozialauswahl (§ 1 III KSchG) voraus. Das Vertrauen der Arbeitnehmer wird nicht nur enttäuscht, wenn zum Kündigungszeitpunkt keine betriebsbedingten Gründe vorliegen, sondern auch, wenn der Arbeitgeber trotz eines verringerten Beschäftigungsbedarfs bei Ablauf der Kündigungsfrist die Arbeitnehmer willkürlich auswählt. Das Vertrauen der Arbeitnehmer bezieht sich insgesamt darauf, daß im Zeitpunkt der Beendigung ihrer Arbeitsverhältnisse eine betriebsbedingte Kündigung wirksam wäre.[606] Zu deren Wirksamkeit gehört neben den betrieblichen Erfordernissen aber auch eine ordnungsgemäße Sozialauswahl. Der Wiedereinstellungsanspruch hat die Funktion, im Entlassungszeitpunkt den Kündigungsschutz der betroffenen Arbeitnehmer sicherzustellen.[607] Der Vergleich des Wiedereinstellungsanspruchs mit der Neueinstellung und damit mit der Vertragsfreiheit des Arbeitgebers ist aufgrund des Kontrahierungszwangs des Arbeitgebers nicht zu halten.[608] Der Arbeitgeber betätigt nicht seine Vertragsfreiheit, sondern erfüllt ein sich aus § 242 BGB hergeleitetes Gebot.[609]

Für eine vergleichbare Interessenlage spricht zudem die gleiche Wirkung für den Arbeitnehmer, der sich im Rahmen einer Sozialauswahl nicht durchsetzen kann: Nach Ablauf der Kündigungsfrist verliert er seinen Arbeitsplatz, den er zur Zeit noch ausfüllt. Der einzige formale Unterschied besteht darin, daß bei der Kündigung ein bestehendes Arbeitsverhältnis aufgelöst, bei der Wiedereinstellung ein bereits gekündigtes Arbeitsverhältnis nicht wiederaufgenommen

---

605 BAG v. 27.2.1997 - 2 AZR 160/96 in AP Nr. 1 zu § 1 KSchG 1969 Wiedereinstellung [unter II.4.d) der Gründe] = BAGE 85, 194 = NZA 1997, 757 = EWiR 1997, 781 m. Anm. *Junker/Schnelle* = AiB 1997, 615 m. Anm. *Hinrichs*.

606 Ähnlich *Meinel/Bauer* in NZA 1999, 575 (579).

607 BAG v. 4.12.1997 - 2 AZR 140/96 in AP Nr. 4 zu § 1 KSchG 1969 Wiedereinstellung [unter II.4.b) der Gründe] = BAGE 87, 221 = NZA 1998, 701 = DB 1998, 85.

608 Ähnlich *Bram/Rühl* in NZA 1990, 753 (757); *Hambitzer*, Der Wiedereinstellungsanspruch des Arbeitnehmers, S. 143 f.; *Hergenröder*, Anm. zum Urteil des BAG v. 4.12.1997 in EzA Nr. 3 zu § 1 KSchG Wiedereinstellungsanspruch, S. 23.

609 *Bram/Ruhl* in NZA 1990, 753 (757).

wird.[610] Der Wiedereinstellungsanspruch vor Ablauf der Kündigungsfrist ist beim Bestandsschutz anzusiedeln und nicht bei der erhofften Neueinstellung.[611] Sowohl bei der Kündigung als auch bei der abgelehnten Wiedereinstellung verliert der Arbeitnehmer seinen Arbeitsplatz entschädigungslos aus betrieblichen Gründen, die der Sphäre des Arbeitgebers zuzurechnen sind. Dem BAG kann nicht zugestimmt werden, die Analogie zu § 1 III KSchG mit dem Argument abzulehnen, daß der Arbeitgeber bei der Wiedereinstellung keine rechtsgestaltende Erklärung abgebe.[612]

Beim Wiedereinstellungsanspruch gibt die Rechtsprechung dem Arbeitgeber mit der frühzeitigen Kündigung die Möglichkeit, den betrieblichen Erfordernissen möglichst früh Rechnung zu tragen und alle Kündigungsfristen einzuhalten. Das Prognoseelement und damit auch die Korrektur dieser Prognoseentscheidung fällt in die Sphäre des Arbeitgebers. Der Arbeitgeber sollte daher bei der Wiedereinstellungsauswahl so gestellt werden, als spräche er erst zu diesem Zeitpunkt die Kündigungen aus.[613] Wer die Vorteile der frühzeitigen Prognosekündigung in Anspruch nimmt, sollte nicht zusätzlich bei der Auswahl privilegiert werden.[614] Anderenfalls hinge die Durchführung einer Sozialauswahl vom Zufall ab, ob ein neuer Auftrag einen Tag vor oder nach Ausspruch der betriebsbedingten Kündigung beim Arbeitgeber eingeht. Im ersten Fall müßte der Arbeitgeber die Anforderungen des § 1 III KSchG beachten, im zweiten Fall nach Auffassung der Rechtsprechung nur eine Sozialauswahl nach §§ 242, 315 BGB durchführen. *Berkowsky* will im letzten Fall sogar nur nach dem Prioritätsprinzip entscheiden.[615] Um diesen Wertungswiderspruch zu vermeiden, sollte man bei beiden Fallkonstellationen das enttäuschte Vertrauen anerkennen und eine vergleichbare Interessenlage bejahen. Anderenfalls könnten die älteren, schutzbedürftigeren Arbeitnehmer nicht wiedereingestellt werden, die das BAG - aufgrund ihrer langen Kündigungsfristen - durch den Wiedereinstel-

---

610 *Hambitzer*, Der Wiedereinstellungsanspruch des Arbeitnehmers, S. 143.

611 *Boemke*, Anm. zum Urteil des BAG v. 27.2.1997 in WiB 1997, 874 (874); HK-KSchG/*Weller/Dorndorf*, § 1, Rn. 947; *Hergenroder*, Anm. zum Urteil des BAG v. 4.12.1997 in EzA Nr. 3 zu § 1 KSchG Wiedereinstellungsanspruch, S. 22; *Preis*, Anm. zum Urteil des LAG Köln v. 10.1.1989 in LAGE Nr. 1 zu § 611 BGB Einstellung.

612 Vgl. BAG v. 28.6.2000 - 7 AZR 904/98 in ZIP 2000, 1781 m. Anm. *Oetker* [unter II.B.3.c)aa) der Gründe] = demnächst EzA Nr. 5 zu § 1 KSchG Wiedereinstellungsanspruch.

613 Ähnlich *Meinel/Bauer* in NZA 1999, 575 (579); *Nicolai/Noack* in ZfA 2000, 87 (107).

614 *Hergenroder*, Anm. zum Urteil des BAG v. 4.12.1997 in EzA Nr. 3 zu § 1 KSchG Wiedereinstellungsanspruch, S. 22.

615 *Berkowsky*, Die betriebsbedingte Kündigung, § 12, Rn. 16.

lungsanspruch gerade schützen wollte.[616] Betont man auf der einen Seite die soziale Schutzbedürftigkeit der älteren Arbeitnehmer, ist es auf der anderen Seite konsequent, § 1 III KSchG analog bei der Auswahl anzuwenden. Ansonsten verlören die Arbeitnehmer mit einem hohen sozialen Besitzstand ihren Arbeitsplatz, wenn sie durch das Auswahlsieb des BAG (§§ 242, 315 BGB) fallen. Das BAG sollte nicht beim sozialen Schutz auf der ersten Stufe stehen bleiben und die Analogie zu § 1 III KSchG anerkennen; der Schutz über §§ 242, 315 BGB ist angesichts der geringen Anforderungen der Rechtsprechung nahezu wirkungslos. Die ausfüllungsbedürftigen §§ 242, 315 BGB führen zu einer vermeidbaren Rechtsunsicherheit, da den Arbeitgebern kein fester Auswahlmaßstab an die Hand gegeben wird; eine Analogie zu § 1 III KSchG hat den Vorteil, daß kein eigener Maßstab entwickelt werden muß.[617]

bb) Ergebnis

Fällt der Kündigungsgrund während des Laufs der Kündigungsfrist weg und können nicht alle Arbeitnehmer weiterbeschäftigt werden, ist der Arbeitgeber nach § 1 III KSchG analog verpflichtet, die Arbeitnehmer nach den Grundsätzen der Sozialauswahl auszuwählen. Im Ausgangssfall könnte E aufgrund seiner sozialen Schutzbedürftigkeit seine Weiterbeschäftigung verlangen.

2. Wegfall des betriebsbedingten Kündigungsgrundes nach Ablauf der Kündigungsfrist

Zu klären bleibt, ob der Grundsatz der Sozialauswahl (§ 1 III KSchG) auch anzuwenden ist, wenn sich die tatsächlichen Umstände der Kündigung erst nach Ablauf der Kündigungsfrist ändern.

---

616 Zu den Argumenten für einen Wiedereinstellungsanspruch: BAG v. 27.2.1997 - 2 AZR 160/96 in AP Nr. 1 zu § 1 KSchG 1969 Wiedereinstellung [unter II.4. der Gründe] = BAGE 85, 194 = NZA 1997, 757 = EWiR 1997, 781 m. Anm. *Junker/Schnelle* = AiB 1997, 615 m. Anm. *Hinrichs*.

617 *Hergenröder*, Anm. zum Urteil des BAG v. 4.12.1997 in EzA Nr. 3 zu § 1 KSchG Wiedereinstellungsanspruch, S. 22; *Nicolai/Noack* in ZfA 2000, 87 (107).

a) Voraussetzungen des Wiedereinstellungsanpruchs

Ob Arbeitnehmer nach einer betriebsbedingten Kündigung einen allgemeinen Wiedereinstellungsanspruch (§ 242 BGB) geltend machen können, wenn sich die tatsächlichen Umstände der Kündigung erst nach Ablauf der Kündigungsfrist ändern, ist in der arbeitsrechtlichen Literatur umstritten[618] und noch nicht abschließend höchstrichterlich geklärt.[619] Es handelt sich um eine der umstrittensten Fragen des „neueren Wiedereinstellungsrechts". Dieser Problematik kann angesichts des Umfangs und Themas dieser Arbeit nicht nachgegangen werden; insofern sei auf die zitierten Abhandlungen verwiesen. Um dennoch zur Sozialauswahl nach tatsächlicher Beendigung des Arbeitsverhältnisses Stellung zu beziehen, wird statt dessen eine Fallkonstellation gewählt, in der Literatur und Rechtsprechung einhellig einen Wiedereinstellungsanspruch annehmen.

Beispiel[620]: Der Arbeitgeber A entschließt sich, am 13.3.2000 aufgrund eines akuten Arbeitsmangels drei seiner sieben in der Auslieferungsabteilung beschäftigten Arbeitnehmer betriebsbedingt zum 31.9. zu entlassen. Gleichzeitig sichert er allen Arbeitnehmern verbindlich zu, sie im Rahmen der betrieblichen Möglichkeiten bei Besserung der Auftragslage wiedereinzustellen. Nachdem A am 19.10.2000 einen neuen Auftrag bekommen hat, stellt er die zuvor entlassenen, ledigen B und

---

618 Während eine Auffassung einen Wiedereinstellungsanspruch ablehnt, da nach tatsächlicher Beendigung des Arbeitsverhältnisses keine Grundlage mehr für Vertrauensschutz existiere [*Beckschulze* in DB 1998, 417 (418); *Boewer* in NZA 1999, 1177 (1178); *Hueck/v.Hoyningen-Huene*, KSchG, § 1, Rn. 156c], bejahen andere einen Wiedereinstellungsanspruch, sofern dem Arbeitgeber die Weiterbeschäftigung zumutbar erscheine [K/D/Z-*Kittner*, KSchR, § 1 KSchG, Rn. 56b; einschränkend *Meinel/Bauer* in NZA 1999, 575 (580); *Raab* in RdA 2000, 147 (155)].

619 Während der 7. Senat des BAG einen Wiedereinstellungsanspruch ausdrücklich ablehnt, wenn erst nach Ablauf der Kündigungsfrist aufgrund eines neuen Kausalverlaufs neue Weiterbeschäftigungsmöglichkeiten im Betrieb entstehen (BAG v. 6.8.1997 - 7 AZR 557/96 in AP Nr. 2 zu § 1 KSchG 1969 Wiedereinstellung [unter II.1.c) der Gründe] = BAGE 86, 194 = NZA 1998, 254 = DB 1998, 423 = EWiR 1998, 323 m. Anm. *Boudon*), läßt der 2. Senat dahinstehen, ob nach Ablauf der Kündigungsfrist ein allgemeiner Wiedereinstellungsanspruch in Betracht kommt, wenn der bei Zugang der Kündigungserklärung vorliegende Kündigungsgrund später wegfällt (BAG v. 4.12.1997 - 2 AZR 140/96 in AP Nr. 4 zu § 1 KSchG 1969 Wiedereinstellung [unter B.II.2. der Gründe] = BAGE 87, 221 = NZA 1998, 701 = DB 1998, 85).

620 Beispiel nach LAG Köln v. 26.3.1998 - 5 Sa 11/98 in LAGE Nr. 1 zu § 1 KSchG Wiedereinstellungsanspruch.

C zum 1.11. wieder ein. Der vierzigjährige Vater zweier Kinder verlangt vergebens seine Wiedereinstellung. Er rügt eine fehlerhafte Sozialauswahl.

Ein Wiedereinstellungsanspruch wird nach Ablauf der Kündigungsfrist bei besonderen Vertrauenstatbeständen angenommen[621]: Darunter fällt nach einhelliger Ansicht eine Zusage des Arbeitgebers.[622] Aufgrund der in §§ 241, 305 BGB statuierten Vertragsfreiheit können die Arbeitsvertragsparteien im Zusammenhang mit einer Kündigung vereinbaren, daß dem Arbeitnehmer unter bestimmten Voraussetzungen ein Anspruch auf Wiedereinstellung erwächst.[623] Im Einzelfall muß durch Auslegung (§§ 133, 157 BGB) ermittelt werden, ob sich der Arbeitgeber rechtsgeschäftlich binden wollte[624], wobei im Ausgangsfall keine Zweifel bestehen.[625]

Wenn der frühere Beschäftigungsbedarf nach Ablauf der Kündigungsfrist nur eingeschränkt wiederhergestellt wird, stellt sich für den Arbeitgeber das Problem, unter mehreren Arbeitnehmern diejenigen auszuwählen, die wiedereingestellt werden. Der verringerte Beschäftigungsbedarf führt zu einem Wiedereinstellungsanspruch unter Vorbehalt der tatsächlichen Beschäftigungsmöglichkeit.[626] Es ist zu klären, ob der Arbeitgeber bei der Auswahl nach tatsächlicher Beendigung des Arbeitsverhältnisses an den Grundsatz der Sozialauswahl gebunden ist. Die Zusage des Arbeitgebers erwähnt lediglich die betrieblichen Gegebenheiten.

---

[621] BAG v. 6.8.1997 - 7 AZR 557/96 in AP Nr. 2 zu § 1 KSchG 1969 Wiedereinstellung [unter II.1.c) der Gründe] = BAGE 86, 194 = NZA 1998, 254 = DB 1998, 423 = EWiR 1998, 323 m. Anm. *Boudon*; *v.Stein* in RdA 1991, 85, 91; *Hambitzer*, Der Wiedereinstellungsanspruch des Arbeitnehmers, S. 16 ff. Vgl. zu möglichen Rechtsgrundlagen: BAG v. 15.3.1984 - 2 AZR 24/83 in AP Nr. 2 zu § 1 KSchG 1969 Soziale Auswahl [unter 2. der Gründe] m. Anm. *Wank* = NZA 1984, 226 = NJW 1985, 342 = DB 1984, 2354.

[622] BAG v. 15.3.1984 - 2 AZR 24/83 in AP Nr. 2 zu § 1 KSchG 1969 Soziale Auswahl [unter 2. der Gründe] m. Anm. *Wank* = NZA 1984, 226 = NJW 1985, 342 = DB 1984, 2354; LAG Köln v. 26.3.1998 - 5 Sa 11/98 in LAGE Nr. 1 zu § 1 KSchG Wiedereinstellungsanspruch [unter 2) der Gründe]; *Boemke*, AR-Blattei SD, 220.10, Rn. 185; *Senne* in AuA 1992, 301 (301).

[623] *Hambitzer*, Der Wiedereinstellungsanspruch des Arbeitnehmers, S. 16.

[624] *Boemke*, AR-Blattei SD, 220.10, Rn. 185; *Hambitzer*, Der Wiedereinstellungsanspruch des Arbeitnehmers, S. 16.

[625] Vgl. *Senne* in AuA 1992, 301 (301).

[626] Vgl. LAG Köln v. 26.3.1998 - 5 Sa 11/98 in LAGE Nr. 1 zu § 1 KSchG Wiedereinstellungsanspruch [unter 2) der Gründe].

b) Anwendbarkeit der Grundsätze der Sozialauswahl

Es kommt eine analoge Anwendung des § 1 III KSchG sowie eine abgeschwächte Sozialauswahl im Rahmen des allgemeinen Gleichbehandlungsgrundsatzes in Betracht.

aa) Anwendbarkeit des § 1 III KSchG im Wege der gesetzesergänzenden Rechtsfortbildung

Zu untersuchen ist zunächst, ob der Grundsatz des § 1 III KSchG im Wege des Analogieschlusses übertragen werden kann.

(1) Auffassungen in der Rechtsprechung und im Schrifttum

Das BAG hat bislang nach Ablauf der Kündigungsfrist bei der betriebsbedingten Kündigung keinen Wiedereinstellungsanspruch anerkannt.[627] Demzufolge mußte es sich keine Gedanken über die Auswahlkriterien bei der Wiedereinstellung machen. Zu der Auswahlentscheidung des Arbeitgebers nach tatsächlicher Beendigung des Arbeitsverhältnisses existiert - soweit ersichtlich - nur ein Urteil des LAG Köln, das die Analogie zu § 1 III KSchG unter Berufung auf die frühere BAG-Rechtsprechung ablehnte.[628] Die früheren Aussagen des BAG zur Sozialauswahl bezogen sich jedoch auf die *Begründung* eines Wiedereinstellungsanspruchs und nicht auf die Auswahl der Arbeitnehmer bei bereits vorhandenen Wiedereinstellungszusagen.[629] Die Argumentation des BAG hätte daher nicht übertragen werden dürfen, so daß dem LAG Köln in der Begründung nicht gefolgt werden kann.

---

627 Vgl. nur BAG v. 15.3.1984 - 2 AZR 24/83 in AP Nr. 2 zu § 1 KSchG 1969 Soziale Auswahl m. Anm. *Wank* = NZA 1984, 226 = NJW 1985, 342 = DB 1984, 2354. Das BAG zählt dort mögliche Anspruchsgrundlagen auf, dessen Voraussetzungen im vorliegenden Fall nicht vorlagen.
Unklar in der Sonderkonstellation des Betriebsübergangs: BAG v. 13.11.1997 - 8 AZR 295/95 in EzA Nr. 154 zu § 613a BGB m. Anm. *Peters/Thusing* = DB 1998, 316.

628 LAG Köln v. 26.3.1998 - 5 Sa 11/98 in LAGE Nr. 1 zu § 1 KSchG Wiedereinstellungsanspruch [unter 3) der Gründe].

629 Dazu oben: 4. Kapitel, § 12, II.1.b)aa) (2) (a).

Die meisten Vertreter der Literatur äußern sich allgemein zur Sozialauswahl bei Wiedereinstellungen, ohne zwischen einzelnen Wiedereinstellungsansprüchen zu differenzieren: Die Auffassungen, die überhaupt nach Ablauf der Kündigungsfrist einen allgemeinen Wiedereinstellungsanspruch anerkennen, bejahen eine Analogie zu § 1 III KSchG, ohne explizit die vorliegende Fallgruppe auszuschließen.[630]

(2) Voraussetzungen der Analogie

Ob dem LAG Köln oder den Ansichten im Schrifttum zu folgen ist, hängt davon ab, ob die Voraussetzungen der Analogie vorliegen. Die vergleichbare Interessenlage sollte auch bei der Wiedereinstellung nach tatsächlicher Beendigung des Arbeitsverhältnisses danach bestimmt werden, ob die Auswahl unter mehreren Arbeitnehmern eher mit der Auswahl bei der betriebsbedingten Kündigung oder mit der Auswahl bei der Neueinstellung verglichen werden kann. Der soziale Kompensationsgedanke der Sozialauswahl (§ 1 III KSchG) ist angemessen, wenn die ablehnende Haltung des Arbeitgebers trotz Wiedereinstellungszusage mit dem endgültigen Verlust des Arbeitsplatzes nach betriebsbedingter Kündigung gleichgesetzt werden kann.

Das schutzwürdige Vertrauen der Arbeitnehmer wurde bei dem Wegfall des Kündigungsgrundes während der Kündigungsfrist mit dem Prognoserisiko des Arbeitgebers begründet: Die Arbeitnehmer dürfen bei einer Prognosekündigung darauf vertrauen, ihren Arbeitsplatz nur zu verlieren, wenn mit Ablauf der Kündigungsfrist alle Voraussetzungen einer betriebsbedingten Kündigung (§ 1 II, III KSchG) vorliegen. Dieser Gedanke aus § 242 BGB kann hier nicht übertragen werden: Da der Kündigungsgrund erst nach Ablauf der Kündigungsfrist teilweise wegfällt, liegen im Zeitpunkt des tatsächlichen Verlusts des Arbeitsplatzes betriebsbedingte Gründe vor (§ 1 II KSchG); mangels Auswahl ist zu diesem Zeitpunkt keine Sozialauswahl erforderlich (§ 1 III KSchG). Die Prognose des Arbeitgebers war zutreffend. Das schutzwürdige Vertrauen der Arbeitnehmer kann daher nur auf den vertrauensbegründenden Tatbestand gestützt werden, der zu einem Wiedereinstellungsanspruch führt: hier die Wiedereinstellungszusage.

---

[630] Vgl. KR-*Etzel*, § 1 KSchG, Rn. 569; *Hambitzer*, Der Wiedereinstellungsanspruch des Arbeitnehmers, S. 144; HK-KSchG/*Weller/Dorndorf*, § 1, Rn. 947.

Der Wiedereinstellungsanspruch nach Ablauf der Kündigungsfrist ist auf eine echte Neubegründung des Arbeitsverhältnisses gerichtet. Durch den Ablauf der Kündigungsfrist ist es bereits zur *tatsächlichen Beendigung* des Arbeitsverhältnisses gekommen; eine direkte Fortsetzung ist nicht mehr möglich. Die Wirkung für die Arbeitnehmer ist nach Ablauf der Kündigungsfrist damit nicht die gleiche wie bei § 1 III KSchG: Bei der betriebsbedingten Kündigung *verlieren* sie ihren Arbeitsplatz, bei der Wiedereinstellungsauswahl bekommen sie ihren alten Arbeitsplatz *nicht zurück*. Man kann im letzten Fall nicht von einem „Verlust“ des Arbeitsplatzes sprechen. Die tatsächliche Beendigung des Arbeitsverhältnisses sorgt für eine Zäsur. Die Folgen, vor denen § 1 III KSchG schützen sollte, haben die Arbeitnehmer bereits zu spüren bekommen: Sie haben ihren Arbeitsplatz verloren. Es wird daher nur die berechtigte Hoffnung enttäuscht, den früheren Arbeitsplatz wiederzubekommen, so daß diese Fallgruppe eher mit der Neueinstellung zu vergleichen ist. Der einzige Unterschied zur erstmaligen Einstellung ist das frühere Bestehen eines Arbeitsverhältnisses sowie der vertrauensbegründende Tatbestand - hier die vertragliche Zusage -, der zu einem Wiedereinstellungsanspruch führt.

Dieser Anspruch auf Abschluß eines neuen Arbeitsvertrages sorgt zwar für qualifiziertes Vertrauen, führt aber nicht dazu, den Wiedereinstellungsanspruch zum Bestandsschutz zu zählen. Es besteht keine enge Verzahnung mit dem Kündigungsschutzrecht: Der Wiedereinstellungsanspruch nach Ablauf der Kündigungsfrist stellt nicht den individuellen Kündigungsschutz der Arbeitnehmer im Beendigungszeitpunkt sicher.[631] Die Wirkung für den Arbeitnehmer, der durch das Wiedereinstellungssieb des Arbeitgebers fällt, ist nicht mit dem erstmaligen Verlust des Arbeitsplatzes zu vergleichen. Bei der verweigerten Wiedereinstellung geht es nicht um Kompensation für den entschädigungslosen Verzicht auf den Arbeitsplatz, sondern um enttäuschtes Vertrauen auf die Wiedererlangung des Arbeitsplatzes. Eine vergleichbare Interessenlage ist nicht gegeben; eine Analogie zu § 1 III KSchG daher abzulehnen. Das Vertrauen der Arbeitnehmer auf die Wiedereinstellungszusage könnte höchstens zu einer abgeschwächten Sozialauswahl im Rahmen des allgemeinen arbeitsrechtlichen Gleichbehandlungsgrundsatzes führen.

---

[631] Zum Wegfall des Kündigungsgrundes während der Frist: BAG v. 4.12.1997 - 2 AZR 140/96 in AP Nr. 4 zu § 1 KSchG 1969 Wiedereinstellung [unter B.II.5.a) der Gründe] = BAGE 87, 221 = NZA 1998, 701 = DB 1998, 85.

bb) Soziale Auswahlkriterien im Rahmen des allgemeinen Gleichbehandlungsgrundsatzes

Die Frage, ob der Arbeitgeber bei seiner Auswahlentscheidung soziale Kriterien berücksichtigen muß, ist mit der Ablehnung der Analogie zu § 1 III KSchG noch nicht abschließend beantwortet. Wie die Rechtsprechung des BAG zum Wegfall des Kündigungsgrundes während der Kündigungsfrist gezeigt hat, besteht ein Mittelweg über die Anwendung der Generalklauseln des Zivilrechts.

Eine abgeschwächte Sozialauswahl setzt voraus, daß der allgemeine arbeitsrechtliche Gleichbehandlungsgrundsatz anwendbar ist [dazu unter (1)] und die Interessen der Arbeitnehmer im Rahmen der Abwägung zu sozialen Auswahlkriterien drängen [dazu unter (2)].

(1) Anwendbarkeit des allgemeinen Gleichbehandlungsgrundsatzes

Der allgemeine arbeitsrechtliche Gleichbehandlungsgrundsatz verbietet die willkürliche Schlechterstellung einzelner Arbeitnehmer gegenüber anderen in vergleichbarer Lage befindlichen.[632] Er setzt grundsätzlich eine Rechtsbeziehung zwischen Anspruchsteller und dem Arbeitgeber voraus.[633] Die herrschende Auffassung in der Literatur lehnt daher den Gleichbehandlungsgrundsatz bei Wiedereinstellungen ab: Nach tatsächlicher Beendigung des Arbeitsverhältnisses bestünden keine Rechtsbeziehungen mehr zwischen Arbeitgeber und Arbeitnehmer.[634]

Man könnte bei der Wiedereinstellung nach tatsächlicher Beendigung des Arbeitsverhältnisses an der Anwendbarkeit des Gleichbehandlungsgrundsatzes zweifeln. Die Ablehnung des Gleichbehandlungsgrundsatzes durch die Literatur beschränkt sich aber auf dessen Funktion als Rechtsgrundlage zur *Begründung* eines Wiedereinstellungsanspruchs. Wenn die Arbeitnehmer bereits aus anderen Gründen einen Wiedereinstellungsanspruch geltend machen können,

---

[632] *Brox/Ruthers*, Arbeitsrecht, Rn. 134 ff.; *Marhold/Beckers*, AR-Blattei SD, 800.1, Rn. 65.

[633] *Egger*, Gestaltungsrecht und Gleichbehandlungsgrundsatz, S. 24; *Schaub*, Arbeitsrechts-Handbuch, § 112, Rn. 20.

[634] *Boemke*, AR-Blattei SD, 220.10, Rn. 183; *Boewer* in NZA 1999, 1121 (1127); *v. Stein* in RdA 1991, 85 (92); *Wank*, Anm. zum Urteil des BAG v. 15.3.1984 in AP Nr. 2 zu § 1 KSchG 1969 Soziale Auswahl.

besteht nach wie vor eine rechtliche Beziehung zwischen Arbeitnehmer und Arbeitgeber. Der Gleichbehandlungsgrundsatz muß außerhalb eines bestehenden Arbeitsverhältnisses - z. B. bei der Neueinstellung - zurücktreten, weil die Privatautonomie vorgeht.[635] Wenn der Arbeitgeber aber durch einen von ihm geschaffenen Vertrauenstatbestand - hier die Wiedereinstellungszusage - auf ein Stück Privatautonomie verzichtet, bestehen keine Bedenken, den Gleichbehandlungsgrundsatz anzuwenden. Es sollte nicht zweifelhaft sein, den Arbeitgeber bei einer Auswahl an sachliche Kriterien zu binden: Eine freie willkürliche Auswahl des Arbeitgebers trotz der Wiedereinstellungszusage wäre dem Arbeitsrecht fremd. Der Gleichbehandlungsgrundsatz eignet sich bei Wiedereinstellungen nicht zur *Begründung* eines Wiedereinstellungsanspruchs; er muß jedoch die Gerechtigkeit bei der *Auswahlentscheidung* des Arbeitgebers sicherstellen, wenn mehrere Arbeitnehmer einen Wiedereinstellungsanspruch gegen den Arbeitgeber geltend machen können.[636]

Der allgemeine arbeitsrechtliche Gleichbehandlungsgrundsatz ist bei der Auswahl unter mehreren Arbeitnehmern, die nach Beendigung ihres Arbeitsverhältnisses ihre Wiedereinstellung verlangen, somit anwendbar.

(2) Konkretisierung des allgemeinen Gleichbehandlungsgrundsatzes

Eine Pflicht des Arbeitgebers, soziale Kriterien zu berücksichtigen, setzt voraus, daß das Rechtsprinzip „Sozialauswahl" den Gleichbehandlungsgrundsatz beeinflußt. Wenn eine ungeregelte - der Sozialauswahl aber ähnliche - Fallkonstellation vorliegt, sollte die gesetzliche Interessenabwägung (§ 1 III KSchG) bei der Bestimmung des sachlichen Grundes im Einzelfall berücksichtigt werden.[637] Welches Gewicht den sozialen Aspekten bei der Abwägung zukommt, hängt davon ab, wie groß die Ähnlichkeit zu der in § 1 III KSchG zum Ausdruck kommenden Interessenabwägung ist. In welchem Umfang der strenge Maßstab des § 1 III KSchG herabgesetzt wird, hängt davon ab, wie hoch der Vertrauensschutz der Arbeitnehmer einzustufen ist, ihren Arbeitsplatz nicht aus betriebsbedingten Gründen zu verlieren. Je stärker die betriebliche Sphäre des Arbeitgebers betroffen ist, desto höher sind im Rahmen der prak-

---

635 *Egger*, Gestaltungsrecht und Gleichbehandlungsgrundsatz, S. 24.

636 So differenzierend *Hambitzer*, Der Wiedereinstellungsanspruch des Arbeitnehmers, S. 45 (Fn. 121) einerseits und S. 89 (Fn. 286) andererseits.

637 Dazu oben: 2. Kapitel, § 7, II.

tischen Konkordanz die sozialen Aspekte der Arbeitnehmer bei der Auswahl zu berücksichtigen.[638]

Für die Auswahl nach sozialen Kriterien spricht, daß die Arbeitnehmer ihren Arbeitsplatz aus betriebsbedingten Gründen verloren haben: Einerseits wären die Arbeitnehmer ohne die wirksame betriebsbedingte Kündigung nicht in die Verlegenheit gekommen, sich auf den Wiedereinstellungsanspruch zu berufen, andererseits können aus betriebsbedingten Gründen nicht alle zuvor entlassenen Arbeitnehmer wiedereingestellt werden; der Wiedereinstellungsanspruch unter Vorbehalt kommt zum Tragen.

Auf der anderen Seite wirken sich die betrieblichen Umstände nicht unmittelbar arbeitsplatzvernichtend aus.[639] Da der Kündigungsgrund erst nach Ablauf der Kündigungsfrist teilweise entfallen ist, wurde das Arbeitsverhältnis bereits tatsächlich beendet. Die sozialen Aspekte böten keinen Ausgleich für den Verzicht auf den Arbeitsplatz, sondern bestimmten die Arbeitnehmer, die ihren Arbeitsplatz trotz wirksamer Kündigung ausnahmsweise zurückbekämen. Für die in die Arbeitslosigkeit eingetretenen Arbeitnehmer entpuppt sich die Auswahl eher als Chance, den Arbeitsplatz wiederzubekommen und nicht als Bestandsschutz zur Sicherung ihrer Arbeitsplätze. Die Nähe zur Neueinstellung spricht gegen eine abgeschwächte Sozialauswahl.

Betrachtet man die verschiedenen Sachverhalte, bei denen das BAG eine abgeschwächte Sozialauswahl über die §§ 242, 315 BGB anordnete, fällt folgendes auf: Das BAG überprüfte Auswahlentscheidungen des Arbeitgebers, mit denen er festlegte, welche Arbeitnehmer den Betrieb verlassen mußten.[640] Der Arbeitgeber bestimmte mit seiner Entscheidung, welche Kündigungen sozial gerechtfertigt waren und welche nicht; er konkretisierte den Inhalt des KSchG.[641] Aus diesem Grund zog das BAG die Wertung des § 1 III KSchG über die Generalklauseln heran. Das Erstarken der sozialen Aspekte hängt eng mit dem *erst-*

---

638 Zur praktischen Konkordanz: 2. Kapitel, § 6, II.5.

639 Der Gedanke, der zur Ablehnung der analogen Anwendung des § 1 III KSchG geführt hat, setzt sich bei der abgeschwächten Sozialauswahl fort.

640 *Zur Versetzung:* BAG v. 15.12.1994 - 2 AZR 320/94 in AP Nr. 66 zu § 1 KSchG 1969 Betriebsbedingte Kündigung [unter B.III.4. der Gründe] = NZA 1995, 413 = BB 1995, 930. Zur *Bedarfskundigung* nach dem EinV: BAG v. 19.1.1995 - 8 AZR 914/93 in AP Nr. 12 zu Art. 13 EinV [unter B.III.2.b) der Gründe] = BAGE 79, 128 = NZA 1996, 586 = AuA 1995, 350 mit Anm. *Berkowsky*.

641 BAG v. 15.12.1994 - 2 AZR 320/94 in AP Nr. 66 zu § 1 KSchG 1969 Betriebsbedingte Kündigung [unter B.III.4. der Gründe] = NZA 1995, 413 = BB 1995, 930.

maligen Verlust des Arbeitsplatzes und damit mit der Nähe zum KSchG zusammen. Das enttäuschte Vertrauen der Arbeitnehmer ist wesentlich höher einzustufen, wenn sich die betrieblichen Umstände aus der arbeitnehmerfremden Sphäre unmittelbar arbeitsplatzvernichtend auswirken. Eine abgeschwächte Sozialauswahl ist nicht angemessen, wenn es bereits zu einer tatsächlichen Beendigung des Arbeitsverhältnisses gekommen ist.

Andererseits liegt ein vertrauensbegründender Tatbestand - im Ausgangsfall eine Wiedereinstellungszusage - des Arbeitgebers vor. Das Ermessen des Arbeitgebers darf daher nicht so weit wie bei der erstmaligen Neueinstellung sein: Der Vertrauenstatbestand führt aber lediglich zu einer gleichberechtigten Abwägung der sozialen und betrieblichen Aspekte. Die sozialen und betrieblichen Interessen stellen sachliche Differenzierungskriterien dar wie jeder andere sachliche Gesichtspunkt auch. Dem LAG Köln ist insofern beizupflichten, als § 1 III KSchG nicht analog angewandt werden kann[642]; das LAG hätte aber den Gleichbehandlungsgrundsatz beachten müssen.

c) Ergebnis

Fällt der Kündigungsgrund erst nach Ablauf der Kündigungsfrist weg und können nicht alle Arbeitnehmer wiedereingestellt werden, weil der Betrieb mit einer geringeren Anzahl an Arbeitskräften weitergeführt wird, hat der Arbeitgeber im Rahmen des allgemeinen arbeitsrechtlichen Gleichbehandlungsgrundsatzes die sozialen und betrieblichen Aspekte gleichberechtigt gegeneinander abzuwägen. Sofern der Arbeitgeber im Ausgangsfall auf Seiten von B und C keine betrieblichen Gründe für deren Weiterbeschäftigung vorbringen kann, ist die Auswahlentscheidung wegen der höheren sozialen Schutzbedürftigkeit des A unwirksam.

---

[642] Vgl. LAG Köln v. 26.3.1998 - 5 Sa 11/98 in LAGE Nr. 1 zu § 1 KSchG Wiedereinstellungsanspruch [unter 3) der Gründe].

5. Kapitel: Anwendbarkeit der Grundsätze der Sozialauswahl bei Versetzungen

Die folgenden Ausführungen verlassen den Bereich des Bestandsschutzes und behandeln die Fragestellung, ob der Arbeitgeber auch im Vorfeld von Versetzungen eine Sozialauswahl durchzuführen hat, wenn mehrere vergleichbare Arbeitnehmer für die Änderung der Arbeitsbedingungen in Betracht kommen. Es geht nachfolgend nicht um Bestands-, sondern um vertraglichen Inhaltsschutz.

Eine Versetzung ist jede nicht nur vorübergehende Zuweisung einer anderen Tätigkeit an den Arbeitnehmer; jede Änderung des Aufgabenbereichs nach Art, Ort und Umfang der Tätigkeit wird als individualrechtliche[643] Versetzung qualifiziert.[644] Inwieweit der Arbeitgeber befugt ist, dem Arbeitnehmer eine andere Tätigkeit zuzuweisen, ist anhand des zugrundeliegenden Arbeitsvertrags zu beurteilen: Bewegt sich die neue Tätigkeit innerhalb der durch den Arbeitsvertrag gezogenen Grenzen, kann der Arbeitgeber einseitig durch Ausübung seines Direktionsrechts die Versetzung vollziehen.[645] Er konkretisiert nur die im Arbeitsvertrag bereits rahmenmäßig festgelegten Leistungspflichten des Arbeitnehmers.[646] Sprengt die Änderung des Aufgabenbereichs dagegen den arbeitsvertraglichen Rahmen, bedarf es einer Änderung des Vertragsinhalts im Wege eines Änderungsvertrags oder einer Änderungskündigung.

Da ein Änderungsvertrag die Zustimmung des Arbeitnehmers erfordert und der Arbeitgeber somit nicht in dessen Rechtsposition eingreift, sind nachfolgende Auseinandersetzungen zwischen den Arbeitsvertragsparteien nicht zu befürchten.[647] Die Versetzung durch Änderungsvertrag kann im Rahmen der vorliegenden Arbeit vernachlässigt werden. Nachfolgend ist zu untersuchen, ob der Arbeitgeber bei Versetzungen im Wege der Änderungskündigung (dazu § 13) oder durch Ausübung seines Direktionsrechts (dazu § 14) an den Grundsatz der

---

643 Vom individualrechtlichen ist der betriebsverfassungsrechtliche Versetzungsbegriff (vgl. § 95 III BetrVG) zu unterscheiden: dazu MünchArbR-*Blomeyer*, § 48, Rn. 49.

644 *V.Hoyningen-Huene/Boemke*, Die Versetzung, S. 73; *Hubner*, Die individualrechtliche Versetzungsbefugnis, S. 24 f.; BAG v. 6.2.1985 - 4 AZR 155/83 in AP Nr. 3 zu § 1 TVG Tarifverträge: Textilindustrie m. Anm. *Gaul* = DB 1985, 1481 = SAE 1985, 136.

645 KR-*Rost*, § 2 KSchG, Rn. 36; *Hueck/v.Hoyningen-Huene*, KSchG, § 2, Rn. 13a; HK-KSchG/*Weller/Hauck*, § 2, Rn. 31.

646 MünchArbR-*Blomeyer*, § 48, Rn. 30; *v.Hoyningen-Huene/Boemke*, Die Versetzung, S. 73; *Schaub*, Arbeitsrechts-Handbuch, § 31, Rn. 31; HK-KSchG/*Weller/Hauck*, § 2, Rn. 31.

647 *V.Hoyningen-Huene/Boemke*, Die Versetzung, S. 73.

sozialen Auswahl gebunden ist. Abschließend wird kurz auf den Sonderfall eingegangen, daß Versetzungen im Vorfeld von betriebsbedingten Kündigungen aufgrund der Weiterbeschäftigungspflicht des Arbeitgebers (§ 1 II 2 KSchG) vorgenommen werden (dazu § 15).

§ 13: Versetzungen im Wege der Änderungskündigung

Kann der Arbeitgeber die Arbeitsbedingungen nicht einseitig - sei es durch Ausübung seines Direktionsrechts, sei es kraft vertraglichen Vorbehalts - ändern, kommt die Änderungskündigung in Betracht.[648] Mit der Änderungskündigung erstrebt der Arbeitgeber eine Änderung der Arbeitsbedingungen zu seinen Gunsten, indem er sich des Mittels der Kündigung bedient.[649] Eine Änderungskündigung ist auf zweierlei Weise möglich: Der Arbeitgeber kündigt das Arbeitsverhältnis unbedingt und bietet dem Arbeitnehmer gleichzeitig an, es zu veränderten Arbeitsbedingungen fortzusetzen (vgl. § 2 KSchG) oder der Arbeitgeber kündigt von vornherein unter der Bedingung (§ 158 BGB), daß der Arbeitnehmer das Änderungsangebot ablehnt.[650] Beide Erklärungsversuche führen zum gleichen Ergebnis und laufen sachlich auf das gleiche hinaus.[651]

Bei der Frage, ob der Arbeitgeber bei der Änderungskündigung den Grundsatz der sozialen Auswahl zu beachten hat, muß - wie auch bei der Beendigungskündigung - danach differenziert werden, ob das KSchG einschlägig ist (dazu unter I.) oder nicht (dazu unter II.).

I. Änderungskündigungen im Anwendungsbereich des KSchG

Greift der Arbeitgeber in Betrieben, die dem KSchG unterliegen (vgl. § 23 I 2 KSchG), zur Änderungskündigung, ist zu unterscheiden, wie der Arbeitnehmer auf die Änderungskündigung reagiert: Lehnt der Arbeitnehmer das Änderungsangebot des Arbeitgebers ab, kommt es zu der vom Arbeitgeber angekündigten

---

648 *Hueck/v.Hoyningen-Huene*, KSchG, § 2, Rn. 13; K/D/Z-*Kittner*, KSchR, § 2 KSchG, Rn. 2; HK-KSchG/*Weller/Hauck*, § 2, Rn. 30.

649 MünchArbR-*Berkowsky*, § 145, Rn. 9; KR-*Rost*, § 2 KSchG, Rn. 35.

650 ErfKomm-*Ascheid*, § 2 KSchG, Rn. 4; *Hueck/v. Hoyningen-Huene*, KSchG, § 2, Rn. 10; HK-KSchG/*Weller/Hauck*, § 2, Rn. 8 f.

651 *Hueck/v. Hoyningen-Huene*, KSchG, § 2, Rn. 10; KR-*Rost*, § 2 KSchG, Rn. 14.

Beendigungskündigung.[652] Die Sozialwidrigkeit der Kündigung richtet sich nach den allgemeinen Vorschriften (§§ 1, 3 ff. KSchG).[653] Der Arbeitnehmer kann sich auch auf eine fehlerhafte Sozialauswahl berufen (§ 1 III KSchG).[654] § 1 III KSchG ist direkt mit folgender Modifizierung anwendbar: Da es bei der Änderungskündigung um die soziale Rechtfertigung des Änderungsangebots geht, ist zu prüfen, ob der Arbeitgeber nicht einem anderen Arbeitnehmer die Änderung der Arbeitsbedingungen hätte anbieten müssen, dem die Änderung in sozialer Hinsicht eher zuzumuten ist.[655]

Der Arbeitnehmer hat eine zweite Möglichkeit, auf die Änderungskündigung zu reagieren: § 2 KSchG eröffnet ihm die Möglichkeit, das Angebot unter dem Vorbehalt anzunehmen, daß die Änderung nicht sozial ungerechtfertigt ist. Dadurch wird dem Arbeitnehmer das Risiko genommen, seinen Arbeitsplatz vollständig zu verlieren.[656] Im nachfolgenden Prozeß geht es nur um die Frage, ob die alten oder neuen Arbeitsbedingungen gelten sollen (vgl. § 4 S. 2 KSchG, sog. Änderungsschutzklage). Als Prüfungsmaßstab verweist § 2 KSchG auf § 1 II und III KSchG: Bei der Annahme unter Vorbehalt ist ebenfalls eine Sozialauswahl nach § 1 III KSchG mit den oben genannten Besonderheiten durchzuführen.[657]

Im Anwendungsbereich des KSchG ist bei betriebsbedingten Änderungskündigungen der Grundsatz der Sozialauswahl nach § 1 III KSchG unmittelbar anwendbar. Das KSchG gewährt dem Arbeitnehmer nicht nur sozialen Bestands-, sondern auch Inhaltsschutz.[658] Es besteht kein Bedürfnis, § 1 III KSchG über den Wortlaut hinaus anzuwenden, so daß die Versetzung durch Änderungskündigung im Rahmen dieser Arbeit nicht näher zu untersuchen ist.

---

652 K/D/Z-*Kittner*, KSchR, § 2 KSchG, Rn. 126; KR-*Rost*, § 2 KSchG, Rn. 89; HK-KSchG/*Weller/Hauck*, § 2, Rn. 139.

653 ErfKomm-*Ascheid*, § 2 KSchG, Rn. 37; HK-KSchG/*Weller/Hauck*, § 2, Rn. 139.

654 *Hueck/v. Hoyningen-Huene*, KSchG, § 2, Rn. 52.

655 BAG v. 18.10.1984 - 2 AZR 543/83 in AP Nr. 6 zu § 1 KSchG 1969 Soziale Auswahl [unter B.II.2 der Gründe] m. Anm. *Löwisch* = BAGE 47, 80 = NZA 1985, 423; BAG v. 13.6.1986 - 7 AZR 623/84 in AP Nr. 13 zu § 1 KSchG 1969 Soziale Auswahl [unter II.2 der Gründe] = BAGE 52, 210 = NZA 1987, 155 = SAE 1989, 134 m. Anm. *Schreiber*.

656 K/D/Z-*Kittner*, KSchR, § 2 KSchG, Rn. 3; KR-*Rost*, § 2 KSchG, Rn. 89; HK-KSchG/*Weller/Hauck*, § 2, Rn. 95.

657 Zu den abweichenden Kriterien bei der Sozialauswahl im Rahmen der Änderungskündigung: K/D/Z-*Kittner*, KSchR, § 2 KSchG, Rn. 181; KR-*Rost*, § 2 KSchG, Rn. 103 ff. Ferner BAG v. 13.6.1986 - 7 AZR 623/84 in AP Nr. 13 zu § 1 KSchG 1969 Soziale Auswahl (1. Leitsatz) = BAGE 52, 210 = NZA 1987, 155 = SAE 1989, 134 m. Anm. *Schreiber*.

658 KR-*Rost*, § 2 KSchG, Rn. 7.

Bei personen- oder verhaltensbedingten Änderungskündigungen ist ebenfalls kein Raum für eine soziale Auswahl; insofern kann sinngemäß auf die früheren Ausführungen zur Beendigungskündigung verwiesen werden: Bei der personen- und verhaltensbedingten Kündigung steht der zu kündigende Arbeitnehmer bereits fest.[659]

II. Änderungskündigungen außerhalb des KSchG

Die Änderungskündigung unterliegt - wie die Beendigungskündigung - dem allgemeinen Kündigungsschutz (KSchG), wenn das Arbeitsverhältnis in demselben Betrieb oder Unternehmen länger als sechs Monate bestanden hat (§ 1 KSchG) und der Arbeitgeber wenigstens 5,25 Arbeitnehmer im Betrieb beschäftigt (§ 23 I 2 KSchG).[660] Anderenfalls sind die §§ 2, 4 KSchG nicht anwendbar; die Änderungskündigung wird nicht auf ihre soziale Rechtfertigung untersucht.

Der Gesetzgeber trägt auch bei der Änderungskündigung der besonderen Situation der Kleinbetriebe Rechnung. Die Schutzzwecke der Kleinbetriebsklausel stehen daher auch einer Sozialauswahl nach den Grundsätzen des § 1 III KSchG bei der Änderungskündigung entgegen. Da die Änderungskündigung eine ordentliche Kündigung darstellt und das gleiche Spannungsverhältnis zwischen sozialen Arbeitnehmer- und betrieblichen Arbeitgeberinteressen besteht wie bei der betriebsbedingten Beendigungskündigung, kann hinsichtlich des Maßstabs der Sozialauswahl auf die früheren Ausführungen verwiesen werden.

Die unterschiedlichen Schutzzwecke des § 23 I 2 KSchG relativieren auch bei der Änderungskündigung die Bedeutung des Sozialstaatsprinzips (Artt. 20, 28 GG) und des Art. 12 GG; eine Sozialauswahl nach den Kriterien des § 1 III KSchG analog bedeutete eine Rechtsfortbildung contra legem. Über den allgemeinen arbeitsrechtlichen Gleichbehandlungsgrundsatz ist lediglich eine Mißbrauchskontrolle vorzunehmen.[661]

---

659 Dazu oben: 3. Kapitel, § 9, III. / IV.

660 Vgl. *Lowisch* in NZA 1988, 633 (633).

661 Dazu oben: 3. Kapitel, § 10, II.2.c)bb) (2) (c) (cc).

§ 14: Versetzungen im Wege des Direktionsrechts

Umstritten und ungeklärt ist im Gegensatz zur Änderungskündigung, ob der Arbeitgeber auch im Vorfeld von Versetzungen, die er durch Ausübung seines Direktionsrechts vornehmen will, verpflichtet ist, eine Sozialauswahl durchzuführen, wenn mehrere vergleichbare Arbeitnehmer für die Änderung der Arbeitsbedingungen in Betracht kommen.

Beispiel: Der Arbeitgeber A beschäftigt in seinem Betrieb in P 40 Arbeitnehmer, davon sechs als Gabelstaplerfahrer. Ein Betriebsrat besteht nicht. Aufgrund innerbetrieblicher Umstrukturierungsmaßnahmen benötigt er Mitte 2000 nur noch fünf Gabelstaplerführer. Er versetzt daher den B, der fünfundvierzig Jahre alt ist und seit zwanzig Jahren im Betrieb in P arbeitet, auf einen gleichwertigen Arbeitsplatz in das Hauptlager. Die Arbeitsverträge der sechs Gabelstaplerfahrer sehen eine Beschäftigung im Hauptlager ausdrücklich vor. B will sich mit der neuen Tätigkeit nicht zufrieden geben, da ihm in seinem Alter die täglichen Fahrten nicht zuzumuten seien. Er rügt eine fehlerhafte Sozialauswahl: Der vierundzwanzigjährige neu eingestellte Arbeitnehmer C sei für diese Tätigkeit gleich geeignet, zumal er im Gegensatz zu B nicht verheiratet und kinderlos sei.

I. Allgemeine Grenzen des Direktionsrechts des Arbeitgebers (§ 315 BGB)

Die Änderungskündigung ist zu unterscheiden von der Versetzung, die der Arbeitgeber durch einseitige Erklärung vornimmt. Ob er kraft seines Direktions- oder Weisungsrechts eine Versetzung anordnen kann, bestimmt sich nach dem Inhalt des Arbeitsverhältnisses.[662] Der Arbeitgeber kann dem Arbeitnehmer aufgrund seines Weisungsrechts (Direktionsrechts) eine andere Tätigkeit zuweisen, wenn diese Zuweisung entweder dem Arbeitsvertrag entspricht[663] oder sich der Arbeitgeber im Arbeitsvertrag das Recht vorbehalten hat, die Arbeitsbedingungen einseitig zu ändern (sog. erweitertes Direktions-

---

662 *V.Hoyningen-Huene/Boemke*, Die Versetzung, S. 84; HK-KSchG/*Weller/Hauck*, § 2, Rn. 31.

663 ErfKomm-*Ascheid*, § 2 KSchG, Rn. 14; *Hueck/v.Hoyningen-Huene*, KSchG, § 2, Rn. 13a f.; KR-*Rost*, § 2 KSchG, Rn. 36.

recht).[664] Der Arbeitgeber konnte daher im Ausgangsfall die Versetzung durch Ausübung seines Direktionsrechts anordnen.

Fraglich ist, ob der Arbeitgeber sein Auswahlermessen sachgemäß ausgeübt hat. Trotz einseitiger Versetzungsbefugnis kann er sein Weisungsrecht nicht schrankenlos ausüben: Neben den zwingenden gesetzlichen Vorschriften und den kollektivrechtlichen Vereinbarungen[665] muß der Arbeitgeber bei Ausübung seines Direktionsrechts *billiges Ermessen (§ 315 BGB)* wahren.[666] Er muß im Einzelfall eine sorgfältige Abwägung der beiderseitigen Interessen vornehmen: Die einseitige Leistungsbestimmung muß nach den verfassungsrechtlichen und gesetzlichen Wertentscheidungen und unter Berücksichtigung der allgemeinen Grundsätze - wie z. B. des Verhältnismäßigkeitsprinzips - getroffen werden.[667] Bei den durch die Versetzung hervorgerufenen Veränderungen sind insbesondere soziale Belange bei der Billigkeitsabwägung zu berücksichtigen.[668] Die Auswahl nach sozialen Aspekten könnte daher bei der Versetzung per Direktionsrecht über § 315 BGB erfolgen.

Wie oben bereits ausführlich dargelegt, kann die soziale Interessenabwägung gegenüber anderen Arbeitnehmern nicht nach § 315 BGB erfolgen. § 315 BGB betrifft lediglich das einzelne Vertragsverhältnis zwischen Arbeitgeber und Arbeitnehmer. Der Bezug zu anderen Arbeitnehmern - die Auswahl unter vergleichbaren Arbeitnehmern - kann nur über den Gleichbehandlungsgrundsatz hergestellt werden.[669] Die Billigkeitskontrolle kann nicht das Auswahlermessen des Arbeitgebers beschränken, sondern nur die soziale Verträglichkeit der Änderung der Arbeitsbedingungen im einzelnen Arbeitsverhältnis sicherstellen.

---

664 ErfKomm-*Ascheid*, § 2 KSchG, Rn. 14; K/D/Z-*Kittner*, KSchR, § 2 KSchG, Rn. 66; LAG Hamm v. 12.2.1996 - 8 (9) Sa 1235/95 in LAGE Nr. 25 zu § 611 BGB Direktionsrecht (S. 2).

665 Umfassend *Schulze-Wilk*, Die Veränderung des Arbeitsbereichs im Arbeitsverhältnis, S. 14 ff.

666 *Hueck/v.Hoyningen-Huene*, KSchG, § 2, Rn. 22; KR-*Rost*, § 2 KSchG, Rn. 43b; BAG v. 27.3.1980 - 2 AZR 506/78 in AP Nr. 26 zu § 611 BGB Direktionsrecht (2. Leitsatz) m. Anm. *Lowisch* = BAGE 33, 71 = DB 1980, 1603 = SAE 1981, 268 m. Anm. *Hanau*.

667 *V.Hoyningen-Huene/Boemke*, Die Versetzung, S. 97; *Hubner*, Die individualrechtliche Versetzungsbefugnis, S. 86; HK-KSchG/*Weller/Hauck*, § 2, Rn. 35.

668 *V.Hoyningen-Huene/Boemke*, Die Versetzung, S. 97.

669 Dazu oben: 2. Kapitel, § 6, II. 3.

II. Sozialauswahl bei der Versetzung durch Ausübung des Direktionsrechts

Der Arbeitgeber muß bei der Ausübung seines Direktionsrechts soziale Belange anderer vergleichbarer Arbeitnehmer berücksichtigen, wenn § 1 III KSchG analog angewandt werden kann (dazu unter 1.) oder eine Konkretisierung des allgemeinen arbeitsrechtlichen Gleichbehandlungsgrundsatzes in Betracht kommt (dazu unter 2.)

1. Anwendbarkeit des § 1 III KSchG im Wege der gesetzesergänzenden Rechtsfortbildung

Zunächst ist zu untersuchen, ob § 1 III KSchG analog auf die Versetzung per Direktionsrecht angewandt werden kann. Ähnliche Erwägungen werden - mit unterschiedlichen methodischen Ansätzen - in der Literatur und auch von der Rechtsprechung angestellt.

a) Ansichten in der Judikatur und im Schrifttum

V.Hoyningen-Huene und *Boemke* berücksichtigen bereits im Rahmen der Billigkeitskontrolle (§ 315 BGB), ob andere geeignete Arbeitnehmer vorhanden sind, die durch die Änderung der Arbeitsbedingungen nicht so schwer getroffen werden. Die gesetzgeberische Wertentscheidung des § 1 III KSchG müsse als allgemeiner Ausdruck des Verhältnismäßigkeitsprinzips bei der Billigkeit berücksichtigt werden, so daß die Auswahl nur verhältnismäßig sei, wenn sie den sozial Stärksten treffe.[670] *V.Hoyningen-Huene/Boemke* wenden § 1 III KSchG zwar nicht analog, aber die strengen Kriterien der Sozialauswahl im Rahmen des § 315 BGB an.

---

[670] *V.Hoyningen-Huene/Boemke*, Die Versetzung, S. 99 f.

Gleiche Erwägungen stellt das *LAG Hamm*[671] an, dem *Kittner*[672] vorbehaltlos zustimmt: Bei einer betriebsbedingten Umsetzung aufgrund eines im Arbeitsvertrag vereinbarten erweiterten Direktionsrechts habe der Arbeitgeber eine

Sozialauswahl nach den Maßstäben des § 1 III KSchG durchzuführen.[673] Da durch das erweiterte Direktionsrecht eine ansonsten nur durch Änderungskündigung mögliche Änderung der Arbeitsbedingungen durchgesetzt werde, müsse hinsichtlich der sozialen Auswahl im Rahmen des § 315 BGB der gleiche Prüfungsmaßstab wie bei der Änderungskündigung gelten (§§ 2, 1 III KSchG).[674]

Den Ausführungen kann in dogmatischer Hinsicht nicht gefolgt werden: Soziale Belange dritter Arbeitnehmer dürfen nicht im Rahmen des § 315 BGB berücksichtigt werden. Nachfolgend ist zu untersuchen, ob den Ansichten im Ergebnis gefolgt werden kann, § 1 III KSchG analog anzuwenden.

b) Voraussetzungen der Analogie

Die Analogie verlangt eine „Lücke", d. h. eine Unvollständigkeit des geschriebenen Gesetzes- sowie des ungeschriebenen Gewohnheitsrechts, die als planwidrig zu bezeichnen ist.[675]

aa) Vorliegen einer Gesetzeslücke

Das Direktionsrecht des Arbeitgebers ist wie nahezu das gesamte Arbeitsvertragsrecht nicht gesetzlich kodifiziert.[676] Es wird nach herrschender Auffassung

---

671 LAG Hamm v. 12.2.1996 - 8 (9) Sa 1235/95 in LAGE Nr. 25 zu § 611 BGB Direktionsrecht (S. 2).

672 K/D/Z-*Kittner*, KSchR, § 2 KSchG, Rn. 66a.

673 LAG Hamm v. 12.2.1996 - 8 (9) Sa 1235/95 in LAGE Nr. 25 zu § 611 BGB Direktionsrecht (S. 2). Zustimmend K/D/Z-*Kittner*, KSchR, § 2 KSchG, Rn. 66a.

674 LAG Hamm v. 12.2.1996 - 8 (9) Sa 1235/95 in LAGE Nr. 25 zu § 611 BGB Direktionsrecht (S. 2).

675 Dazu oben: 3. Kapitel, § 9, II.2.c)bb).

676 *Schulze-Wilk*, Die Veränderung des Arbeitsbereichs im Arbeitsverhältnis, S. 10.

aus dem bestehenden Arbeitsverhältnis hergeleitet.[677] Eine Gesetzesvorschrift, die bei einer Versetzung im Wege des Direktionsrechts die Auswahl unter mehreren vergleichbaren Arbeitnehmern regelt, existiert daher nicht. Eine Unvollständigkeit der Rechtsordnung liegt vor.

bb) Lückenausfüllung

Eine Analogie zu § 1 III KSchG ist zu bejahen, wenn die Unvollständigkeit der Rechtsordnung planwidrig wäre, d. h. wenn die Interessenlage der Sozialauswahl (§ 1 III KSchG) auch die Versetzung durch Ausübung des Direktionsrechts erfaßt und der Analogie kein Umkehrschluß entgegensteht.[678]

Die Auswahl- und Ausgleichsfunktion des § 1 III KSchG müßte einschlägig sein. Der Arbeitgeber konkretisiert durch seine Auswahlentscheidung den zu versetzenden Arbeitnehmer aus einem Kreis von mehreren vergleichbaren Arbeitnehmern. Die *Auswahlfunktion* des § 1 III KSchG kommt bei der Versetzung durch Ausübung des Direktionsrechts zum Tragen. Die sozialen Kriterien bestimmen den Arbeitnehmer, für den die Änderungen der Arbeitsbedingungen am leichtesten zu ertragen ist: Der betriebliche Anlaß der Versetzung wird zum Teil ausgeglichen (*Ausgleichsfunktion*). Die Interessenlage scheint auf den ersten Blick vergleichbar zu sein. § 1 III KSchG analog würde wie bei der Änderungskündigung das Versetzungsrisiko sozial verteilen.

Bei genauerem Hinsehen stehen der Analogie aber zwei gewichtige Argumente entgegen: Zunächst kann man nicht pauschal die gesetzgeberische Wertentscheidung des § 1 III KSchG heranziehen.[679] Handelt es sich bei dem Betrieb des Arbeitgebers um einen Kleinbetrieb i.S.d. § 23 I 2 KSchG, kann nur eine Mißbrauchskontrolle in Betracht kommen; insofern gilt gleiches wie für die Analogie bei der Beendigungskündigung und bei der betriebsbedingten Änderungskündigung. Der Gesetzgeber hat bewußt die Kleinbetriebe von dem Erfordernis der sozialen Rechtfertigung und damit auch von der Sozialauswahl ausgenommen; diese Grundentscheidung muß erst recht bei der Versetzung durch Ausübung des Direktionsrechts berücksichtigt werden. Die entsprechen-

677 BAG v. 14.12.1961 - 5 AZR 180/61 in AP Nr. 17 zu § 611 BGB Direktionsrecht [unter II.1 der Gründe] m. Anm. *Neumann-Duesberg* = DB 1962, 375; ErfKomm-*Preis*, § 611 BGB, Rn. 289.

678 Dazu oben: 3. Kapitel, § 9, II.2.c)bb) (2).

679 So aber offensichtlich *v.Hoyningen-Huene/Boemke*, Die Versetzung, S. 99 f.

de Anwendung von § 1 III KSchG - unter welchen methodischen Ansätzen auch immer - verbietet sich im Kleinbetrieb.

Selbst bei betrieblicher Anwendbarkeit des KSchG steht der Analogie ein anderer entscheidender Gesichtspunkt entgegen: Der Arbeitgeber muß seine Änderungskündigung sozial rechtfertigen (vgl. §§ 2, 1 II, III KSchG), da er durch die Änderung der Arbeitsbedingungen in den Arbeitsvertrag des Arbeitnehmers eingreift. Der Arbeitnehmer genießt den sozialen Inhaltsschutz des KSchG, da ihm der Arbeitgeber eine durch den Arbeitsvertrag erworbene Rechtsposition entziehen will; der Arbeitgeber strebt eine einseitige Vertragsänderung an. § 1 III KSchG verfolgt - gemünzt auf die Änderungskündigung - den Zweck, soziale Gerechtigkeit walten zu lassen, wenn der Arbeitgeber aus betriebsbedingten Gründen in den Arbeitsvertrag der Arbeitnehmer eingreift. Aus diesem Grund soll die Sozialauswahl den Arbeitnehmer bestimmen, für den die Änderung der Arbeitsbedingungen am leichtesten zu ertragen ist. Der Arbeitnehmer muß entschädigungslos aus betrieblichen Gründen auf seine erworbene Rechtsposition verzichten. Dieses enttäuschte Vertrauen wird von § 1 III KSchG zum Teil geschützt.

Bei der Versetzung im Wege des Direktionsrechts wird dem Arbeitnehmer dagegen keine sichere, verdiente Rechtsposition entzogen. Das Weisungsrecht des Arbeitgebers konkretisiert den Inhalt des Arbeitsvertrages und geht nicht über dessen Regelungsgehalt hinaus[680]; der Arbeitgeber will keine einseitige Vertragsänderung durchsetzen. Es handelt sich lediglich um eine tatsächliche, faktische Rechtsposition, die jederzeit - von einer Konkretisierung der Arbeitsbedingungen abgesehen[681] - im Wege des Weisungsrechts entzogen werden kann. Der Vertrauensschutz ist nicht mit dem der Änderungskündigung zu vergleichen; der Arbeitnehmer muß jederzeit mit einer erneuten Ausübung des Weisungsrechts rechnen, wenn der Arbeitsvertrag die jeweilige Änderung hergibt. Er verzichtet von vornherein auf einen Teil seines Kündigungsschutzes.[682] Der Arbeitgeber hat sich im Arbeitsvertrag das Recht gesichert, den Arbeitnehmer flexibel einzusetzen. Diesen Unterschied würde man nivellieren, wollte man die Grundsätze der Änderungskündigung (§§ 2, 1 II, III KSchG) auch beim Direktionsrecht heranziehen.[683] Die vertragliche Zulässigkeit der

---

680 KR-*Rost*, § 2 KSchG, Rn. 36; *Hueck/v Hoyningen-Huene*, KSchG, § 2, Rn. 13a; HK-KSchG/*Weller/Hauck*, § 2, Rn. 31.

681 Dazu *Hübner*, Die individualrechtliche Versetzungsbefugnis, S. 88 ff.; HK-KSchG/*Weller/Hauck*, § 2, Rn. 45.

682 *Schulze-Wilk*, Die Veränderung des Arbeitsbereichs im Arbeitsverhältnis, S. 68.

683 So auch *Schulze-Wilk*, Die Veränderung des Arbeitsbereichs im Arbeitsverhältnis, S. 68.

beabsichtigten Änderung muß daher den Kontrollmaßstab beeinflussen[684]: Das KSchG kann weder unmittelbar noch mittelbar angewandt werden.[685]

Gleiches gilt für den Fall des *LAG Hamm*[686] bei der Versetzung durch Ausübung eines erweiterten Direktionsrechts.[687] Der Arbeitgeber behält sich durch den arbeitsvertraglichen Vorbehalt gerade das Recht vor, die Arbeitsbedingungen einseitig zu ändern. Der Arbeitnehmer muß aufgrund der Klausel im Arbeitsvertrag damit rechnen, seinen bisherigen Status zu verlieren. Die entsprechende Anwendung des § 1 III KSchG würde die durch den Vorbehalt gewonnene betriebliche Flexibilität des Arbeitgebers zunichte machen. Betriebliche Belange des Arbeitgebers könnten nur nach § 1 III 2 KSchG unter erschwerten Bedingungen berücksichtigt werden; ein Ergebnis, das sich erkennbar nicht mit dem vertraglichen Vorbehalt des Arbeitgebers verträgt. Eine vergleichbare Interessenlage liegt auch beim erweiterten Direktionsrecht nicht vor. § 1 III KSchG ist bei der Versetzung im Wege des Direktionsrechts nicht entsprechend heranzuziehen.

2. Soziale Auswahlkriterien im Rahmen des allgemeinen Gleichbehandlungsgrundsatzes

Da der Grundsatz des § 1 III KSchG nicht übertragen werden kann, käme eine vorrangige Berücksichtigung von sozialen Kriterien über den allgemeinen arbeitsrechtlichen Gleichbehandlungsgrundsatz in Betracht. Dazu müßte der Gleichbehandlungsgrundsatz einschlägig sein [dazu unter a)] und das allgemeine Rechtsprinzip „Sozialauswahl" den Gleichbehandlungsgrundsatz konkretisieren [dazu unter b)].

---

684 *Schulze-Wilk*, Die Veränderung des Arbeitsbereichs im Arbeitsverhältnis, S. 68.

685 *Gaul* in DB 1956, 45 (45); *Stromberg*, Die Versetzung des Arbeitnehmers, S. 31. A.A.: LAG Frankfurt a.M. v. 26.4.1955 - IV LA 72/55 in Leitsätzen wiedergegeben in DB 1955, 803.

686 Dazu oben: 5. Kapitel, § 14, II.1.a).

687 So auch ErfKomm-*Preis*, § 611 BGB, Rn. 934.

a) Anwendbarkeit des allgemeinen Gleichbehandlungsgrundsatzes

Während sich die Billigkeitskontrolle (§ 315 BGB) auf das Verhältnis Leistung/Gegenleistung und damit auf das einzelne Arbeitsverhältnis bezieht, ist es die Aufgabe des Gleichbehandlungsgrundsatzes, austeilende Gerechtigkeit zu verwirklichen. Der Gleichbehandlungsgrundsatz stellt den Bezug zu anderen Arbeitnehmern her.[688] Wenn der Arbeitgeber - wie im obigen Ausgangsfall - die Wahl zwischen mehreren vergleichbaren Arbeitnehmern hat, muß er bei seiner Auswahl sachgerecht differenzieren. Gerade bei der Ausübung des Direktionsrechts hat der Arbeitgeber den allgemeinen arbeitsrechtlichen Gleichbehandlungsgrundsatz zu beachten.[689] Der Gleichbehandlungsgrundsatz ist damit anwendbar.

b) Konkretisierung des allgemeinen Gleichbehandlungsgrundsatzes

Der sachliche Differenzierungsgrund wird anhand einer Interessenabwägung im Einzelfall festgestellt. Der Gleichbehandlungsgrundsatz - als Generalklausel - muß mit den anerkannten Wertungen des Arbeitsrechts gefüllt werden. Das Rechtsprinzip der Sozialauswahl könnte soziale Auswahlkriterien nahelegen, wenn es von der Grundtendenz her auch bei der Versetzung per Direktionsrecht paßt.[690] Das Gewicht der sozialen Kriterien im Rahmen der Abwägung hängt davon ab, wie groß die Einwirkung des Sozialstaatsprinzips und Art. 12 GG ist. Je stärker der Anlaß der Versetzung aus der betrieblichen Sphäre herrührt - je größer der Vertrauensschutz der Arbeitnehmer ist -, um so größer muß das Gewicht der sozialen Auswahlbelange bei der Konkretisierung des Gleichbehandlungsgrundsatzes sein (Prinzip der praktischen Konkordanz).[691]

Der Arbeitgeber hat unter den vergleichbaren Arbeitnehmern eine Auswahl zu treffen, weil er aus betriebsbedingten Gründen einen oder mehrere Arbeitnehmer versetzen will. Anders als bei verhaltens- oder personenbedingten Versetzungen, stammt der Versetzungsgrund aus der Sphäre des Arbeitgebers. Ähnlich wie zuvor bei dem Analogieschluß, liegen soziale Auswahlaspekte nahe. Auf der anderen Seite muß aber auch bei der Konkretisierung des

---

[688] Dazu oben: 2. Kapitel, § 6, II. 3.

[689] *Egger*, Gestaltungsrecht und Gleichbehandlung, S. 60; MünchArbR-*Richardi*, § 14, Rn. 14; HK-KSchG/*Weller/Hauck*, § 2, Rn. 43.

[690] Dazu oben: 2. Kapitel, § 7, II.

[691] Dazu oben: 2. Kapitel, § 6, II. 5.

Gleichbehandlungsgrundsatzes der Vertrauensschutz berücksichtigt werden: Bei der Versetzung durch Ausübung des Weisungsrechts greift der Arbeitgeber nicht in die vertragliche Rechtsposition des Arbeitnehmers ein; er konkretisiert lediglich die vertragliche Leistungspflicht. Die soziale Auswahl böte keinen Ausgleich für den entschädigungslosen Verzicht auf eine *verdiente* Rechtsposition. Das Vertrauen der Arbeitnehmer erreicht nicht die Schwelle der Schutzwürdigkeit, eine Sozialauswahl nahe zu legen. Die Ausgleichsfunktion der Sozialauswahl - das Sozialstaatsprinzip - ist nur am Rande berührt und kann die Vertragsfreiheit des Arbeitgebers beschränken, nicht aber überwinden. Der vertragliche Vorbehalt stärkt die Arbeitgeberbelange im Rahmen der Interessenabwägung und relativiert das Sozialstaatsprinzip und auch Art. 12 GG, der auf Arbeitnehmerseite bei der *Versetzung* ohnehin nur peripher betroffen ist. Soziale Auswahlkriterien sind daher nicht vorrangig zu berücksichtigen.

Das heißt andererseits nicht, soziale Aspekte vollständig auszuklammern. Es findet keine abgeschwächte Sozialauswahl statt; soziale Vergleichskriterien müssen aber bei der einseitigen Auswahl des Arbeitgebers Beachtung finden.[692] Die Arbeitnehmer- und Arbeitgeberinteressen sind gleichberechtigt miteinander abzuwägen; eine Vorrangstellung des einen oder anderen Kriteriums ist nicht zu erkennen. Gravierende Unterschiede in der sozialen Schutzbedürftigkeit können mit ebenso plausiblen betrieblichen Notwendigkeiten ausgeglichen werden. Die Strenge des § 1 III 2 KSchG wäre aufgrund des vertraglichen Vorbehalts unangemessen.

c) Ergebnis

Der Arbeitgeber muß bei bei der Versetzung durch Ausübung des Direktionsrechts soziale und betriebliche Belange gleichermaßen berücksichtigen. Die zulässige Ausgestaltung des Arbeitsvertrags relativiert die Tatsache, daß der Versetzungsgrund aus der betrieblichen Sphäre herrührt und stärkt die Arbeitgeberbelange bis zum gleichberechtigten Miteinander. Im Ausgangsfall ist die Versetzung rechtmäßig, sofern der Arbeitgeber einen nachvollziehbaren betrieblichen Grund geltend machen kann, warum ausgerechnet der Arbeitnehmer

[692] So auch *Ruthers/Bakker* in ZfA 1990, 245 (267); *Schulze-Wilk*, Die Veränderung des Arbeitsbereichs im Arbeitsverhältnis, S. 65; *Stromberg*, Die Versetzung des Arbeitnehmers, S. 31, die allerdings soziale Aspekte im Rahmen der Billigkeitskontrolle nach § 315 BGB (so *Ruthers/Bakker*; *Schulze-Wilk*) oder über die Fürsorgepflicht des Arbeitgebers (so *Stromberg*) berücksichtigen wollen.

B die Stelle als Gabelstaplerführer bekleiden soll. Anderenfalls verstößt die Ausübung des Direktionsrechts - aufgrund der größeren sozialen Schutzbedürftigkeit des B - gegen den allgemeinen arbeitsrechtlichen Gleichbehandlungsgrundsatz.

§ 15: Versetzungen im Vorfeld von betriebsbedingten Kündigungen

Nachdem die verschiedenen Möglichkeiten des Arbeitgebers, eine Versetzung durchzuführen, dargestellt wurden, geht es nachfolgend um ein letztes Spezialproblem: die Auswahl von Arbeitnehmern bei der Versetzung im Vorfeld von betriebsbedingten Kündigungen aufgrund der Weiterbeschäftigungspflicht des Arbeitgebers gem. § 1 II 2 Nr. 1b KSchG.

I. Auswahlentscheidung des Arbeitgebers

Nach § 1 II 2 Nr. 1b KSchG ist eine Kündigung in Betrieben des privaten Rechts - unabhängig vom Widerspruch des Betriebsrats[693] - sozial ungerechtfertigt und damit unwirksam (§ 1 I KSchG), wenn der Arbeitnehmer an einem anderen Arbeitsplatz in demselben Betrieb oder in einem anderen Betrieb des Unternehmens weiterbeschäftigt werden kann. Die Weiterbeschäftigung bezieht sich zunächst nur auf vergleichbare Arbeitsplätze, d. h. der Arbeitgeber muß den Arbeitnehmer durch Ausübung seines Direktionsrechts versetzen können.[694] Die Weiterbeschäftigung zu geänderten Arbeitsbedingungen ist nur geboten, wenn es sich um gleichwertige oder geringerwertige Arbeitsbedingungen handelt.[695] Kommt eine solche zumutbare Weiterbeschäftigung in Betracht, muß der Arbeitgeber dem Arbeitnehmer ein entsprechendes Angebot unterbreiten.[696] Nach dem Grundsatz der Verhältnismäßigkeit muß der Arbeitgeber u.U. auch etwaige Umschulungs- oder Fortbildungsmaßnahmen einkalkulieren (vgl. § 1 II 3 KSchG).

Fallen im Betrieb aus dringenden betrieblichen Gründen Arbeitsplätze weg und verfügt der Arbeitgeber über ausreichende Weiterbeschäftigungsmöglichkeiten, kommt es nicht zum Ausspruch einer betriebsbedingten Kündigung; anderenfalls wären die Kündigungen unwirksam (vgl. § 1 II 2 Nr. 1b KSchG). Problematisch wird es, wenn die Zahl der Weiterbeschäftigungsmöglichkeiten kleiner als die Zahl der wegfallenden Arbeitsplätze ist und die Arbeitnehmer einen Anspruch auf anderweitige Beschäftigung haben (§ 1 II 2, 3 KSchG). Der Arbeitgeber muß eine Auswahl treffen, welcher Arbeitnehmer einen anderen

[693] KR-*Etzel*, § 1 KSchG, Rn. 555.

[694] KR-*Etzel*, § 1 KSchG, Rn. 244; K/D/Z-*Kittner*, KSchR, § 1 KSchG, Rn. 367; HK-KSchG/*Weller/Dorndorf*, § 1, Rn. 908.

[695] KR-*Etzel*, § 1 KSchG, Rn. 249.

[696] *Hueck/v.Hoyningen-Huene*, KSchG, § 1, Rn. 400.

Arbeitsplatz erhält und wem gekündigt wird. Ungeklärt ist, nach welchen Maßstäben der Arbeitgeber diese Auswahl zu treffen hat. Allein wegen des betriebsbedingten Anlasses wird von der Rechtsprechung und der Literatur der Grundsatz des § 1 III KSchG ins Spiel gebracht.

Anders als bei den vorherigen Kapiteln existiert zu diesem Fragenkomplex eine neuere umfassende Arbeit von *Schmitt*[697], der die einzelnen Fallgruppen aufgearbeitet und sich mit den Einzelheiten der Auswahl auseinandergesetzt hat. Im Rahmen der vorliegenden Arbeit werden daher nur die wesentlichen Aspekte kurz dargestellt. Hinsichtlich der Einzelheiten sei auf die Abhandlung von *Schmitt* verwiesen.

Bei der Konkurrenz um anderweitige Beschäftigung werden drei verschiedene Fallkonstellationen unterschieden: Die Arbeitnehmer eines Betriebs, die von betriebsbedingten Kündigungsgründen betroffen werden, konkurrieren um Beschäftigungsmöglichkeiten im *gleichen* Betrieb (dazu unter II.), um Beschäftigungsmöglichkeiten in einem *anderen* Betrieb des Unternehmens (dazu unter III.), und Arbeitnehmer *verschiedener* Betriebe, in denen jeweils Arbeitsplätze weggefallen sind, konkurrieren um einen Arbeitsplatz in einem der Betriebe oder in einem Drittbetrieb (dazu unter IV.).

II. Weiterbeschäftigungsmöglichkeit im Beschäftigungsbetrieb

Legt der Arbeitgeber eine Betriebsabteilung mit zehn Arbeitnehmern still und besteht in einer anderen Betriebsabteilung im gleichen Betrieb eine Weiterbeschäftigungsmöglichkeit für zwei Arbeitnehmer, können im Ergebnis nur acht Arbeitnehmer entlassen werden. Sowohl in der Literatur[698] als auch in der

---

697 *Schmitt*, Sozialauswahl bei Konkurrenz um anderweitige Beschäftigung, S. 1 ff.

698 Vgl. nur KR-*Etzel*, § 1 KSchG, Rn. 563; *v.Hoyningen-Huene/Linck* in DB 1993, 1185 (1189); *Kiel*, Die anderweitige Beschäftigungsmöglichkeit, S. 90.
Lediglich *Luck* (Probleme der Sozialauswahl, S. 17) verneint als einzige Stimme in der Literatur die Anwendbarkeit der Kriterien des § 1 III KSchG. Zu den Gegenargumenten: *Schmitt*, Sozialauswahl bei Konkurrenz um anderweitige Beschäftigung, S. 82 f.

Rechtsprechung[699] ist man sich mittlerweile einig, daß der Arbeitgeber die zu versetzenden Arbeitnehmer nach den Kriterien des § 1 III KSchG auswählen muß, um den Grundsatz der Sozialauswahl nicht zu umgehen. Welche Kündigung betriebsbedingt sei, lasse sich erst nach einer Auswahlentscheidung bestimmen und diese Auswahl sei gemäß § 1 III KSchG zu treffen.[700] Umstritten ist lediglich die methodische Begründung: Vertreten wird eine direkte[701] und eine analoge[702] Anwendung des § 1 III KSchG.

§ 1 III KSchG nimmt aufgrund der Formulierung „aus dringenden betrieblichen Erfordernissen im Sinne des Absatzes 2" den gesamten zweiten Absatz des § 1 KSchG in Bezug, d. h. auch die in Absatz 2, Satz 2 geregelte Weiterbeschäftigung auf einem anderen Arbeitsplatz.[703] Nach vorzugswürdiger Ansicht regelt § 1 III KSchG selbst die Auswahlentscheidung des Arbeitgebers und kann unmittelbar angewandt werden, wenn die Stellenbesetzung und die Kündigung aufgrund eines einheitlichen Entschlusses erfolgt („uno actu").[704] Bei der Auswahl des zu versetzenden Arbeitnehmers verkleinert der Arbeitgeber den Kreis für die eigentliche Sozialauswahl[705] oder bestimmt unmittelbar - wie im obigen Beispielsfall -, welche Arbeitnehmer den Betrieb verlassen müssen. Die Versetzungsauswahl wirkt sich automatisch auf die Kündigungsauswahl aus: Wei-

---

699 BAG v. 10.11.1994 - 2 AZR 242/94 in AP Nr. 65 zu § 1 KSchG 1969 Betriebsbedingte Kündigung [unter B.I.4. der Gründe] = NZA 1995, 566 m. Anm. *Schiefer* (S. 662) = SAE 1995, 1285. Bestätigend BAG v. 15.12.1994 - 2 AZR 320/94 in AP Nr. 66 zu § 1 KSchG 1969 Betriebsbedingte Kündigung [unter B.III.2. der Gründe] = NZA 1995, 413 = BB 1995, 930.

700 BAG v. 10.11.1994 - 2 AZR 242/94 in AP Nr. 65 zu § 1 KSchG 1969 Betriebsbedingte Kündigung [unter B.I.4. der Gründe] = NZA 1995, 566 m. Anm. *Schiefer* (S. 662) = SAE 1995, 1285.

701 So BAG v. 10.11.1994 - 2 AZR 242/94 in AP Nr. 65 zu § 1 KSchG 1969 Betriebsbedingte Kündigung [unter B.I.4. der Gründe] = NZA 1995, 566 m. Anm. *Schiefer* (S. 662) = SAE 1995, 1285; KR-*Etzel*, § 1 KSchG, Rn. 563; *Kiel*, Die anderweitige Beschäftigungsmöglichkeit, S. 90.

702 So *Ascheid*, Kündigungsschutzrecht, Rn. 309; *Wank* in RdA 1987, 129 (139).

703 *Berkowsky* in NJW 1996, 291 (296); *Schmitt*, Sozialauswahl bei Konkurrenz um anderweitige Beschäftigung, S. 83.

704 BAG v. 10.11.1994 - 2 AZR 242/94 in AP Nr. 65 zu § 1 KSchG 1969 Betriebsbedingte Kündigung [unter B.I.4. der Gründe] = NZA 1995, 566 m. Anm. *Schiefer* (S. 662) = SAE 1995, 1285.
Vgl. auch *Schmitt*, Sozialauswahl bei Konkurrenz um anderweitige Beschäftigung, S. 87 zu dem Problem, den einheitlichen Entschluß des Arbeitgebers festzustellen.

705 Wenn der Arbeitgeber nicht die ganze Betriebsabteilung schließt, sondern beispielsweise nur fünf von zehn Arbeitsplätzen abbauen will und für zwei Arbeitnehmer eine Weiterbeschäftigungsmöglichkeit besteht.

terbeschäftigung und Kündigung sind zwei Seiten der gleichen Medaille.[706] Der Arbeitgeber kann nicht den leistungsstärksten Arbeitnehmer weiterbeschäftigen (versetzen) und den übrigen Arbeitnehmern kündigen oder zwischen ihnen eine Sozialauswahl durchführen. Anderenfalls könnte der Arbeitgeber in bedenklicher Weise über § 1 III KSchG disponieren. Der Arbeitgeber muß daher den Arbeitnehmern die Weiterbeschäftigung anbieten, die nach den Kriterien des § 1 III KSchG den Vorzug haben.

III. Weiterbeschäftigungsmöglichkeit in einem anderen Betrieb des gleichen Unternehmens

Die Ausgangslage in der zweiten Fallvariante ist vergleichbar mit der ersten: Die zwei freien Arbeitsplätze stehen nur nicht im gleichen Beschäftigungsbetrieb, sondern in einem anderen Betrieb des Unternehmens zur Verfügung (sog. Konkurrenz um außerbetriebliche Weiterbeschäftigung).[707] Auch hier können sich grundsätzlich alle Arbeitnehmer auf die Möglichkeit der unternehmensweiten Weiterbeschäftigung berufen (§ 1 II 2 Nr. 1b KSchG), so daß im Ergebnis nur acht Kündigungen betriebsbedingt sind. Der Arbeitgeber muß die zwei zu versetzenden Arbeitnehmer bestimmen.

Die Sozialauswahl nach § 1 III KSchG ist nach ständiger Rechtsprechung und herrschender Auffassung in der Literatur streng betriebsbezogen.[708] Fraglich ist daher, ob § 1 III KSchG auch diese zweite Fallkonstellation erfaßt.[709] Die Sozialauswahl nach § 1 III KSchG ist nach h.M. auf den Betrieb zu beschränken, um eine im Ergebnis unzulässige Austauschkündigung zu verhindern: Der Arbeitgeber soll nicht verpflichtet sein, für einen sozial schwächeren Arbeitnehmer, dessen Arbeitsplatz weggefallen ist, in einem anderen Betrieb seines Unternehmens einen Arbeitsplatz freizukündigen, indem er dort einen sozial

---

706 Zu diesem systematischem Ansatz und zu weiteren Argumenten: *Schmitt*, Sozialauswahl bei Konkurrenz um anderweitige Beschäftigung, S. 80 ff.

707 Ausführlich *Schmitt*, Sozialauswahl bei Konkurrenz um anderweitige Beschäftigung, S. 90 ff.

708 Dazu oben: 2. Kapitel, § 5, II.3.a).

709 So LAG Düsseldorf v. 9.7.1993 - 9 (2) Sa 169/93 in LAGE Nr. 12 zu § 1 KSchG Soziale Auswahl (1. Leitsatz). Ausdrücklich offen gelassen: BAG v. 10.11.1994 - 2 AZR 242/94 in AP Nr. 65 zu § 1 KSchG 1969 Betriebsbedingte Kündigung [unter B.I.5.b) der Gründe] = NZA 1995, 566 m. Anm. *Schiefer* (S. 662) = SAE 1995, 1285.

stärkeren Arbeitnehmer entläßt.[710] Der Auswahlkreis ist auf die Arbeitnehmer desselben Betriebs zu beschränken, um nicht die unternehmerische Entscheidung des Arbeitgebers in einen anderen Betrieb des Unternehmens zu transportieren.[711] Diese Gefahr besteht bei der vorliegenden Konkurrenzsituation gerade nicht: Es konkurrieren nur Arbeitnehmer des *gleichen Ausgangsbetriebs* um Arbeitsplätze in einem anderen Betrieb des Unternehmens[712]; ein sozialer Abgleich mit anderen betriebsfremden Arbeitnehmern findet nicht statt.[713] § 1 III KSchG kann durch die Bezugnahme auf den gesamten zweiten Absatz des § 1 KSchG unmittelbar angewandt werden. Die Betriebsbezogenheit der Sozialauswahl steht dem nicht entgegen. Ansonsten hinge die Frage der Sozialauswahl vom Zufall ab, ob der freie Arbeitsplatz im gleichen Betrieb oder in einem anderen Betrieb des Unternehmens bestünde.[714] § 1 III KSchG ist unmittelbar auch für die 2. Fallkonstellation heranzuziehen.

IV. Konkurrenz von Arbeitnehmern verschiedener Betriebe um Weiterbeschäftigungsmöglichkeiten im Unternehmen

Bis zur Entscheidung des BAG v. 15.12.1994 wurde in der Literatur wenig die Frage erörtert, ob der Grundsatz der Sozialauswahl zu berücksichtigen ist, wenn aufgrund § 1 II 2 Nr. 1b KSchG mehrere Arbeitnehmer verschiedener Betriebe um einen freien Arbeitsplatz in einem dieser Betriebe streiten.[715] In der im Laufe der Arbeit oft zitierten Entscheidung prüfte das BAG zunächst schulmäßig die Voraussetzungen einer Analogie zu § 1 III KSchG, um den Analogieschluß am Ende offen zu lassen und im Ergebnis auf § 315 BGB

---

710 BAG v. 15.12.1994 - 2 AZR 320/94 in AP Nr. 66 zu § 1 KSchG 1969 Betriebsbedingte Kündigung [unter B.III.3.a) der Gründe] = NZA 1995, 413 = BB 1995, 930. HK-KSchG/*Dorndorf*, § 1, Rn. 1029.

711 KR-*Etzel*, § 1 KSchG, Rn. 625

712 So *Weller* in AuR 1986, 225 (230).

713 LAG Düsseldorf v. 9.7.1993 - 9 (2) Sa 169/93 in LAGE Nr. 12 zu § 1 KSchG Soziale Auswahl (S. 4); BAG v. 10.11.1994 - 2 AZR 242/94 in AP Nr. 65 zu § 1 KSchG 1969 Betriebsbedingte Kündigung [unter B.I.5.b) der Gründe] = NZA 1995, 566 m. Anm. *Schiefer* (S. 662) = SAE 1995, 1285.

714 LAG Düsseldorf v. 9.7.1993 - 9 (2) Sa 169/93 in LAGE Nr. 12 zu § 1 KSchG Soziale Auswahl (S. 4); *Schmitt*, Sozialauswahl bei Konkurrenz um anderweitige Beschäftigung, S. 92.

715 Lediglich *Kiel*, Die anderweitige Beschäftigungsmöglichkeit, S. 91 beschäftigte sich vor dem Urteil des BAG mit dieser besonderen Konkurrenzsituation.

abzustellen.[716] Wie bereits angesprochen, hätte das BAG - methodisch korrekt - zunächst über die Analogie zu § 1 III KSchG entscheiden müssen.[717]

In der dritten Fallkonstellation wird der betriebliche Auswahlbereich der Sozialauswahl überschritten: Es konkurrieren Arbeitnehmer *verschiedener* Betriebe um die Weiterbeschäftigung im Unternehmen. § 1 III KSchG kann daher nach ganz h.M. nicht unmittelbar angewandt werden.[718] Es kommt nur eine Analogie in Betracht. Der Gesetzgeber fügte durch das BetrVG von 1972 die unternehmensweiten Widerspruchstatbestände (§ 1 II 2) in das KSchG ein, ohne § 1 III KSchG entsprechend zu ändern.[719] Die dadurch entstandene Regelungslücke hat der Gesetzgeber übersehen.[720]

Fraglich ist, ob eine vergleichbare Interessenlage vorliegt. Nach einer im Vordringen befindlichen richtigen Ansicht ist die sog. überbetriebliche Konkurrenz mit dem Grundfall der Sozialauswahl (§ 1 III KSchG) vergleichbar: Der Arbeitgeber muß eine Auswahlentscheidung treffen, um den Arbeitnehmer zu konkretisieren (*Auswahlfunktion*), für den die Kündigung wegen der betriebsbedingten Umstände am leichtesten zu ertragen ist (*Ausgleichsfunktion*). Art. 12 GG und das Sozialstaatsprinzip sind genauso einschlägig wie bei § 1 III KSchG. Die Bedenken gegen die Analogie wegen der Betriebsbezogenheit der Sozialauswahl können nicht überzeugen: Anders als bei der betriebsübergreifenden Sozialauswahl bei der betriebsbedingten Kündigung (§ 1 III KSchG direkt) ist keine unzulässige Austauschkündigung zu erwarten. Bei der überbetrieblichen Konkurrenz um anderweitige Beschäftigung steht für jeden Arbeitnehmer bereits fest, daß sein jeweiliger Arbeitsplatz im Betrieb aufgrund der

---

716 BAG v. 15.12.1994 - 2 AZR 320/94 in AP Nr. 66 zu § 1 KSchG 1969 Betriebsbedingte Kündigung [unter B.III.4.a) der Gründe] = NZA 1995, 413 = BB 1995, 930. Der Analogie zu § 1 III KSchG zuneigend, im Ergebnis aber wiederum offen gelassen: BAG v. 21.9.2000 - 2 AZR 385/99 in AP Nr. 111 zu § 1 KSchG 1969 Betriebsbedingte Kündigung [unter B. IV.2.b) der Gründe].

717 Dazu oben: 3. Kapitel, § 9, II.2.c)bb) (1) (c).

718 BAG v. 15.12.1994 - 2 AZR 320/94 in AP Nr. 66 zu § 1 KSchG 1969 Betriebsbedingte Kündigung [unter B.III.3.c) der Gründe] = NZA 1995, 413 = BB 1995, 930. So auch *Schmitt*, Sozialauswahl bei Konkurrenz um anderweitige Beschäftigung, S. 92 mit Argumenten gegen die andere Ansicht.

719 *Kiel*, Die anderweitige Beschäftigungsmöglichkeit, S. 91; *Schmitt*, Sozialauswahl bei Konkurrenz um anderweitige Beschäftigung, S. 93.

720 *Kiel*, Die anderweitige Beschäftigungsmöglichkeit, S. 91; *Preis* in NZA 1997, 1073 (1081); BAG v. 15.12.1994 - 2 AZR 320/94 in AP Nr. 66 zu § 1 KSchG 1969 Betriebsbedingte Kündigung [unter B.III.3.c) (1)) der Gründe] = NZA 1995, 413 = BB 1995, 930.

jeweiligen Unternehmerentscheidung weggefallen ist.[721] Ein Transport des betriebsbedingten Kündigungsgrundes in einen anderen Betrieb ist nicht zu befürchten; in dem anderen Betrieb ist bereits eine unternehmerische Entscheidung getroffen worden. Es geht nur um die Frage, welche Kündigung wegen der Weiterbeschäftigungsmöglichkeit verhindert werden soll. Die Interessenlage ähnelt der Auswahl- und Ausgleichsfunktion des § 1 III KSchG. Das BAG hätte die Analogie zu § 1 III KSchG nicht offen lassen dürfen, sondern sie bejahen müssen.[722] Die Ausführungen zu § 315 BGB sind überflüssig und führen zu einer konturenlosen Interessenabwägung.[723] Statt dessen hätte man auf die relativ klaren Aussagen zu § 1 III KSchG zurückgreifen müssen.

V. Ergebnis

Bei der Versetzung im Vorfeld von betriebsbedingten Kündigungen sind aufgrund der Nähe zur unternehmerischen Entscheidung des Arbeitgebers bei der Weiterbeschäftigungskonkurrenz den Grundsatz des § 1 III KSchG anzuwenden. Während bei der innerbetrieblichen Konkurrenz um freie Arbeitsplätze im gleichen oder in einem anderen Betrieb des Unternehmens § 1 III KSchG direkt anzuwenden ist, muß für den Fall, daß Arbeitnehmer verschiedener Betriebe um einen freien Platz konkurrieren, auf die Rechtsfigur der Analogie zurückgegriffen werden.

---

721 Dazu ausführlich *Schmitt*, Sozialauswahl bei Konkurrenz um anderweitige Beschäftigung, S. 95.

722 Nach neuerer Entscheidung des BAG sprechen sogar „gewichtige Argumente dafür, § 1 III KSchG entsprechend anzuwenden": BAG v. 21.9.2000 - 2 AZR 385/99 in AP Nr. 111 zu § 1 KSchG 1969 Betriebsbedingte Kündigung [unter B. IV.2.b) der Gründe].

723 *Berkowsky* in NJW 1996, 291 (295); *Preis* in NZA 1997, 1073 (1081).

6. Kapitel: Schlußbetrachtung

In den zurückliegenden Kapiteln wurden die Grenzen der sozialen Auswahl im Arbeitsrecht bei den klassischen Arbeitgebermaßnahmen aufgezeigt: Auswahlentscheidungen des Arbeitgebers bei Kündigungen, Einstellungen (Wiedereinstellungen) und Versetzungen wurden nach der Notwendigkeit einer sozialen Auswahl untersucht. In der täglichen Praxis trifft der Arbeitgeber weitere Entscheidungen: Es bleiben zahlreiche Maßnahmen, die der Arbeitgeber kraft seines Direktionsrechts (§ 315 BGB) anordnet. Wegen der Vielfältigkeit des Arbeitslebens muß sich der Arbeitgeber - gerade in größeren Betrieben - einer Vielzahl von Situationen stellen, in denen er aus einem Kreis von mehreren vergleichbaren Arbeitnehmern einen oder einige auszuwählen hat. Nur vereinzelt existieren gesetzliche Bestimmungen, die das Ermessen des Arbeitgebers beschränken und leiten (z.B. § 7 BUrlG).

Angenommen der Arbeitgeber macht von seinem im Arbeitsvertrag vorbehaltenen Recht Gebrauch, Überstunden anzuordnen. Er benötigt dringend zwei Arbeitnehmer, wobei mehrere vergleichbare Arbeitnehmer gleichermaßen für die Anordnung der Überstunden in Betracht kommen. Muß der Arbeitgeber eine Sozialauswahl nach den Kriterien des § 1 III KSchG durchführen, um die betroffenen Arbeitnehmer zu konkretisieren? Oder ein einschlägiger Tarifvertrag sieht vor, daß Teilzeitkräfte einen individuellen Anspruch auf Aufstockung ihrer Arbeitszeit haben, wenn der Arbeitgeber eine neue betriebliche Stellenbesetzung plant. Muß der Arbeitgeber soziale Auswahlerwägungen anstellen, wenn zwei bereits im Betrieb beschäftigte Teilzeitkräfte eine Aufstockung ihrer Arbeitszeit verlangen? Die Beispiele ließen sich beliebig fortsetzen.

Wie bereits in der Einleitung erwähnt, ist es angesichts des Umfangs der Arbeit nicht möglich, alle denkbaren Arbeitgeberentscheidungen zu betrachten. Die vorherigen Kapitel haben aber gezeigt, daß sich die Sozialauswahl auf bestimmte Grundsätze zurückführen läßt. Wertet man die zurückliegenden Abschnitte aus, läßt sich folgendes Prüfungsschema abstrahieren:

- Als erstes ist zu untersuchen, ob **§ 1 III KSchG analog** angewandt werden kann.[724] Das ist der Fall, wenn eine vergleichbare Interessenlage vorliegt: Der Arbeitgeber muß eine Auswahl unter mehreren vergleichbaren Arbeitnehmern aufgrund einer betriebsbedingten Unternehmerentscheidung treffen

[724] Dazu oben: 3. Kapitel, § 9, II.2.c)bb) (1) (c).

(Auswahl- und Ausgleichsfunktion der Sozialauswahl). Die Abwägung bei den Auswahlkriterien fällt zugunsten der sozialen Aspekte aus, wenn den Arbeitgeberinteressen bereits bei der Anerkennung der unternehmerischen Maßnahme Rechnung getragen wurde (praktische Konkordanz).[725]

Die strenge Sozialauswahl (§ 1 III KSchG) ist aber nur dann angemessen, wenn sich die Auswahlentscheidung des Arbeitgebers auf den *Bestand des Arbeitsverhältnisses* auswirkt; nur bei derart einschneidenden Maßnahmen ist es gerechtfertigt, den Arbeitgeber auf eine strenge Sozialauswahl nach § 1 III KSchG analog zu verweisen. Die Analogie dürfte sich daher in den folgenden - bereits untersuchten - Auswahlkonstellationen erschöpfen: Die Auswahl bei der betriebsbedingten außerordentlichen Kündigung[726], die Auswahl bei der Wiedereinstellung von Arbeitnehmern, wenn der Kündigungsgrund bereits während der Kündigungsfrist weggefallen ist[727] und die Auswahl um überbetriebliche Konkurrenz um anderweitige Weiterbeschäftigung (§ 1 II 2 Nr. 1b KSchG).[728]

- Liegt keine vergleichbare Interessenlage vor oder steht der Analogie ein Umkehrschluß des Gesetzgebers entgegen, kommt eine „abgeschwächte Sozialauswahl" unter folgenden drei Voraussetzungen in Betracht:

  1. Das Kapitel zur personenbedingten Kündigung hat gezeigt, daß bereits von vornherein mehrere Arbeitnehmer von der geplanten Arbeitgebermaßnahme betroffen sein müssen; die Betroffenheit darf nicht erst durch den sozialen Vergleich hergestellt werden.[729] Der **allgemeine arbeitsrechtliche Gleichbehandlungsgrundsatz**, auf den § 1 III KSchG zurückzuführen ist, setzt eine vergleichbare Ausgangslage mehrerer Arbeitnehmer voraus.[730]

  2. Die Sozialauswahl stellt ein allgemeines Rechtsprinzip des Arbeitsrechts dar und muß seine Wirkung entfalten: Es muß eine Auswahlentscheidung des Arbeitgebers vorliegen, die zumindest mittelbar auf betriebliche Umstände zurückzuführen ist. In diesem Fall muß der Richter die gesetzliche Interessenabwägung (§ 1 III KSchG) bei der Auslegung und Konkretisierung

---

725 Dazu oben: 2. Kapitel, § 6, II.5.
726 Dazu oben: 3. Kapitel, § 9, II.2.d).
727 Dazu oben: 4. Kapitel, § 12, II.1.b) bb).
728 Dazu oben: 5. Kapitel, § 15, IV.
729 Dazu oben: 3. Kapitel, § 9, III.1.b) cc).
730 Dazu oben: 2. Kapitel, § 6, II.1.b) aa).

des Gleichbehandlungsgrundsatzes beachten. Die Interessenlage ist zwar nicht vergleichbar, muß der betriebsbedingten Kündigung aber zumindest ähnlich sein.[731]

3. Schließlich ist zu berücksichtigen, ob nicht andere allgemein anerkannte Wertungen des Arbeitsrechts einer abgeschwächten „Sozialauswahl" entgegenstehen. Im Rahmen der Konkretisierung des Gleichbehandlungsgrundsatzes müssen alle anerkannten Wertungen des Arbeitsrecht beachtet werden: Das allgemeine Rechtsprinzip „Sozialauswahl" fließt in den Gleichbehandlungsgrundsatz ein wie jedes andere Rechtsprinzip auch. Das kann im Einzelfall dazu führen, daß von einer Sozialauswahl nichts mehr übrig bleibt.[732]

- Besteht bei der zu beurteilenden Fallgruppe nicht einmal eine ähnliche Interessenlage wie bei § 1 III KSchG, ist die Entscheidung des Arbeitgebers nur am Willkürverbot zu messen: Der Arbeitgeber muß seine Auswahl auf einen sachlichen Gesichtspunkt stützen, um nicht gegen den allgemeinen arbeitsrechtlichen Gleichbehandlungsgrundsatz zu verstoßen.[733]

Anhand dieses Prüfungsschemas ist es möglich, alle denkbaren Auswahlentscheidungen des Arbeitgebers daraufhin zu untersuchen, ob und vor allem mit welcher Intensität der Arbeitgeber soziale Aspekte bei seiner Entscheidung berücksichtigen muß. Die Sozialauswahl ist zwar ein anerkanntes Rechtsprinzip des Arbeitsrechts, aufgrund des engen Anwendungsbereichs ist aber nicht zu befürchten, daß die Arbeitgeber ständig nach sozialen Kriterien auswählen müßten.

---

731 Dazu oben: 2. Kapitel, § 7, II.

732 Vgl. z.B. die Kapitel zur Sozialauswahl beim Sonderkündigungsschutz nach § 15 KSchG [3. Kapitel, § 9, V.3.] und zur Sozialauswahl im Kleinbetrieb [3. Kapitel, § 10, II.2.d).].

733 Dazu oben: 3. Kapitel, § 9, IV.2.d).

Literaturverzeichnis

Abbrent, Eduard: Personalabbau im Konzern, BB 1988, S. 756 ff.

Ascheid, Reiner: Kündigungsschutzrecht, Stuttgart 1993

ders.: Aktuelle Rechtsprechung zum Einigungsvertrag, NZA 1993, S. 97 ff.

Bader, Peter: Neuregelungen im Bereich des Kündigungsschutzgesetzes durch das Arbeitsrechtliche Beschäftigungsförderungsgesetz, NZA 1996, S. 1125 ff.

Bartholomeyczik, Horst: Die Kunst der Gesetzesauslegung, Frankfurt a.M. 1951

Beckschulze, Martin: Der Wiedereinstellungsanspruch nach betriebsbedingter Kündigung, DB 1998, S. 417 ff.

Becker, Friedrich; Etzel, Gerhard; u.a.: KR, Gemeinschaftskommentar zum KSchG und zu sonstigen kündigungsschutzrechtlichen Vorschriften , 4. Auflage, Neuwied 1996; 5. Auflage, Neuwied 1998

Bengelsdorf, Peter; Köster, Hans-Wilhelm; Meisel, Peter G.: Kündigungsschutzgesetz, Kölner Praxiskommentar, 2. Auflage, Köln 2000

Berkowsky, Wilfried: Die betriebsbedingte Kündigung, 4. Auflage, München 1997

ders.: Die personenbedingte und verhaltensbedingte Kündigung, 3. Auflage, München 1997

ders.: Beschäftigung, Weiterbeschäftigung und Sozialauswahl, NJW 1996, S. 291 ff.

ders.: Die soziale Auswahl nach dem Einigungsvertrag, AuA 1995, S. 333 ff.

ders.: Die „Betriebsbezogenheit" der Sozialauswahl – Gesetzesbefehl oder Notbremse, NZA 1996, S. 290 ff.

Bernstein, Rainer: Die Kündigung von Betriebsratsmitgliedern bei Stillegung einer Betriebsabteilung nach § 15 V KSchG, NZA 1993, S. 728 ff.

Birk, Rolf: Die arbeitsrechtliche Leitungsmacht, Köln 1973

Boemke, Burkhard: Privatautonomie im Arbeitsvertragsrecht, NZA 1993, S. 532 ff.

ders.: Anmerkung zum Urteil des BAG v. 27.2.1997 - 2 AZR 160/96, WiB 1997, S. 874 ff.

ders.: Nachwirkungen des Arbeitsverhältnisses, AR-Blattei, Systematische Darstellungen, 220.10, Ergänzungslieferung Nr. 78, Stand: Juli 2000

Boewer, Dietrich: Der Wiedereinstellungsanspruch Teil 1, NZA 1999, S. 1121 ff.; Teil 2, NZA 1999, S. 1177 ff.

Bötticher, Eduard: Der Anspruch auf Gleichbehandlung im Arbeitsrecht, RdA 1953, S. 161 ff.

Bram, Rainer; Rühl, Werner: Praktische Probleme des Wiedereinstellungsanspruchs nach betriebsbedingter Kündigung, NZA 1990, S. 753 ff.

Brox, Hans; Rüthers, Bernd: Arbeitsrecht, 13. Auflage, Stuttgart, Berlin, Köln 1997

Buchner, Herbert: Der Gleichbehandlungsgrundsatz bei der Kündigung von Arbeitsverhältnissen, RdA 1970, S. 225 ff.

Bydlinski, Franz: Juristische Methodenlehre und Rechtsbegriff, 2. Auflage, Wien, New York 1991

Canaris, Claus-Wilhelm: Die Feststellung von Lücken im Gesetz, 2. Auflage, Berlin 1983

Coing, Helmut: Zur Ermittlung von Sätzen des Rechts, JuS 1975, S. 277 ff.

Däubler, Wolfgang: Das Arbeitsrecht 2, 11. Auflage, Hamburg 1998 *ders.:* Das Gesetz zu Korrekturen in der Sozialversicherung und zur Sicherung der Arbeitnehmerrechte, NJW 1999, S. 601 ff.

Depenheuer, Otto: Der Wortlaut als Grenze, Heidelberg 1988

Deutscher Juristentag: Sind im Interesse einer gerechten Verteilung der Arbeitsplätze Begründung und Beendigung eines Arbeitsverhältnisses neu zu regeln? Sitzungsbericht M, Bd. II, München 1978

Dieterich, Thomas; Hanau, Peter; Schaub, Günter: Erfurter Kommentar zum Arbeitsrecht, München 1998

Dorndorf, Eberhard; Weller, Bernhard; Hauck, Friedrich; u.a.: Heidelberger Kommentar zum Kündigungsschutzgesetz, 3, Auflage, Heidelberg 1999

Dreier, Horst: Grundgesetz Kommentar, Tübingen 1996

Dütz, Wilhelm: Arbeitsrecht, 4. Auflage, München 1999

Egger, Hartmut: Gestaltungsrecht und Gleichbehandlung im Arbeitsverhältnis, Berlin 1979

Eich, Rolf-Achim: Anmerkung zum Urteil des BAG v. 29.1.1987 - 2 AZR 109/86, SAE 1988, S. 78 ff.

Engisch, Karl: Einführung in das juristische Denken, 9. Auflage, Stuttgart, Berlin, Köln, Mainz 1997

Enneccerus, Ludwig; Nipperdey, Hans Carl: Allgemeiner Teil des Bürgerlichen Rechts, Erster Halbband, 15. Auflage, Tübingen 1959

Erman: Bürgerliches Gesetzbuch, Handkommentar, 10. Auflage, Köln 2000, (Herausgeber: Harm Peter Westermann)

Esser, Josef: Grundsatz und Norm in der richterlichen Fortbildung des Privatrechts, Tübingen 1956

Fabricius, Fritz; Kraft, Alfons; Wiese, Günther; u.a.: GK-BetrVG, Gemeinschaftskommentar, Band 1, Neuwied 1997

Feichtinger, Peter; Huep, Tobias: Die außerordentliche Kündigung, AR-Blattei, Systematische Darstellungen, 1010.8., Ergänzungslieferung Nr. 78, Stand: Juli 2000

Fenski, Martin; Linck, Rüdiger: Besonderheiten der Beendigung von Arbeitsverhältnissen in den neuen Bundesländern, NZA 1992, 337 ff.

Fischermeier, Ernst: Die betriebsbedingte Kündigung nach den Änderungen durch das Arbeitsrechtliche Beschäftigungsförderungsgesetz, NZA 1997, S. 1089 ff.

Fitting, Karl; Kaiser, Heinrich; Heither, Friedrich; Engels, Gerd: BetrVG, 19. Auflage, München 1998

Flatow, Georg; Kahn-Freund, Otto: Betriebsrätegesetz-Kommentar, 13. Auflage, Berlin 1931

Frey, Erich: Gleichbehandlungsfragen bei Ausübung des Direktionsrechts, DB 1964, S. 298 ff.

ders.: Der Grundsatz der Gleichbehandlung bei Neueinstellungen, Umgruppierungen und Versetzungen, BB 1963, S. 1139 ff.

Galperin, Hans: Unwirksamkeit der Kündigung und Kündigungsschutz, BB 1948, S. 305 ff.

Gamillscheg, Franz: Arbeitsrecht Band I - Individualarbeitsrecht, 7. Auflage, München 1987

ders.: Die Grundrechte im Arbeitsverhältnis, AcP 164, S. 385 ff.

Gaul, Dieter: Inhalt und Grenzen der Weisungsbefugnis des Arbeitgebers bei einer beabsichtigten Versetzung des Arbeitnehmers, DB 1956, 45 f.

ders.: Wechselbeziehung zwischen Direktionsrecht und Sozialauswahl, NZA 1992, S. 673 ff.

Germelmann, Claus-Hinrich: Das Arbeitsrecht in den neuen Bundesländern, NJ 1992, S. 390 ff.

Göller, Irmgard: Die Entwicklung des Kündigungsschutzrechts in Deutschland, Freiburg 1974

Gragert, Nicola: Kündigungsschutz in Kleinbetrieben, NZA 2000, S. 961 ff.

Gragert, Nicola; Kreutzfeldt, Heiko: Sturm auf die Gerichte? - Die Konsequenzen aus dem Beschluß des BVerfG zur Kleinbetriebsklausel, § 23 I 2 KSchG, NZA 1998, S. 567 ff.

Hambitzer, Ulrich Max: Der Wiedereinstellungsanspruch des Arbeitnehmers nach wirksamer Kündigung, Bonn 1987

Hamer, Wolfgang: Betriebsbedingte Kündigung und Sozialauswahl im öffentlichen Dienst der neuen Bundesländer, Der PersR 1993, S. 158 ff.

Hanau, Peter: Reformbedarf im Arbeitsvertragsrecht, ZRP 1996, S. 349 ff.

Hassenpflug, Gisela: Die Kündigung von Betriebsratsmitgliedern wegen Stilllegung des Betriebs oder einer Betriebsabteilung, Frankfurt a.M. 1989

Herbst, Jens; Wohlfarth, Hans-Dieter: Die Entscheidungen des Bundesarbeitsgerichts im Jahr 1989 zur Kündigung wegen Krankheit, DB 1990, S. 1816 ff.

Hergenröder, C.W.: Anmerkung zum Urteil des BAG v. 4.12.1997 - 2 AZR 140/97, EzA Nr. 3 zu § 1 KSchG Wiedereinstellungsanspruch, S. 13 ff.

Hess, Harald; Schlochauer, Ursula; Glaubitz, Werner: Kommentar zum BetrVG, 5. Auflage, Neuwied 1997

Hesselberger, Dieter: Entwicklung, Grenzen und Gefahren richterliche Rechtsfortbildung, FS für Alfred Kellermann, S. 155 ff., Berlin 1991

Hetzel, Michael: Das Arbeitsverhältnis im Kleinbetrieb, Freiburg 1983

Holzhauer, Guido: Zur gerichtlichen Überprüfung von Kündigungen im öffentlichen Dienst nach dem Einigungsvertrag, NJ 1991, S. 494 ff.

Horn, Norbert: Einführung in die Rechtswissenschaft und Rechtsphilosophie, Heidelberg 1996

v.Hoyningen-Huene, Gerrick: Die Billigkeit im Arbeitsrecht, München 1978

ders.: Rechtsfortbildung im Arbeitsrecht als Vorreiter und Vorbild? Festschrift der Juristischen Fakultät Heidelberg zur 600-Jahr-Feier der Ruprecht-Karls-Universität Heidelberg, S. 353 ff., Heidelberg 1986

ders.: Betriebsbedingte Kündigungen in der Wirtschaftskrise, NZA 1994, S. 1009 ff.

v.Hoyningen-Huene, Gerrick; Boemke, Burkhard: Die Versetzung, Heidelberg 1991

v.Hoyningen-Huene, Gerrick; Linck, Rüdiger: Neuregelungen des Kündigungsschutzes und befristeter Arbeitsverhältnisse, DB 1997, S. 41 ff.

Hromadka, Wolfgang; Maschmann, Frank: Arbeitsrecht Band I, Individualarbeitsrecht, Berlin, Heidelberg, New York 1998

Hübner, Betina: Die individualrechtliche Versetzungsbefugnis und Versetzungspflicht des Arbeitgebers unter besonderer Berücksichtigung von Schwerbehinderten und älteren Arbeitnehmern, Pfaffenweiler 1992

Hueck, Alfred; Nipperdey, Hans Carl; Dietz, Rolf: Gesetz zur Ordnung der nationalen Arbeit, Kommentar, 4. Auflage, München und Berlin 1943

Hueck, Alfred; Nipperdey, Hans Carl: Lehrbuch des Arbeitsrechts, Band I, 7. Auflage, Berlin 1963

Hueck, Alfred; Hueck, Götz; v. Hoyningen-Huene, Gerrick: KSchG, 12. Auflage, München 1997

Hueck, Götz: Gleichbehandlung und Billigkeitskontrolle, Gedächtnisschrift für Dietz, S. 241 ff., München 1973

Hunold, Wolf: Gleichbehandlungsgrundsatz, Gleichbehandlungsgesetz und Gleichberechtigungssatz im Betrieb, DB 1984, Beilage 5, S. 8 ff.

Jarass, Hans D.; Pieroth, Bodo: Grundgesetz für die Bundesrepublik Deutschland, 5. Auflage, München 2000

Junker, Abbo: Individualwille, Kollektivgewalt und Staatsintervention im Arbeitsrecht, NZA 1997, S. 1305 ff.

ders.: Anmerkung zum Urteil des BAG v. 8.3.1999 - 8 AZR 190/98, EWiR 1999, S. 829 f.

Kaiser, Dagmar: Weder Unwirksamkeit der Kündigung noch Wiedereinstellungsanspruch, ZfA 2000, S. 205 ff.

Kempff, Gilbert: Der Gleichbehandlungsgrundsatz im Kündigungsrecht, DB 1977, S. 1413 f.

Kiel, Heinrich: Die anderweitige Beschäftigungsmöglickeit im Kündigungsschutz, Frankfurt a.M. 1990

Kittner, Michael; Däubler, Wolfgang; Zwanziger, Bertram: Kündigungsschutzrecht, 4. Auflage, Frankfurt a.M. 1999

Kittner, Michael: Das neue Recht der Sozialauswahl bei betriebsbedingter Kündigung und die Ausdehnung der Kleinbetriebsklausel, AuR 1997, S. 182 ff.

ders.: Neues Kündigungsschutzrecht außerhalb des KSchG, NZA 1998, S. 731 ff.

Klebe, Thomas: Aktuelle Gesetzesänderungen und Betriebsratsrechte, AiB 1996, S. 717 ff.

Knorr, Gerhard; Bichlmeier, Gerd; Kremhelmer, Hans: Handbuch des Kündigungsrechts, 4. Auflage, München 1998

Künzl, Reinhard: Aspekte des Kündigungsrechts in den neuen Bundesländern, AuR 1992, S. 204 ff.

ders.: Probleme der Sozialauswahl bei betriebsbedingter Kündigung, ZTR 1996, S. 385 ff.

Lakies, Thomas: Änderung des Kündigungsschutzgesetzes und allgemeiner Kündigungsschutz nach § 242 BGB – verfassungsrechtliche Fragen, DB 1997, S. 1078 ff.

Lammermann, Rolf: Aktuelle Probleme im Rahmen der betriebsbedingten Kündigung unter besonderer Berücksichtigung der betrieblichen und sozialen Auswahl, Bielefeld 1996

Langenbucher, Katja: Die Entwicklung und Auslegung von Richterrecht, München 1996

Larenz, Karl: Methodenlehre der Rechtswissenschaft, 6. Auflage, Berlin, Heidelberg, New York 1991

Larenz, Karl; Canaris, Claus-Wilhelm: Methodenlehre der Rechtswissenschaft, 3. Auflage, Berlin 1995

Larenz, Karl: Wegweiser zu richterlicher Rechtsschöpfung, FS für Arthur Nikisch, S. 275 ff., Tübingen 1958

Larenz, Karl; Wolf, Manfred: Allgemeiner Teil des Bürgerlichen Rechts, 8. Auflage, München 1997

Leinemann, Wolfgang: Fit für ein neues Arbeitsvertragsrecht? BB 1996, S. 1381 ff.

Lepke, Achim: Kündigung bei Krankheit - Handbuch für die betriebliche Praxis, 9. Auflage, Stuttgart 1995

Linck, Rüdiger: Die soziale Auswahl bei betriebsbedingter Kündigung, AuA 1991, S. 11 ff.

ders.: Die soziale Auswahl bei der betriebsbedingten Kündigung, AR-Blattei, Systematische Darstellungen, 1020.1.2., Ergänzungslieferung Nr. 78, Stand: Juli 2000

ders.: Die treuwidrige Kündigung, FA 1999, S. 382 ff.

ders.: Grenzen der ordentlichen Kündigung in kündigungsschutzfreien Betrieben, BB 1997, S. 782 ff.

ders.: Die Änderung von Arbeitsbedingungen auf individualrechtlichem Wege, insbesondere durch Änderungskündigung, NZA 1988, 633 ff.

ders.: Das Arbeitsrechtliche Beschäftigungsförderungsgesetz, NZA 1996, S. 1009 ff.

Looschelders, Dirk; Roth, Wolfgang: Juristische Methodik im Prozeß der Rechtsanwendung, Berlin 1996

Lück, Peter: Probleme der Sozialauswahl nach § 1 III KSchG, Köln 1989

Marhold, Franz; Beckers, Markus: Gleichbehandlung im Arbeitsverhältnis, AR-Blattei, Systematische Darstellungen, 800.1, Ergänzungslieferung Nr. 78, Stand: Juli 2000

Matthes, Hans-Christoph: Probleme des Kündigungsschutzes von Betriebsratsmitgliedern, DB 1980, S. 1165 ff.

Maute, Hans: Bernd-Gleichbehandlung von Arbeitnehmern, Bielefeld 1990

Meinel, Gernod; Bauer, Thorsten: Der Wiedereinstellungsanspruch, NZA 1999, S. 575 ff.

Münchener Handbuch zum Arbeitsrecht: Band 1 - Individualarbeitsrecht I, 2. Auflage, München 2000; Band 2 - Individualarbeitsrecht II, 2. Auflage, München 2000 (Herausgeber: Reinhard Richardi, Otfried Wlotzke)

Münchener Kommentar zum Bürgerlichen Gesetzbuch: Band 2, Schuldrecht Allgemeiner Teil, 3. Auflage, München 1994; Band 4, Schuldrecht Besonderer Teil II, 3. Auflage, München 1997; Ergänzungsband zur 2. Auflage, 3. Lieferung, München 1992 (Herausgeber: Kurt Rebmann, Franz-Jürgen Säcker)

Mummenhoff, Winfried: Anmerkung zum Urteil des BAG v. 15.3.1984 - 2 AZR 24/83, SAE 1985, 305 ff.

Nägele, Stefan: Die Renaissance des Wiedereinstellungsanspruchs, BB 1998, S. 1686 ff.

Nicolai, Andrea; Noack, Stefanie: Grundlagen und Grenzen des Wiedereinstellungsanspruchs nach wirksamer Kündigung des Arbeitsverhältnisses, ZfA 2000, S. 87 ff.

Oetker, Hartmut: Das Dauerschuldverhältnis und seine Beendigung, Tübingen 1994

ders.: Gibt es einen Kündigungsschutz außerhalb des KSchG? AuR 1997, S. 41 ff.

Otto, Hansjörg: Einführung in das Arbeitsrecht, 2. Auflage, Berlin, New York 1997

ders.: Personale Freiheit und soziale Bindung, München 1978

ders.: Grünes Licht für die Wiedereinstellung bei betriebsbedingten Entlassungen? FS für Kraft, S. 451 ff., Neuwied 1998

ders.: Schranken der Kündigungsfreiheit außerhalb des allgemeinen Kündigungsschutzes, FS für Wiese, S. 353 ff., Neuwied 1998

Palandt, Otto: Bürgerliches Gesetzbuch, 59. Auflage, München 2000

Papier, Hans-Jürgen: Der verfassungsrechtliche Rahmen für Privatautonomie im Arbeitsrecht, RdA 1989, S. 137 ff.

Pauly, Holger: Zur Frage der unternehmerischen Entscheidungsfreiheit bei betriebsbedingten Kündigungen, ZTR 1997, S. 113 ff.

Pflüger, Norbert: Die Kündigung wegen betrieblich verursachter Erkrankung, DB 1995, S. 1761 ff.

Pollmann, Michael: Die Sozialauswahl bei der betriebsbedingten Kündigung, Münster 1996

Preis, Ulrich: Prinzipien des Kündigungsrechts bei Arbeitsverhältnissen, München 1987

ders.: Arbeitsrecht, Köln 1999

ders.: Autonome Unternehmerentscheidung und „dringendes betriebliches Erfordernis", NZA 1995, S. 241 ff.

ders.: Der Kündigungsschutz außerhalb des Kündigungsschutzgesetzes, NZA 1997, S. 1256 ff.

ders.: Aktuelle Tendenzen im Kündigungsschutzrecht, NZA 1997, S. 1073 ff.

ders.: Das arbeitsrechtliche Beschäftigungsförderungsgesetz, NJW 1996, S. 3369 ff.

Raab, Thomas: Der Weiterbeschäftigungsanspruch des Arbeitnehmers bei Wegfall des Kündigungsgrundes, RdA 2000, S. 147 ff.

Radbruch, Gustav: Rechtsphilosophie, 8. Auflage, Stuttgart 1973

Ramm, Thilo: Arbeitsrecht und Kleinunternehmen, AuR 1991, S. 257 ff.

Rieble, Volker: Arbeitsmarkt und Wettbewerb, Berlin 1996

ders.: Der Entscheidungsspielraum des Arbeitgebers bei der Sozialauswahl nach § 1 III KSchG und seine arbeitsgerichtliche Kontrolle, NJW 1991, S. 65 ff.

Röhsler, Waldemar: Die Kündigung und der Grundsatz der Gleichbehandlung im Arbeitsrecht, DB 1957, S. 992 f.

Rüthers, Bernd: Rechtstheorie, München 1999

Rüthers, Bernd; Bakker, Rainer: Arbeitnehmerentsendung und Betriebsinhaberwechsel im Konzern, ZfA 1990, S. 245 ff.

Sachs, Michael: Grundgesetz Kommentar, München 1996

Schaub, Günter: Arbeitsrechts-Handbuch, 9. Auflage, München 2000

ders.: Gleichbehandlung, Gleichberechtigung und Lohngleichheit, NZA 1984, S. 73 ff.

Schiefer, Bernd: Gesetz zu Korrekturen in der Sozialversicherung und zur Sicherung der Arbeitnehmerrechte, DB 1999, S. 48 ff.

ders.: Problematische Entwicklung der höchstrichterlichen Rechtsprechung zur betriebsbedingten Kündigung, NZA 1995, S. 662 ff.

Schiefer, Bernd; Worzalla, Michael: Das Arbeitsrechtliche Beschäftigungsförderungsgesetz und seine Auswirkungen für die betriebliche Praxis, Neuwied 1996

Schleusener, Axel Aino: Die Freikündigung eines Arbeitsplatzes zugunsten eines Betriebsratsmitglieds bei Stillegung eines Betriebsteils, DB 1998, S. 2368 ff.

Schmalz, Dieter: Methodenlehre für das juristische Studium, 4. Auflage, Baden-Baden 1998

Schmitt, Christopher: Sozialauswahl bei Konkurrenz um anderweitige Beschäftigung, Berlin 2000

Scholz, Thomas: Der Grundsatz der Gleichbehandlung bei der Kündigung eines Arbeitsverhältnisses, Frankfurt a.M. 1979

Schröder, Dietmar: Die Sozialauswahl bei betriebsbedingten Kündigungen nach § 1 III KSchG, ZTR 1995, S. 394 ff.

Schulze-Wilk, Detlef: Die Veränderung des Arbeitsbereichs im Arbeitsverhältnis, Berlin 1983

Schwerdtner, Peter: Die Garantie des Rechts auf Arbeit - Ein Weg zur Knechtschaft? ZfA 1977, S. 47 ff.

Schwarz, Walter: Die dogmatische Fundierung des arbeitsrechtlichen Gleichbehandlungsgrundsatzes, RdA 1968, S. 241 ff.

Senne, Holger: Der Wiedereinstellungsanspruch von Arbeitnehmern, AuA 1992, S. 301 ff.

Soergel, Th.; Siebert, W.: Bürgerliches Gesetzbuch Band 2 - Schuldrecht I, 12. Auflage, Stuttgart, Berlin, Köln 1990

Söllner, Alfred: Einseitige Leistungsbestimmung im Arbeitsverhältnis, Mainz 1966

ders.: Zur Verfassungs- und Gesetzestreue im Arbeitsrecht, RdA 1985, S. 328 ff.

ders.: Der verfassungsrechtliche Rahmen für Privatautonomie im Arbeitsrecht, RdA 1989, S. 144 ff.

Spinti, Henning: Der allgemeine Kündigungsschutz, AR-Blattei, Systematische Darstellungen, 800.1, Ergänzungslieferung Nr. 78, Stand: Juli 2000

Stahlhacke, Eugen; Preis, Ulrich; Vossen, Reinhard: Kündigung und Kündigungsschutz im Arbeitsverhältnis, 7. Auflage, München 1999

Stahlhacke, Eugen: Grundrechtliche Schutzpflichten und allgemeiner Kündigungsschutz, FS für Wiese, S. 513 ff., Neuwied 1998

v. Staudinger, Julius: Kommentar zum Bürgerlichen Gesetzbuch, Einleitung zum Bürgerlichen Gesetzbuch, Erstes Buch, §§ 1-12, 13. Auflage, Berlin 1995

v. Stein, Jürgen: Wiedereinstellungsanspruch des Arbeitnehmers bei Fehlprognose des Arbeitgebers, RdA 1991, S. 85 ff.

Steinke, Reimar: Die richterliche Rechtsfortbildung im Arbeitsrecht unter besonderer Berücksichtigung der Rechtsprechung des Bundesarbeitsgerichts, Köln 1963

Stern, Klaus: Das Staatsrecht der Bundesrepublik Deutschland, Band I, 2. Auflage, München 1984

Stromberg, Walter: Die Versetzung des Arbeitnehmers, Rübenach/ Koblenz 1962

Vollmer, Herbert: Ordentliche Kündigung im öffentlichen Dienst nach dem Einigungsvertrag, AuR 1993, S. 17 ff.

Wank, Rolf: Rechtsfortbildung im Kündigungsschutzrecht, RdA 1987, S. 129 ff.

ders.: Die Kündigung außerhalb des Kündigungsschutzgesetzes, FS für Hanau, S. 295 ff., Köln 1999

ders.: Anmerkung zum Urteil des BAG v. 15.3.1984 - 2 AZR 24/83, AP Nr. 2 zu § 1 KSchG 1969 Soziale Auswahl

Weiß, Hans-Dietrich: Das Übergangsrecht der Arbeitnehmer im öffentlichen Dienst des beigetretenen Teils Deutschlands, Die PV, S. 97 ff.

Weller, Bernhard: Kündigungsschutz in Betrieb und Unternehmen, AuR 1986, S. 225 ff.

Widmaier, Ulrich: Der Gleichbehandlungsgrundsatz in der jüngeren Rechtsprechung des BAG, ZTR 1990, S. 359 ff.

Wieacker, Franz: Privatrechtsgeschichte der Neuzeit, 2. Auflage, Göttingen 1967

Wiedemann, Herbert: Das Arbeitsverhältnis als Austausch- und Gemeinschaftsverhältnis, Karlsruhe 1966

Wlotzke, Otfried: Einschränkungen des Kündigungsschutzes durch Anhebung des Schwellenwerts und Veränderungen bei der Sozialauswahl, BB 1997, S. 414 ff.

Wollenschläger, Michael: Arbeitsrecht, Köln 1999

Wolter, Jürgen: Der Schutz des Arbeitnehmers vor betriebsbedingter Kündigung, Hamburg 1978

Wüllenweber, Joachim: Die Entwicklung des Kündigungsschutzrechts seit dem ersten Weltkrieg, Köln 1965

Zippelius, Reinhold: Juristische Methodenlehre, 7. Auflage, München 1999

Zöllner, Wolfgang; Loritz, Karl-Georg: Arbeitsrecht, 5. Auflage, München 1998

Zöllner, Wolfgang: Maßregelungsverbote und sonstige tarifliche Nebenfolgenklauseln nach Arbeitskämpfen, Köln 1977

Zwanziger, Bertram: Neue Tatsachen nach Zugang einer Kündigung, BB 1997, S. 42 ff.

Schriften zum Arbeitsrecht und Wirtschaftsrecht

Herausgegeben von Abbo Junker

Band 1 Christoph-N. Lerche: Der Europäische Betriebsrat und der deutsche Wirtschaftsausschuß. Eine vergleichende Analyse der betrieblichen Mitwirkung der Arbeitnehmer vor dem Hintergrund der Globalisierung der Märkte. 1997.

Band 2 Christian Walter Mecke: Zur rechtlichen Verbindlichkeit kollektiver Vereinbarungen in England. 1997.

Band 3 Katja Francke: Die betriebliche Mitwirkung der Arbeitnehmer in Belgien. Unter Berücksichtigung vergleichender Aspekte zum deutschen Betriebsverfassungsrecht. 1997.

Band 4 Christian Schulze: Die Zulässigkeit einstweiliger Verfügungen gegen Betriebsänderungen. 1998.

Band 5 Stefan Miersch: Die Rechtsfolgen mitbestimmungswidriger Maßnahmen für das Arbeitsverhältnis. Eine zivilrechtsdogmatische Untersuchung. 1998.

Band 6 Heike Wegner: Internationaler Verbraucherschutz beim Abschluß von Timesharingverträgen: § 8 Teilzeitwohnrechtegesetz. 1998.

Band 7 Julia Wichmann: Dienstleistungsfreiheit und grenzüberschreitende Entsendung von Arbeitnehmern. 1998.

Band 8 Johann-Volker Peter: Société par actions simplifiée (S.A.S.). Die Vereinfachte Aktiengesellschaft in Frankreich, eine Rechtsform für die Kooperation von Unternehmen. 1999.

Band 9 Sylvia Schnelle: Der Europäische Betriebsrat in Spanien. Zugleich eine Einführung in das spanische Recht der Arbeitnehmervertretung. 1999.

Band 10 Viktoria Bornhagen: Die Zumutbarkeit als Rechtsgedanke im Arbeitsrecht. 1999.

Band 11 Thorsten Schacht: Der Übereilungsschutz beim arbeitsrechtlichen Aufhebungsvertrag. Arbeitnehmerschutz bereits de lege lata? 2000.

Band 12 Marcus Hellmann: Immobilienkauf nach spanischem Recht. 1999.

Band 13 Nicolaus Johannes Ehinger: Die juristischen Personen des öffentlichen Rechts als herrschende Unternehmen. 2000.

Band 14 Alexander Lentz: Das kollektive Arbeitsrecht der Republik Südafrika. Eine Untersuchung mit Bezügen zum deutschen Recht. 2000.

Band 15 Michaela Brunssen: Der Arbeitgeberverbandswechsel. Tarifrechtliche und arbeitskampfrechtliche Konsequenzen. 2000.

Band 16 Morten Petersenn: Das Recht des Grundstückskaufs in Südafrika. 2000.

Band 17 Stefan Krüger: Die umwandlungsrechtliche Haftungsregelung bei der Betriebsaufspaltung und ihre Analogiefähigkeit. 2001.

Band 18 Jürgen Kitzinger: Der GmbH-Geschäftsführer zwischen Arbeits- und Gesellschaftsrecht. Im Blickpunkt: Zuständigkeit der Arbeitsgerichte. 2001.

Band 19 Anja Ruge: Die Lohnersatzansprüche ehemaliger Zwangsarbeiter gegen deutsche Industrieunternehmen. 2001.

Band 20 Michael Knoll: Die Sozialauswahl im Arbeitsrecht. 2001.

FSC
www.fsc.org
MIX
Papier | Fördert gute Waldnutzung
FSC® C083411

Kolibri 360 GmbH
Ferdinand-Jühlke-Straße 7
99095 Erfurt, Deutschland
produktsicherheit@kolibri360.de

Druck:
CPI Druckdienstleistungen GmbH
im Auftrag der
Kolibri 360 GmbH
Ferdinand-Jühlke-Str. 7
99095 Erfurt